CHATEAUBRIAND.

ŒUVRES COMPLÈTES.

Sixième Livraison.

LES NATCHEZ. — Tome I.

On souscrit également:

A BRUXELLES, MÊME MAISON,
Montagne de la Cour, n°. 731;

ET A PARIS,
CHEZ LENORMANT, RUE DE SEINE, N°. 8.

PARIS.— IMPRIMERIE DE FAIN,
RUE RACINE, N°. 4, PLACE DE L'ODÉON.

ŒUVRES COMPLÈTES

De M. le Vicomte

DE

CHATEAUBRIAND

PAIR DE FRANCE,

MEMBRE DE L'ACADÉMIE FRANÇOISE.

TOME XIX.

Paris.

LADVOCAT, LIBRAIRE

DE S. A. R. LE DUC DE CHARTRES.

M. DCCC. XXVI.

PRÉFACE.

ÉDITION DES ŒUVRES COMPLÈTES.

Lorsqu'en 1800 je quittai l'Angleterre pour rentrer en France sous un nom supposé, je n'osai me charger d'un trop gros bagage : je laissai la plupart de mes manuscrits à Londres. Parmi ces manuscrits se trouvoit celui des *Natchez*, dont je n'apportois à Paris que *René*, *Atala*, et quelques descriptions de l'Amérique.

Quatorze années s'écoulèrent avant que les communications avec la Grande-Bretagne se rouvrissent. Je ne songeai guère à mes papiers dans le premier moment de la Restauration, et d'ailleurs comment les retrouver? Ils étoient restés renfermés dans une malle, chez une Angloise qui m'avoit loué un petit appartement à Londres. J'avois oublié le nom de cette femme ; le nom de la rue, et le numéro de la maison où j'avois demeuré, étoient également sortis de ma mémoire.

Sur quelques renseignements vagues et même contradictoires, que je fis passer à Londres, MM. de Thuisy eurent la bonté de commencer des recherches; ils les poursuivirent avec un zèle, une persévérance dont il y a très-peu d'exemples : je me plais ici à leur en témoigner publiquement ma reconnoissance.

Ils découvrirent d'abord avec une peine infinie la maison que j'avois habitée dans la partie ouest de Londres. Mais mon hôtesse étoit morte depuis plusieurs années, et l'on ne savoit ce que ses enfants étoient devenus. D'indications en indications, de renseignements en renseignements, MM. de Thuisy, après bien des courses infructueuses, retrouvèrent enfin dans un village à plusieurs milles de Londres, la famille de mon hôtesse.

Avoit-elle gardé la malle d'un émigré, une malle remplie de vieux papiers à peu près indéchiffrables? N'avoit-elle point jeté au feu cet inutile ramas de manuscrits françois?

D'un autre côté, si mon nom sorti de son obscurité avoit attiré dans les journaux de

Londres l'attention des enfants de mon ancienne hôtesse, n'auroient-ils point voulu profiter de ces papiers, qui dès lors acquéroient une certaine valeur?

Rien de tout cela n'étoit arrivé : les manuscrits avoient été conservés; la malle n'avoit pas même été ouverte. Une religieuse fidélité, dans une famille malheureuse, avoit été gardée à un enfant du malheur. J'avois confié avec simplicité le produit des travaux d'une partie de ma vie à la probité d'un dépositaire étranger, et mon *trésor* m'étoit rendu avec la même simplicité. Je ne connois rien qui m'ait plus touché dans ma vie que la bonne foi et la loyauté de cette pauvre famille angloise.

Voici comme je parlois des *Natchez*, dans la Préface de la première édition d'*Atala* :

« J'étois encore très-jeune, lorsque je con-
» çus l'idée de faire l'*épopée de l'homme de la*
» *nature*, ou de peindre les mœurs des Sau-
» vages, en les liant à quelque événement
» connu. Après la découverte de l'Amérique,
» je ne vis pas de sujet plus intéressant, sur-
» tout pour des François, que le massacre
» de la colonie des Natchez à la Louisiane,
» en 1727. Toutes les tribus indiennes con-
» spirant, après deux siècles d'oppression,

PRÉFACE.

» pour rendre la liberté au Nouveau-Monde,
» me parurent offrir un sujet presque aussi
» heureux que la conquête du Mexique. Je
» jetai quelques fragments de cet ouvrage sur
» le papier, mais je m'aperçus bientôt que
» je manquois des vraies couleurs, et que si
» je voulois faire une image semblable, il fal-
» loit, à l'exemple d'Homère, visiter les peu-
» ples que je voulois peindre.

» En 1789, je fis part à M. de Malesherbes
» du dessein que j'avois de passer en Améri-
» que. Mais, désirant en même temps donner
» un but utile à mon voyage, je formai le des-
» sein de découvrir par terre le *passage* tant
» cherché, et sur lequel Cook même avoit
» laissé des doutes. Je partis, je vis les solitu-
» des américaines, et je revins avec des plans
» pour un second voyage, qui devoit durer
» neuf ans. Je me proposois de traverser tout
» le continent de l'Amérique septentrionale,
» de remonter ensuite le long des côtes, au
» nord de la Californie, et de revenir par la
» baie d'Hudson, en tournant sous le pôle [1].

---

[1] M. Mackenzie a depuis exécuté une partie de ce plan *.

* Le capitaine Franklin est entré dernièrement dans la mer Polaire, vue par Héarne, et continue dans ce moment ses recherches.

» M. de Malesherbes se chargea de présenter
» mes plans au gouvernement, et ce fut alors
» qu'il entendit les premiers fragments du pe-
» tit ouvrage que je donne aujourd'hui au
» public. La révolution mit fin à tous mes
» projets. Couvert du sang de mon frère uni-
» que, de ma belle-sœur, de celui de l'illustre
» vieillard leur père, ayant vu ma mère et
» une autre sœur pleine de talents mourir
» des suites du traitement qu'elles avoient
» éprouvé dans les cachots, j'ai erré sur les
» terres étrangères.....

» De tous mes manuscrits sur l'Amérique,
» je n'ai sauvé que quelques fragments, en
» particulier *Atala*, qui n'étoit elle-même
» qu'un épisode des *Natchez*. *Atala* a été
» écrite dans le désert, et sous les huttes des
» Sauvages. Je ne sais si le public goûtera
» cette histoire, qui sort de toutes les routes
» connues, et qui présente une nature et des
» mœurs tout-à-fait étrangères à l'Europe [1]. »

Dans le *Génie du Christianisme*, tome II des anciennes éditions, au chapitre du *Vague des Passions*, on lisoit ces mots :

« Nous seroit-il permis de donner aux lec-
» teurs un épisode extrait, comme *Atala*, de

[1] Préface de la première édition d'*Atala*.

» nos anciens *Natchez* : c'est la vie de ce jeune
» René à qui Chactas a raconté son his-
» toire, etc. »

Enfin dans la préface générale de cette édition de mes œuvres, j'ai déjà donné quelques renseignements sur les *Natchez*.

Un manuscrit, dont j'ai pu tirer *Atala*, *René* et plusieurs descriptions placées dans le *Génie du Christianisme*, n'est pas tout-à-fait stérile. Il se compose, comme je l'ai dit ailleurs [1], de deux mille trois cent quatre-vingt-trois pages in-folio. Ce premier manuscrit est écrit de suite sans section ; tous les sujets y sont confondus : voyages, histoire naturelle, partie dramatique, etc.; mais auprès de ce manuscrit d'un seul jet, il en existe un autre partagé en livres, qui malheureusement n'est pas complet, et où j'avois commencé à établir l'ordre. Dans ce second travail non achevé, j'avois non-seulement procédé à la division de la matière, mais j'avois encore changé le genre de la composition, en la faisant passer du roman à l'épopée.

La révision, et même la simple lecture de cet immense manuscrit, a été un travail pé-

---

[1] Avertissement des OEuvres complètes.

nible : il a fallu mettre à part ce qui est voyage, à part ce qui est histoire naturelle, à part ce qui est drame; il a fallu beaucoup rejeter et brûler encore davantage de ces compositions surabondantes. Un jeune homme qui entasse pêle-mêle ses idées, ses inventions, ses études, ses lectures, doit produire le chaos ; mais aussi dans ce chaos, il y a une certaine fécondité qui tient à la puissance de l'âge, et qui diminue en avançant dans la vie.

Il m'est arrivé ce qui n'est peut-être jamais arrivé à un auteur, c'est de relire après trente années un manuscrit que j'avois totalement oublié. Je l'ai jugé, comme j'aurois pu juger l'ouvrage d'un étranger : le vieil écrivain formé à son art, l'homme éclairé par la critique, l'homme d'un esprit calme et d'un sang rassis, a corrigé les essais d'un auteur inexpérimenté, abandonné aux caprices de son imagination.

J'avois pourtant un danger à craindre. En repassant le pinceau sur le tableau, je pouvois éteindre les couleurs; une main plus sûre, mais moins rapide, couroit risque de faire disparoître les traits moins corrects, mais aussi les touches plus vives de la jeunesse : il falloit conserver à la composition son indépendance, et pour ainsi dire sa fougue; il falloit laisser l'écume au frein du jeune coursier. S'il y a dans les *Natchez* des choses que je ne hasarderois qu'en tremblant aujourd'hui, il y a aussi des choses que je n'écrirois plus, notamment la lettre de René dans le second volume.

Partout, dans cet immense tableau, des difficultés considérables se sont présentées au peintre : il n'étoit pas tout-à-fait aisé, par exemple, de mêler à des combats, à des dénombrements de troupes à la manière des anciens, de mêler, dis-je, des descriptions de batailles, de revues, de manœuvres, d'uniformes et d'armes modernes. Dans ces sujets mixtes, on marche constamment entre deux écueils · l'affectation ou la trivialité. Quant à l'impression générale qui résulte de la lecture des *Natchez*, c'est, si je ne me trompe, celle qu'on éprouve à la lecture de *René* et d'*Atala* : il est naturel que le tout ait de l'affinité avec la partie.

On peut lire dans Charlevoix (Histoire de la Nouvelle-France, tome IV, page 24) le fait historique qui sert de base à la composition des *Natchez*. C'est de l'action particulière, racontée par l'historien, que j'ai fait, en l'agrandissant, le sujet de mon ouvrage. Le lecteur verra ce que la fiction a ajouté à la vérité.

J'ai déjà dit qu'il existoit deux manuscrits des *Natchez* : l'un divisé en livres, et qui ne va guère qu'à la moitié de l'ouvrage; l'autre qui contient le tout sans division, et avec tout le désordre de la matière. De là une singularité littéraire dans l'ouvrage, tel que je le donne au public : le premier volume s'élève à la dignité de l'épopée, comme dans *les Martyrs*; le second volume descend à la narration ordinaire, comme dans *Atala* et dans *René*.

Pour arriver à l'unité du style, il eût fallu effacer du premier volume la couleur épique, ou l'étendre sur le second : or, dans l'un ou l'autre cas, je n'aurois plus reproduit avec fidélité le travail de ma jeunesse.

Ainsi donc, dans le premier volume des *Natchez*, on trouvera le *merveilleux*, et le merveilleux de toutes les espèces : le merveilleux *chrétien*, le merveilleux *mythologique*, le merveilleux *indien*; on rencontrera des muses, des anges, des démons, des génies, des combats, des personnages allégoriques : la Renommée, le Temps, la Nuit, la Mort, l'Amitié. Ce volume offre des invocations, des sacrifices, des prodiges, des comparaisons multipliées, les unes courtes, les autres longues, à la façon d'Homère, et formant de petits tableaux.

Dans le second volume, le *merveilleux* disparoît, mais l'intrigue se complique, et les personnages se multiplient : quelques-uns d'entre eux sont pris jusque dans les rangs inférieurs de la société. Enfin le roman remplace le poëme, sans néanmoins descendre au-dessous du style de *René* et d'*Atala*, et en remontant quelquefois, par la nature du sujet, par celle des caractères et par la description des lieux, au ton de l'épopée.

Le premier volume contient la suite de l'histoire de Chactas et son voyage à Paris. L'intention de ce récit est de mettre en opposition les mœurs des peuples chasseurs, pêcheurs et pasteurs, avec les mœurs du peuple le plus policé de la terre. C'est à la fois la critique et l'éloge du siècle de Louis XIV, et un plaidoyer entre la civilisation et l'état de nature : on verra quel juge décide la question.

Pour faire passer sous les yeux de Chactas les hommes illustres du grand siècle, j'ai quelquefois été obligé de serrer les temps, de grouper ensemble des hommes qui n'ont pas vécu tout-à-fait ensemble, mais qui se sont succédés dans la suite d'un long règne. Personne ne me reprochera sans doute ces légers anachronismes, que je devois pourtant faire remarquer ici.

Je dis la même chose des événements que j'ai transportés et renfermés dans une période obligée, et qui s'étendent, historiquement, en deçà et au delà de cette période.

On ne me montrera, j'espère, pas plus de rigueur pour la critique des lois. La procédure criminelle cessa d'être publique en France sous François Ier., et les accusés n'avoient pas de défenseurs. Ainsi, quand Chactas assiste à la plaidoirie d'un jugement criminel, il y a anachronisme pour les lois : si j'avois besoin sur ce point d'une justification, je la trouverois dans Racine même; Dandin dit à Isabelle :

Avez-vous jamais vu donner la question ?

ISABELLE.

Non, et ne le verrai, que je crois, de ma vie.

DANDIN.

Venez; je vous en veux faire passer l'envie.

ISABELLE.

Ah! monsieur, peut-on voir souffrir des malheureux!

DANDIN.

Bon! cela fait toujours passer une heure ou deux.

Racine suppose qu'on voyoit de son temps donner la question, et cela n'étoit pas : les juges, le greffier, le bourreau et ses garçons assistoient seuls à la torture.

J'espère, enfin, qu'aucun véritable savant de nos jours ne s'offensera du récit d'une séance à l'Académie, et d'une innocente critique de la science sous Louis XIV, critique qui trouve d'ailleurs son contre-poids au *souper chez Ninon.* Ils ne s'en offenseront pas davantage que les gens de robe ne se blesseront de ma relation d'une audience au Palais. Nos avocats, nobles défenseurs des libertés publiques, ne parlent plus comme le Petit-Jean des *Plaideurs ;* et dans notre siècle où la science a fait de si grands pas et créé tant de prodiges, la pédanterie est un ridicule complétement ignoré de nos illustres savants.

On trouve aussi dans le premier volume des *Natchez* un livre d'un *Ciel chrétien*, différent du Ciel des *Martyrs* : en le lisant j'ai cru éprouver un sentiment de l'infini qui m'a déterminé à conserver ce livre. Les idées de Platon y sont confondues avec les idées chrétiennes, et ce mélange ne m'a paru présenter rien de profane ou de bizarre.

Si on s'occupoit encore de style, les jeunes écrivains pourroient apprendre, en comparant le premier volume des *Natchez* au second, par quels artifices on peut changer une composition littéraire, et la faire passer d'un genre à un autre. Mais nous sommes dans le siècle des faits, et ces études de mots paroîtroient sans doute oiseuses. Reste à savoir si le style n'est pas cependant un peu nécessaire pour faire vivre les faits : Voltaire n'a pas mal servi la renommée de Newton. L'histoire, qui punit et qui récompense, perdroit sa puissance, si elle ne savoit peindre : sans Tite-Live, qui se souviendroit du vieux Brutus? sans Tacite, qui penseroit à Tibère? César a plaidé lui-même la cause de son immortalité dans ses Commentaires, et il l'a gagnée. Achille n'existe que par Homère. Otez de ce monde l'art d'écrire, il est probable que vous en ôterez la gloire. Cette gloire est peut-être une assez belle inutilité pour qu'il soit bon de la conserver, du moins encore quelque temps.

La description de l'Amérique *sauvage* appelleroit naturellement le tableau de l'Amérique *policée* ; mais ce tableau me paroîtroit mal placé dans la préface d'un ouvrage d'imagination. C'est dans le volume où se trouveront les souvenirs de mes voyages en Amérique, qu'après avoir peint les déserts je dirai ce qu'est devenu le Nouveau-Monde, et ce qu'il peut attendre de l'avenir. L'histoire ainsi fera suite à l'histoire, et les divers sujets ne seront pas confondus.

LES NATCHEZ.

LIVRE PREMIER.

A L'OMBRE des forêts américaines, je veux chanter des airs de la solitude tels que n'en ont point encore entendu des oreilles mortelles; je veux raconter vos malheurs, ô Natchez, ô nation de la Louisiane, dont il ne reste plus que des souvenirs. Les infortunes d'un obscur habitant des bois auroient-elles moins de droits à nos pleurs que celles des autres hommes? et les mausolées des rois dans nos temples sont-ils plus touchants que le tombeau d'un Indien sous le chêne de sa patrie?

Et toi, flambeau des méditations, astre des nuits, sois pour moi l'astre du Pinde! marche devant mes pas, à travers les régions inconnues du Nouveau-Monde, pour me découvrir à ta lumière les secrets ravissants de ces déserts!

René, accompagné de ses guides, avoit remonté le cours du Meschacebé; sa barque flottoit au pied des trois collines dont le rideau dérobe aux regards le beau pays des enfants du Soleil. Il s'élance sur la rive, gravit la côte escarpée, et atteint le sommet le plus élevé des trois coteaux. Le grand village des Natchez se montroit à quelque distance dans une plaine parsemée de bocages de sassafras : çà et là erroient des Indiennes aussi légères que les biches avec lesquelles elles bondissoient; leur bras gauche étoit chargé d'une corbeille suspendue à une longue écorce de bouleau, elles cueilloient les fraises dont l'incarnat teignoit leurs doigts et les gazons d'alentour. René descend de la colline et s'avance vers le village. Les femmes s'arrêtoient à quelque distance pour voir passer les étrangers, et puis s'enfuyoient vers les bois : ainsi des colombes regardent le chasseur du haut d'une roche élevée, et s'envolent à son approche.

Les voyageurs arrivent aux premières cabanes du grand village ; ils se présentent à la porte d'une de ces cabanes. Là, une famille assemblée étoit assise sur des nattes de jonc; les hommes fumoient le calumet; les femmes filoient des nerfs de chevreuil. Des melons d'eau, des plakmines sèches, et des pommes de mai étoient posés sur des feuilles de vigne-vierge au milieu du cercle : un nœud de bambou servoit pour boire l'eau d'érable.

Les voyageurs s'arrêtèrent sur le seuil et dirent : « Nous sommes venus. » Et le chef de la famille répondit : « Vous êtes venus, c'est bien. » Après quoi chaque voyageur s'assit sur une natte et partagea le festin sans parler. Quand cela fut fait, un des interprètes éleva la voix et dit : « Où est le Soleil [1] ? » Le chef répondit : « Absent. » Et le silence recommença.

Une jeune fille parut à l'entrée de la cabane. Sa taille haute, fine et déliée tenoit à la fois de l'élégance du palmier et de la foiblesse du roseau. Quelque chose de souffrant et de rêveur se mêloit à ses grâces presque divines. Les Indiens, pour peindre la tristesse et la beauté de Céluta, disoient qu'elle avoit le regard de la Nuit et le sourire de l'Aurore. Ce n'étoit point

[1] Le *Soleil*, le grand Chef, ou l'Empereur des Natchez.

encore une femme malheureuse, mais une femme destinée à le devenir. On auroit été tenté de presser cette admirable créature dans ses bras, si l'on n'eût craint de sentir palpiter un cœur dévoué d'avance aux chagrins de la vie.

Céluta entre en rougissant dans la cabane, passe devant les étrangers, se penche à l'oreille de la matrone du lieu, lui dit quelques mots à voix basse et se retire. Sa robe blanche d'écorce de mûrier ondoyoit légèrement derrière elle, et ses deux talons de rose en relevoient le bord à chaque pas. L'air demeura embaumé sur les traces de l'Indienne du parfum des fleurs de magnolia qui couronnoient sa tête : telle parut Héro aux fêtes d'Abydos ; telle Vénus se fit connoître, dans les bois de Carthage, à sa démarche et à l'odeur d'ambroisie qu'exhaloit sa chevelure.

Cependant les guides achèvent leur repas, se lèvent et disent : « Nous nous en allons. » Et le chef indien répond : « Allez où le veulent les Génies ; » et ils sortent avec René sans qu'on leur demande quels soins le ciel leur a commis.

Ils passent au milieu du grand village, dont les cabanes carrées supportoient un toit arrondi en dôme. Ces toits de chaume de maïs entrelacé de feuilles, s'appuyoient sur des murs recouverts en dedans et en dehors de nattes fort minces. A l'extrémité du village les voyageurs arrivèrent sur une place irrégulière que formoient la cabane du grand Chef des Natchez, et celle de sa plus proche parente, la *femme-chef* ¹.

Le concours d'Indiens de tous les âges animoit ces lieux. La nuit étoit survenue, mais des flambeaux de cèdre allumés de toutes parts, jetoient une vive clarté sur la mobilité du tableau. Des vieillards fumoient leurs calumets, en s'entretenant des choses du passé; des mères allaitoient leurs enfants, ou les suspendoient dans leurs berceaux aux branches des tamarins; plus loin de jeunes garçons, les bras attachés ensemble, s'essayoient à qui supporteroit plus long-temps l'ardeur d'un charbon enflammé; les guerriers jouoient à la balle avec des raquettes garnies de peaux de serpents; d'autres guerriers avoient de vives contentions aux jeux des pailles et des osselets; un plus grand nombre exécutoit la danse de la guerre ou celle du buffle, tandis que des musiciens frappoient avec une seule baguette une sorte de tambour, souffloient dans une conque sauvage, ou tiroient des sons d'un os de chevreuil percé à quatre trous, comme le fifre aimé du soldat.

C'étoit l'heure où les fleurs de l'hibiscus

---

¹ Le fils de cette femme héritoit de la royauté.

commencent à s'entr'ouvrir dans les savanes, et où les tortues du fleuve viennent déposer leurs œufs dans les sables : les étrangers avoient déjà passé sur la place des jeux tout le temps qu'un enfant indien met à parcourir une cabane, quand pour essayer sa marche, sa mère lui présente la mamelle, et se retire en souriant devant lui. On vit alors paroître un vieillard. Le ciel avoit voulu l'éprouver : ses yeux ne voyoient plus la lumière du jour. Il cheminoit tout courbé, s'appuyant d'un côté sur le bras d'une jeune femme, de l'autre sur un bâton de chêne.

Le patriarche du désert se promenoit au milieu de la foule charmée; les Sachems même paroissoient saisis de respect, et faisoient, en le suivant, un cortége de siècles au vénérable homme qui jetoit tant d'éclat et attiroit tant d'amour sur le vieil âge.

René et ses guides l'ayant salué à la manière de l'Europe, le Sauvage averti s'inclina à son tour devant eux, et prenant la parole dans leur langue maternelle, il leur dit : « Étrangers,
» j'ignorois votre présence parmi nous. Je suis
» fâché que mes yeux ne puissent vous voir;
» j'aimois autrefois à contempler mes hôtes et à
» lire sur leurs fronts s'ils étoient aimés du ciel. »
Il se tourna ensuite vers la foule qu'il entendoit autour de lui : « Natchez comment avez-vous

» laissé ces François si long-temps seuls? Êtes-
» vous assurés que vous ne serez jamais voya-
» geurs, loin de votre terre natale? Sachez que
» toutes les fois qu'il arrive parmi vous un étran-
» ger, vous devez, un pied nu dans le fleuve et
» une main étendue sur les eaux, faire un sacri-
» fice au Meschacebé; car l'étranger est aimé du
» Grand Esprit. »

Près du lieu où parloit ainsi le vieillard se voyoit un catalpa au tronc noueux, aux rameaux étendus et chargés de fleurs : le vieillard ordonne à sa fille de l'y conduire. Il s'assied au pied de l'arbre avec René et les guides. Des enfants montés sur les branches du catalpa, éclairoient avec des flambeaux la scène au-dessous d'eux. Frappés de la lueur rougeâtre des torches, le vieil arbre et le vieil homme se prêtoient mutuellement une beauté religieuse; l'un et l'autre portoient les marques des rigueurs du ciel, et pourtant ils fleurissoient encore après avoir été frappés de la foudre.

Le frère d'Amélie ne se lassoit point d'admirer le Sachem. Chactas, c'étoit son nom, ressembloit aux héros représentés par ces bustes antiques qui expriment le repos dans le génie, et qui semblent naturellement aveugles. La paix des passions éteintes se mêloit, sur le front de Chactas, à cette sérénité remarquable chez les hommes qui ont perdu la vue; soit qu'en étant privés de la lumière terrestre nous commercions plus intimement avec celle des cieux, soit que l'ombre où vivent les aveugles ait un calme qui s'étende sur l'âme, de même que la nuit est plus silencieuse que le jour.

Le Sachem, prenant le calumet de paix chargé de feuilles odorantes du laurier de montagne, poussa la première vapeur vers le ciel, la seconde vers la terre, et la troisième autour de l'horizon. Ensuite il le présente aux étrangers. Alors le frère d'Amélie dit : « Vieillard ! puisse
» le ciel te bénir dans tes enfants ! Es-tu le pas-
» teur de ce peuple qui t'environne ? permets-
» moi de me ranger parmi ton troupeau. »

— « Étranger, repartit le sage des bois, je ne
» suis qu'un simple Sachem, fils d'Outalissi. On
» me nomme Chactas, parce qu'on prétend que
» ma voix a quelque douceur, ce qui peut pro-
» venir de la crainte que j'ai du Grand Esprit.
» Si nous te recevons comme un fils, nous ne
» devons point en retirer de louanges : depuis
» long-temps nous sommes amis d'Ononthio [1]
» dont le Soleil [2] habite de l'autre côté du lac
» sans rivage [3]. Les vieillards de ton pays ont

---

[1] Le gouverneur françois. — [2] Le roi de France.
[3] La mer.

» discouru avec les vieillards du mien, et mené
» dans leur temps la danse des forts, car nos
» aïeux étoient une race puissante. Que sommes-
» nous auprès de nos aïeux ? Moi-même qui te
» parle, j'ai habité jadis parmi tes pères : je n'é-
» tois pas courbé vers la terre comme aujour-
» d'hui, et mon nom retentissoit dans les forêts.
» J'ai contracté une grande dette envers la France.
» Si l'on me trouve quelque sagesse, c'est à un
» François que je la dois ; ce sont ses leçons qui
» ont germé dans mon cœur : les paroles de
» l'homme selon les voies du Grand Esprit sont
» des graines fines, que les brises de la fécon-
» dité dispersent dans mille climats, où elles se
» développent en pur maïs ou en fruits déli-
» cieux. Mes os, ô mon fils ! reposeroient molle-
» ment dans la cabane de la mort, si je pouvois,
» avant de descendre à la contrée des âmes,
» prouver ma reconnoissance, par quelque ser-
» vice rendu aux compatriotes de mon ancien
» hôte du pays des blancs. »

En achevant de prononcer ces mots, le Nestor
des Natchez se couvrit la tête de son manteau,
et parut se perdre dans quelque grand souvenir.
La beauté de ce vieillard, l'éloge d'un homme
policé prononcé au milieu d'un désert par un
Sauvage, le titre de fils donné à un étranger,
cette coutume naïve des peuples de la nature de

traiter de parents tous les hommes, touchoient profondément René.

Chactas, après quelques moments de silence, reprit ainsi la parole : « Étranger du pays de
» l'Aurore, si je t'ai bien compris, il me semble
» que tu es venu pour habiter les forêts où le
» soleil se couche? Tu fais là une entreprise pé-
» rilleuse; il n'est pas aussi aisé que tu le penses
» d'errer par les sentiers du chevreuil. Il faut que
» les Manitous du malheur t'aient donné des
» songes bien funestes, pour t'avoir conduit à
» une pareille résolution. Raconte-nous ton his-
» toire, jeune étranger; je juge par la fraîcheur
» de ta voix, et en touchant tes bras je vois par
» leur souplesse, que tu dois être dans l'âge des
» passions. Tu trouveras ici des cœurs qui pour-
» ront compatir à tes souffrances. Plusieurs des Sa-
» chems qui nous écoutent connoissent la langue
» et les mœurs de ton pays; tu dois apercevoir
» aussi, dans la foule, des blancs, tes compa-
» triotes du fort Rosalie, qui seront charmés
» d'entendre parler de leur pays. »

Le frère d'Amélie répondit d'une voix troublée : « Indien, ma vie est sans aventures, et le
» cœur de René ne se raconte point. »

Ces paroles brusques furent suivies d'un profond silence : les regards du frère d'Amélie étinceloient d'un feu sombre; les pensées s'amon-

celoient et s'entr'ouvroient sur son front comme des nuages ; ses cheveux avoient une légère agitation sur ses tempes. Mille sentiments confus régnoient dans la multitude : les uns prenoient l'étranger pour un insensé, les autres pour un Génie revêtu de la forme humaine.

Chactas étendant la main dans l'ombre prit celle de René. « Étranger, lui dit-il, pardonne
» à ma prière indiscrète : les vieillards sont cu-
» rieux ; ils aiment à écouter des histoires pour
» avoir le plaisir de faire des leçons. »

Sortant de l'amertume de ses pensées, et ramené au sentiment de sa nouvelle existence, René supplia Chactas de le faire admettre au nombre des guerriers Natchez, et de l'adopter lui-même pour son fils.

« Tu trouveras une natte dans ma cabane,
» répondit le Sachem, et mes vieux ans s'en ré-
» jouiront. Mais le Soleil est absent ; tu ne peux
» être adopté qu'après son retour. Mon hôte,
» réfléchis bien au parti que tu veux prendre.
» Trouveras-tu dans nos savanes le repos que tu
» viens y chercher ? Es-tu certain de ne jamais
» nourrir dans ton cœur les regrets de la patrie ?
» Tout se réduit souvent, pour le voyageur, à
» échanger dans la terre étrangère des illusions
» contre des souvenirs. L'homme entretient dans
» son sein un désir de bonheur qui ne se dé-

» truit, ni ne se réalise; il y a dans nos bois une
» plante dont la fleur se forme et ne s'épanouit
» jamais : c'est l'espérance. »

Ainsi parloit le Sachem : mêlant la force à la douceur, il ressembloit à ces vieux chênes où les abeilles ont caché leur miel.

Chactas se lève à l'aide du bras de sa fille. Le frère d'Amélie suit le Sachem que la foule empressée reconduit à sa cabane. Les guides retournèrent au fort Rosalie.

Cependant René étoit entré sous le toit de son hôte, qu'ombrageoient quatre superbes tulipiers. On fait chauffer une eau pure dans un vase de pierre noire, pour laver les pieds du frère d'Amélie. Chactas sacrifie aux Manitous protecteurs des étrangers; il brûle en leur honneur des feuilles de saule : le saule est agréable aux génies des voyageurs, parce qu'il croît au bord des fleuves, emblèmes d'une vie errante. Après ceci Chactas présenta à René la calebasse de l'hospitalité, où six générations avoient bu l'eau d'érable; elle étoit couronnée d'hyacinthes bleues qui répandoient une bonne odeur : deux Indiens, célèbres par leur esprit ingénieux, avoient crayonné sur ses flancs dorés l'histoire d'un voyageur égaré dans les bois. René, après avoir mouillé ses lèvres dans la coupe fragile, la rendit aux mains tremblantes du patron de la solitude. Le calumet de paix, dont le fourneau étoit fait d'une pierre rouge, fut de nouveau présenté au frère d'Amélie. On lui servit en même temps deux jeunes ramiers qui, nourris de baies de genévrier par leur mère, étoient un mets digne de la table d'un roi. Le repas achevé, une jeune fille aux bras nus parut devant l'étranger; et dansant la chanson de l'hospitalité, elle disoit :

« Salut, hôte du Grand Esprit; salut, ô le plus
» sacré des hommes! Nous avons du maïs et une
» couche pour toi : salut, hôte du Grand Es-
» prit; salut, ô le plus sacré des hommes! »
La jeune fille prit l'étranger par la main, le conduisit à la peau d'ours qui devoit lui servir de lit, et puis elle se retira auprès de ses parents. René s'étendit sur la couche du chasseur, et dormit son premier sommeil chez les Natchez.

Tandis que la nation du Soleil s'occupe encore de jeux et de fêtes, une fatale destinée précipite de toutes parts les événements. Abandonnant les champs fertilisés par les sueurs de leurs aïeux, de jeunes hommes, plantes étrangères arrachées au doux sol de la France, viennent en foule peupler de leur fructueux exil le fort qui gourmande le Meschacebé, et qui fait redire à ses bords le nom charmant de Rosalie. Perrier, qui gouverne à la Nouvelle-Orléans les vastes champs de la Louisiane, Perrier ordonne à Chépar, vaillant capitaine des François aux Natchez, de faire le dénombrement de ses soldats, afin de porter ensuite, si telle étoit la nécessité, le soc ou la bêche jusque dans les tombeaux des Indiens. Chépar commande aussitôt à ses bataillons de se déployer à la première aurore sur les bords du fleuve.

A peine les rayons du matin avoient jailli du sein des mers Atlantiques, que le bruit des tambours et les fanfares des trompettes font tressaillir le guerrier dans sa tente assoupi. Le désert s'épouvante et secoue sa chevelure de forêts; la terreur pénètre au fond de ces demeures qui, depuis la naissance du monde, ne répétaient que les soupirs des vents, le bramement des cerfs et le chant des oiseaux.

A ce signal, le démon des combats, le sanguinaire Areskoui [1] et les autres esprits des ombres poussent un cri de joie. L'ange du Dieu des armées répond à leurs menaces en frappant sa lance d'or sur son bouclier de diamant. Telles sont les rumeurs de l'Océan, lorsque les fleuves américains, enflant leurs urnes, fondent tous ensemble sur leur vieux père. L'Océan, fracassant ses vagues entre les rochers, étincelle; il se soulève indigné, se précipite sur ses fils, et les frappant de son trident, les repousse dans

---

[1] Génie ou dieu de la guerre chez les Sauvages.

leur lit fangeux. Le soldat françois entend ces bruits; il se réveille, comme le cheval de bataille qui dresse l'oreille au frémissement de l'airain, ouvre ses narines fumantes, remplit l'air de ses grêles hennissements, mord les barreaux de sa crèche qu'il couvre d'écume, et décèle dans toutes ses allures, l'impatience, le courage, la grâce et la légèreté.

Un mouvement général se manifeste dans le camp et dans le fort. Les fantassins courent aux faisceaux d'armes; les cavaliers voltigent déjà sur leurs coursiers; on entend les bruits des chaînes et les roulements de la pesante artillerie. Partout brille l'acier; partout flottent les drapeaux de la France, drapeaux immortels couverts de cicatrices, comme des guerriers vieillis dans les combats. Bientôt l'armée se déroule le long du Meschacebé. Le chœur des instruments de Bellone anime de ses airs triomphants tous ces braves, tandis que l'on voit s'agiter en cadence le bonnet du grenadier qui, reposé sur ses armes, bat la mesure avec une gaieté qui inspire la terreur.

Fille de Mnémosine à la longue mémoire! âme poétique des trépieds de Delphes et des colombes de Dodone; déesse qui chantez autour du sarcophage d'Homère sur quelque grève inconnue de la mer Égée; vous qui non loin de l'antique Parthénope, faites naître le laurier du tombeau de Virgile ; Muse ! daignez quitter un moment tous ces morts harmonieux et leurs vivantes poussières ; abandonnez les rivages de l'Ausonie, les ondes du Sperchius et les champs où fut Troie ; venez m'animer de votre divin souffle : que je puisse nommer les capitaines et les bataillons de ce peuple indompté dont les exploits fatigueroient même, ô Calliope ! votre poitrine immortelle.

Au centre de l'armée paroissoit ce bataillon vêtu d'azur, qui lance les foudres de Bellone ; c'est lui qui, dans presque tous les combats, détermine la fortune à suivre la France ; instruit dans les sciences les plus sublimes, il fait servir le génie à couronner la victoire. Nulle nation ne peut se vanter d'une pareille troupe. Folard la commande, l'impassible Folard qui peut dans les plus grands dangers mesurer la courbe du boulet ou de la bombe, indiquer la colline dont il faut se saisir, tracer et résoudre sur l'arène sanglante, au milieu des feux et de la mort, les figures et les problèmes de Pythagore.

L'infanterie, blanche et légère comme la neige, se forme rapidement devant les lentes machines qui vomissent le fer et la flamme. Marseille dont les galères remontent l'antique Égyptus, Lorient qui fait voguer ses vaisseaux jusque dans les mers de la Trapobane, la Touraine si délicieuse par ses fruits, la Flandre aux plaines ensanglantées,

Lyon la romaine, Strasbourg la germanique, Toulouse si célèbre par ses troubadours, Reims où les rois vont chercher leur couronne, Paris où ils viennent la porter; toutes les villes, toutes les provinces, tous les fleuves des Gaules, ont donné ces fameux soldats à l'Amérique.

Leurs armes ne sont plus l'épée ou l'angon; ils ne se parent plus du large bracha et des colliers d'or : ils portent un tube enflammé, surmonté du glaive de Bayonne; leur vêtement est celui du lis, symbole de l'honneur virginal de la France.

Divisée en cinquante compagnies, cinquante capitaines choisis commandent cette infanterie formidable. Là se montrent, et l'infatigable Toustain qui naquit aux plaines de la Beauce où les moissons roulent en nappe d'or, et le prompt Armagnac qui fut plongé en naissant dans ce fleuve dont les ondes inspirent le courage et les saillies, et le patient Tourville nourri dans les vallées herbues où dansent des paysannes à la haute coiffure et au corset de soie. Mais qui pourroit nommer tant d'illustres guerriers? Beaumanoir sorti des rochers de l'Armorique, Causans que sa tendre mère mit au jour au bord de la fontaine de Laure, d'Aumale qui goûta le vin d'Aï avant le lait de sa nourrice, Saint-Aulaire de Nîmes, élevé sous un portique romain, et Gautier de Paris, dont la jeunesse enchantée coula parmi les roses de Fontenay, les chênes de Senar, les jardins de Chantilly, de Versailles et d'Ermenonville?

Parmi ces vaillants capitaines on distingue surtout le jeune d'Artaguète à la beauté de son visage, à l'air d'humanité et de douceur qui tempère l'intrépidité de son regard. Il suit le drapeau de l'honneur, et brûle de verser son sang pour la France, mais il déteste les injustices, et plus d'une fois dans les conseils de la guerre, il a défendu les malheureux Indiens contre la cupidité de leurs oppresseurs.

A la gauche de l'infanterie, s'étendent les lestes escadrons de ces espèces de centaures, au vêtement vert, dont le casque est surmonté d'un dragon. On voit sur leurs têtes se mouvoir leurs aigrettes de crin, qu'agitent les mouvements du coursier retenu avec peine dans le rang de ses compagnons. Ces cavaliers enfoncent leurs jambes dans un cuir noirci, dépouille du buffle sauvage; un long sabre rebondit sur leur cuisse, lorsque balayant la terre avec les flancs de leur coursier, ils fondent le pistolet à la main sur l'ennemi. Selon les hasards de Bellone, on les voit quitter leurs chevaux à la crinière dorée, combattre à pied sur la montagne, s'élancer de nouveau sur leurs coursiers, descendre et remonter encore. Ces guerriers ont presque tous vu le jour non loin de ce fleuve où le soleil mûrit un vin léger propre à éteindre la soif du soldat, dans l'ardeur de la bataille; ils obéissent à la voix du brillant Villars.

A l'aile opposée du corps de l'armée, paroît, immobile, la pesante cavalerie, dont le vêtement d'un sombre azur, est ranimé par un pli brillant emprunté du voile de l'aurore. Les glands, d'un or filé et tordu, sautent en étincelant sur les épaules des guerriers, au trot mesuré de leurs chevaux. Ces guerriers couvrent leurs fronts du chapeau gaulois, dont le triangle bizarre est orné d'une rose blanche qu'attacha souvent la main d'une vierge timide, et que surmonte de sa cime légère un gracieux faisceau de plumes. C'étoit vous, intrépide Nemours, qui meniez ces fameux chevaux aux combats.

Mais pourrois-je oublier cette phalange qui, placée derrière toute l'armée, devoit la défendre des surprises de l'ennemi? Sacré bataillon de laboureurs, vous étiez descendus des roches de l'Helvétie, vêtus de la pourpre de Mars; la pique dont vos aïeux percèrent les tyrans est encore dans vos mains rustiques : au milieu du désordre des camps et de la corruption du nouvel âge, vous gardez vos vertus premières. Le souvenir de vos demeures champêtres vous poursuit; ce n'est qu'à regret que vous vous trouvez exilés sur de lointains rivages, et l'on craint de vous faire entendre ces airs de la patrie qui vous rappellent vos pères, vos mères, vos frères, vos sœurs, et le mugissement des troupeaux sur vos montagnes.

D'Erlach tient sous sa discipline ces enfants de Guillaume Tell; il descend d'un de ces Suisses qui teignirent de leur sang, auprès d'Henri III, les Lis abandonnés. Heureux si sur les degrés du Louvre, les fils de ces étrangers ne renouvellent point leur sacrifice !

Enfin le Canadien Henry dirige à l'avantgarde cette troupe de François demi-sauvages, enfants sans soucis des forêts du Nouveau-Monde. Ces chasseurs, assemblés pêle-mêle à la tête de l'armée, portent pour tout vêtement une tunique de lin qu'une ceinture rapproche de leurs flancs : une corne de chevreuil, renfermant le plomb et le salpêtre, s'attache par un cordon en forme de baudrier, sur leur poitrine; une courte carabine rayée se suspend comme un carquois à leurs épaules; rarement ils manquent leur but, et poursuivent les hommes dans les bois comme les daims et les cerfs. Rivaux des peuples du désert, ils en ont pris les goûts, les mœurs et la liberté; ils savent découvrir les traces d'un ennemi, lui tendre des embûches, ou le forcer dans sa retraite. En vain les pandoures, qui les accompagnent sur leurs petits chevaux de race tartare: en vain ces cavaliers du Danube, aux longs pantalons, aux vestes fourrées flottant en arrière, au bonnet oriental, aux moustaches retroussées, veulent devancer les coureurs Canadiens : moins rapide est l'hirondelle effleurant les ondes, moins léger le duvet du roseau qu'emporte un tourbillon.

Les troupes ainsi rassemblées bordoient les rives du fleuve, lorsque, monté sur une cavale blanche, élevée vagabonde dans les savanes mexicaines, voici venir Chépar au milieu d'un cortége de guerriers.

Né sous la tente des Luxembourg et des Catinat, le vieux capitaine ne voyoit la société que dans les armes; le monde pour lui étoit un camp. Inutilement il avoit traversé les mers; sa vue restoit circonscrite au cercle qu'elle avoit jadis embrassé, et l'Amérique sauvage ne reproduisoit à ses yeux que l'Europe civilisée : ainsi le ver laborieux qui ourdit la plus belle trame, ne connoît cependant que sa voûte d'or, et ne peut étendre ses regards sur la nature.

Le chef s'avance, et s'arrête bientôt à quelques pas du front des guerriers : les roulements des tambours se font entendre, les capitaines courent à leur poste, les soldats s'affermissent dans leurs rangs. Au second signal, la ligne se fixe et devient immobile, semblable alors au mur d'une cité, au-dessus duquel flottent les drapeaux de Mars.

Les tambours se taisent ; une voix s'élève, et va se répétant le long des bataillons de chef en chef, comme d'écho en écho. Mille tubes enlevés de la terre frappent ensemble l'épaule du fantassin ; les cavaliers tirent leurs sabres dont l'acier réfléchissant les rayons du soleil, mêle ses éclairs aux triples ondes de feu des baïonnettes : ainsi durant une nuit d'hiver brille une solitude où des tribus Canadiennes célèbrent la fête de leurs Génies ; réunies sur la surface solide d'un fleuve, elles dansent à la lueur des pins allumés de toutes parts ; les cataractes enchaînées, les montagnes de neige, les forêts de cristal se revêtent de splendeur, tandis que les Sauvages croient voir les Esprits du nord voguer dans leurs canots aériens, avec des pagaies de flammes, sur l'aurore mouvante de Borée.

Cependant les rangs de l'armée s'entr'ouvrent et présentent au commandant des allées régulières : il les parcourt avec lenteur, examinant les guerriers soumis à ses ordres, comme un jardinier se promène entre les files des jeunes arbres, dont sa main affermit les racines et dirige les rameaux.

Aussitôt que la revue est finie, Chépar

veut que les capitaines exercent les troupes aux jeux de Mars. L'ordre est donné : le coup de baguette retentit. Soudain vous eussiez vu le soldat tendre et porter en avant le pied gauche, avec l'assurance et la fermeté d'un Hercule. L'armée entière s'ébranle ; ses pas égaux mesurent la marche que frappent les tambours. Les jambes noircies des soldats ouvrent et ferment une longue avenue, en se croisant comme les ciseaux d'une jeune fille qui découpe d'ingénieux ouvrages. Par intervalles les caisses d'airain que recouvre la peau de l'onagre, se taisent au signe du géant qui les guide; alors mille instruments, fils d'Éole, animent les forêts, tandis que les cymbales du nègre se choquent dans l'air et tournent comme deux soleils.

Rien de plus merveilleux et de plus terrible à la fois, que de voir ces légions marcher au son de la musique, comme si elles ouvroient les danses de quelque fête : nul ne peut les regarder sans se sentir possédé de la fureur des combats, sans brûler de partager leur gloire et leurs périls. Les fantassins s'appuient et tournent sur leurs ailes de cavalerie comme sur deux pôles ; tantôt ils s'arrêtent, ébranlent la solitude par de pesantes décharges, ou par un feu successif qui remonte et redescend le long de la ligne comme les orbes d'un serpent ; tantôt ils baissent tous à la fois la pointe de la baïonnette si fatale dans des mains françoises : coucher leurs armes à terre, les reprendre, les lancer à leur épaule, les présenter en salut, les charger ou se reposer sur elles, ce n'est pas la durée d'un moment pour ces enfants de la victoire.

A cet exercice des armes succèdent de savantes manœuvres. Tour à tour l'armée s'allonge et se resserre, tour à tour s'avance et se retire ; ici elle se creuse comme la corbeille de Flore ; là elle s'enfle comme les contours d'une urne de Corinthe : le Méandre se replie moins de fois sur lui-même, la danse d'Ariadne gravée sur le bouclier d'Achille, avoit moins d'erreurs que les labyrinthes tracés sur la plaine par ces disciples de Mars. Leurs capitaines font prendre aux bataillons toutes les figures de l'art d'Uranie : ainsi des enfants étendent des soies légères sur leurs doigts légers ; sans confondre ou briser le dédale fragile, ils le déploient en étoile, le dessinent en croix, le ferment en cercle, et l'entr'ouvrent doucement sous la forme d'un berceau.

Les Indiens assemblés admiroient ces jeux qui leur cachoient des tempêtes.

LIVRE DEUXIÈME.

ATAN planant dans les airs, au-dessus de l'Amérique, jetoit un regard désespéré sur cette partie de la terre, où le Sauveur le poursuit, comme le soleil qui, s'avançant des portes de l'Orient, chasse devant lui les ténèbres : le Chili, le Pérou, le Mexique, la Californie, reconnoissent déjà les lois de l'Évangile ; d'autres colonies chrétiennes couvrent les rivages de l'Atlantique, et des missionnaires ont enseigné le vrai Dieu aux Sauvages des déserts. Satan, rempli de projets de vengeance, va aux enfers rassembler le conseil des Démons.

Il déroule, devant ses compagnons de douleurs, le tableau de ce qu'il a fait pour perdre la race humaine, pour partager le monde créé avec le Créateur, pour opposer le mal au bien sur la terre, et, au delà de la terre, l'Enfer au Ciel. Il propose aux légions maudites un dernier combat; il veut armer toutes les nations idolâtres du nouveau continent; il veut unir toutes ces nations dans un vaste complot afin d'exterminer les Chrétiens.

C'est au milieu des Natchez qu'il aperçoit les passions propres à seconder son entreprise. « Dieux de l'Amérique, s'écrie-t-il, anges tombés
» avec moi, vous qui vous faites adorer sous la
» forme d'un serpent; vous que l'on invoque
» comme les Génies des castors et des ours; vous
» qui, sous le nom de Manitous, remplissez les
» songes, inspirez les craintes ou entretenez les
» espérances des peuples barbares; vous qui
» murmurez dans les vents, qui mugissez dans
» les cataractes, qui présidez au silence ou à la
» terreur des forêts, allez défendre vos autels. Répandez les illusions et les ténèbres;
» soufflez de toute part la discorde, la jalou-
» sie, l'amour, la haine, la vengeance. Mêlez-
» vous aux conseils et aux jeux des Natchez;
» que tout devienne prodige chez des hom-
» mes où tout est fêtes et combats. Je vous
» donnerai mes ordres : soyez attentifs à les exé-
» cuter. »

LIVRE II.

Il dit, et le Tartare pousse un rugissement de joie, qui fut entendu dans les forêts du Nouveau-Monde. Areskoui, démon de la guerre, Athaënsie qui excite à la vengeance, le Génie des fatales amours, mille autres puissances infernales se lèvent à la fois pour seconder les desseins du prince des ténèbres. Celui-ci va chercher sur la terre le démon de la renommée, qui n'avoit point assisté au conseil infernal.

Le soleil ne faisoit que de paroître à l'horizon, lorsque le frère d'Amélie ouvrit les yeux dans la demeure d'un Sauvage. L'écorce qui servoit de porte à la hutte, avoit été roulée et relevée sur le toit. Enveloppé dans son manteau, René se trouvoit couché sur sa natte de manière que sa tête étoit placée à l'ouverture de la cabane. Les premiers objets qui s'offrirent à sa vue, en sortant d'un profond sommeil, furent la vaste coupole d'un ciel bleu où voloient quelques oiseaux, et la cime des tulipiers qui frémissoient au souffle des brises du matin. Des écureuils se jouoient dans les branches de ces beaux arbres, et des perruches siffloient sous leurs feuilles satinées. Le visage tourné vers le dôme azuré, le jeune étranger enfonçoit ses regards dans ce dôme qui lui paroissoit d'une immense profondeur et transparent comme le verre. Un sentiment confus de bonheur, trop inconnu à René, reposoit au fond de son âme, en même temps que le frère d'Amélie croyoit sentir son sang rafraîchi descendre de son cœur dans ses veines, et par un long détour remonter à sa source : telle l'antiquité nous peint des ruisseaux de lait s'égarant au sein de la terre, lorsque les hommes avoient leur innocence, et que le soleil de l'âge d'or se levoit aux chants d'un peuple de pasteurs.

Un mouvement dans la cabane tira le voyageur de sa rêverie : il aperçut alors le patriarche des sauvages assis sur une natte de roseau. Auprès du foyer, Saséga, laborieuse matrone, faisoit infuser des dentelles de Loghetto, avec des écorces de pin rouge qui donne une pourpre éclatante. Dans un lieu retiré, la nièce de Chactas empennoit des flèches avec des plumes de faucon. Céluta, son amie, qui l'étoit venue visiter, sembloit l'aider dans son travail; mais sa main, arrêtée sur l'ouvrage, annonçoit que d'autres sentiments occupoient son cœur.

Le frère d'Amélie s'étoit endormi l'homme de la société, il se réveilloit l'homme de la nature. Le ciel étoit sur sa tête, comme le dais de sa couche; des courtines de feuillages et de fleurs sembloient pendre de ce dais superbe; des vents souffloient la fraîcheur et la santé ; des hommes libres, des femmes pures entouroient la couche du jeune homme. Il se seroit volontiers touché pour s'assurer de son existence, pour se convaincre qu'autour de lui tout n'étoit pas illusion. Tel fut le réveil du guerrier aimé d'Armide, lorsque l'enchanteresse trouvant son ennemi plongé dans le sommeil, l'emporta sur une nue et le déposa dans les bocages des îles Fortunées.

René se lève, sort, se plonge dans l'onde voisine, respire l'odeur des sassafras et des liquidambars, salue la lumière de l'orient, les flots du Meschacebé, les savanes et les forêts, et rentre dans la cabane.

Cependant les femmes sourioient des manières de l'étranger ; c'étoit de ce sourire de femmes qui ne blesse point. Céluta fut chargée d'apprêter le repas de l'hôte de Chactas : elle prit de la farine de maïs, qu'elle pétrit avec de l'eau de fontaine ; elle en forma un gâteau qu'elle présenta à la flamme, en le soutenant avec une pierre. Elle fit ensuite bouillir de l'eau dans un vase en forme de corbeille ; elle versa cette eau sur la poudre de la racine de smilax : ce mélange, exposé à l'air, se changea en une gelée rose d'un goût délicieux. Alors Céluta retira le pain du foyer et l'offrit au frère d'Amélie : elle lui servit en même temps avec la gelée nouvelle, un rayon de miel et de l'eau d'érable.

Ayant fini ces choses avec un grand zèle, elle se tint debout fort agitée devant l'étranger. Celui-ci enseigné par Chactas se leva, imposa les deux mains en signe de deuil sur la tête de l'Indienne, car elle avoit perdu son père et sa mère, et elle n'avoit plus pour soutien que son frère Outougamiz. La famille poussa les trois cris de douleur, appelés cris de veuve : Céluta retourna à son ouvrage; René commença son repas du matin.

Alors Céluta, chargée d'amuser le guerrier blanc, se mit à chanter. Elle disoit :

« Voici le plaqueminier; sous ce plaqueminier » il y a un gazon; sous ce gazon repose une » femme. Moi qui pleure sous le plaqueminier, » je m'appelle Céluta : je suis fille de la femme » qui repose sous le gazon; elle étoit ma mère.

» Ma mère me dit en mourant : travaille; sois » fidèle à ton époux quand tu l'auras trouvé. S'il » est heureux, sois humble et timide; n'approche » de lui que lorsqu'il te dira : viens; mes lèvres » veulent parler aux tiennes.

» S'il est infortuné, sois prodigue de tes ca- » resses; que ton âme environne la sienne; que » ta chair soit insensible aux vents et aux dou- » leurs. Moi, qui m'appelle Céluta, je pleure

» maintenant sous le plaqueminier ; je suis la fille
» de la femme qui repose sous le gazon. »

L'Indienne, en chantant ces paroles, trembloit, et des larmes couloient comme des perles le long de ses joues : elle ne savoit pourquoi, à la vue du frère d'Amélie, elle se souvenoit des derniers conseils de sa mère. René sentoit lui-même ses yeux humides. La famille partageoit l'émotion de Céluta, et toute la cabane pleuroit de regret, d'amour et de vertu. Tel fut le repas du matin.

A peine cette scène étoit terminée qu'un guerrier parut : il apportoit une hache en présent à l'étranger, pour qu'il se bâtît une cabane. Il conduisoit en même temps une vierge plus belle et plus jeune que Chryséis, afin que le nouveau fils de Chactas commençât un lit dans le désert. Céluta baissa la tête dans son sein : Chactas, averti de ce qui se passoit, devina le reste. Alors d'une voix courroucée : « Veut-on faire un af-
» front à Chactas? Le guerrier adopté par moi
» ne doit pas être traité comme un étranger. »

Consterné à cette réprimande du vieillard, l'envoyé frappa des mains et s'écria : « René adop-
» té par Chactas ne doit pas être regardé comme
» un étranger. »

Cependant Chactas conseilla au frère d'Amélie de faire un présent à Mila, dans la crainte d'offenser une famille puissante qui comptoit plus de trente tombeaux. René obéit : il ouvrit une cassette de bois de papaya ; il en tira un collier de porcelaine ; ce collier étoit monté sur un fil de la racine du tremble, appelé l'arbre du refus, parce que la liane se dessèche autour de son tronc. René faisoit ces choses par le conseil de Chactas ; il donna le collier à Mila, à peine âgée de quatorze ans, en lui disant : « Heureux » votre père et votre mère ! plus heureux celui » qui sera votre époux ! » Mila jeta le collier à terre.

La paix descendit sur la cabane le reste de la journée ; Céluta retourna chez son frère Outougamiz, Mila chez ses parents, et Chactas alla converser avec les Sachems.

Le soir on se rassembla sous les tulipiers : la famille prit un repas sur l'herbe semée de verveine empourprée et de ruelles d'or. Le chant monotone du will-poor-will, le bourdonnement du colibri, le cri des dindes sauvages, les soupirs de la non-pareille, le sifflement de l'oiseau moqueur, le sourd mugissement des crocodiles dans les glaïeuls, formoient l'inexprimable symphonie de ce banquet.

Échappés du royaume des ombres, et descendant sans bruit à la clarté des étoiles, les songes venoient se reposer sur le toit des Sauvages. C'é-

toit l'heure où le cyclope européen rallume la fournaise dont la flamme se dilate ou se concentre, aux mouvements des larges soufflets. Tout à coup un cri retentit ; réveillées en sursaut dans la cabane, les femmes se dressent sur leur couche ; Chactas prête l'oreille ; une Indienne soulève l'écorce de la porte, et ces mots se pressent sur ses lèvres : « Les méchants Manitous sont dé-
» chaînés : sortez ! sortez ! » La famille se précipite sous les tulipiers.

La nuit régnoit : des nuages brisés ressembloient dans leur désordre sur le firmament, aux ébauches d'un peintre dont le pinceau se seroit essayé au hasard sur une toile azurée. Des langues de feu livides et mouvantes léchoient la voûte du ciel. Soudain ces feux s'éteignent : on entend quelque chose de terrible passer dans l'obscurité ; et du fond des forêts s'élève une voix qui n'a rien de l'homme.

Dans ce moment un guerrier se présente à la porte de la cabane ; il adresse à Chactas ces paroles précipitées : « Le conseil de la nation s'assemble ;
» les Blancs se préparent à lever la hache contre
» nous ; il leur est arrivé de nouveaux soldats.
» D'une autre part le trouble est dans la nation :
» la femme-chef, mère du jeune Soleil, est en
» proie aux mauvais Génies ; Ondouré paroît pos-
» sédé d'une passion funeste. Le grand-prêtre parle

» d'oracles et de songes ; on murmure sourdement
» contre le François que vous voulez faire adopter.
» Vous êtes témoin des prodiges de la nuit : hâ-
» tez-vous de vous rendre au conseil. »

En achevant ces mots, le messager poursuit sa route et va réveiller Adario. Chactas rentre dans sa cabane : il suspend à son épaule gauche son manteau de peau de martre ; il demande son bâton d'hicory [1] surmonté d'une tête de vautour. Miscoue avoit coupé ce bâton dans sa vieillesse ; il l'avoit laissé en héritage à son fils Outalissi, et celui-ci à son fils Chactas qui, appuyé sur ce sceptre héréditaire, donnoit des leçons de sagesse aux jeunes chasseurs réunis au carrefour des forêts. Un Indien complétement armé vient chercher Chactas, et le conduit au conseil.

Tous les Sachems avoient déjà pris leur place : les guerriers étoient rangés derrière eux ; les matrones ayant à leur tête la femme-chef, mère de l'héritier de la couronne, occupoient les siéges qui leur étoient réservés, et au-dessous d'elles s'asseyoient les prêtres.

Adario, chef de la tribu de la Tortue, se lève : inaccessible à la crainte, insensible à l'espérance, ce Sachem se distingue par un ardent amour de la patrie : implacable ennemi des Eu-

---

[1] Espèce de noyer.

ropéens qui avaient massacré son père, mais les abhorrant encore plus comme tyrans de son pays, il parloit incessamment contre eux dans les conseils. Quoiqu'il révérât Chactas, et qu'il se plût à confesser la supériorité du Sachem aveugle, il étoit cependant presque toujours d'un avis opposé à celui de son vieil ami.

Les bras pendants et immobiles, les regards attachés à la terre, il prononça ce discours :

« Sachems, matrones, guerriers des quatre tri-
» bus, écoutez :
» Déjà l'aloès avoit fleuri deux fois, depuis que
» Ferdinand de Soto, l'Espagnol, étoit tombé sous
» la massue de nos ancêtres ; déjà nous étions allés
» combattre les tyrans loin de nos bords, lorsque
» le Meschacebé raconta à nos vieillards qu'une
» nation étrangère descendoit de ses sources. Ce
» peuple n'étoit point de la race superbe des guer-
» riers de feu [1]. Sa gaieté, sa bravoure, son amour
» des forêts et de nos usages, le faisoient chérir. Nos
» cabanes eurent pitié de sa misère, et donnèrent
» à Lasalle [2] tout ce qu'elles pouvoient lui offrir.
» Bientôt la nation légère aborde de toutes
» parts sur nos rives : d'Iberville, le dompteur
» des flots, fixe ses guerriers au centre même de
» notre pays. Je m'opposai à cet établissement ;

[1] Les Espagnols.
[2] Il descendit le premier le Mississipi.

» mais vous attachâtes le grand canot de l'étran-
» ger aux buissons, ensuite aux arbres, puis aux
» rochers, enfin à la grande montagne; et vous
» asseyant sur la chaîne qui lioit le canot des
» Blancs à nos fleuves, vous ne voulûtes plus faire
» qu'un peuple avec le peuple de l'Aurore.

» Vous savez, ô Sachems ! quelle fut la récom-
» pense de votre hospitalité! Vous prîtes les ar-
» mes; mais, trop prompts à les quitter, vous
» rallumâtes le calumet de paix. Hommes im-
» prudents! la fumée de la servitude et celle de
» l'indépendance pouvoient-elles sortir du même
» calumet? Il faut une tête plus forte que celle
» de l'esclave, pour n'être point troublée par le
» parfum de la liberté.

» A peine avez-vous enterré la hache [1], à peine,
» vous reposant sur la foi des colliers [2], com-
» mencez-vous à éclaircir la chaîne d'union, que,
» par la plus noire des perfidies, le chef actuel
» des François veut vous attaquer sur vos nattes.
» La biche n'a pas changé plus de fois de parure
» que je n'ai de doigts à cette main mutilée en
» défendant mon père, depuis que les derniers
» attentats des Blancs ont souillé nos savanes. Et
» nous hésitons encore!

» Peut-être, enfants du Soleil, peut-être

[1] Faire la paix. — [2] Lettres, contrats, traités, etc.

» comptez-vous changer de désert, abandon-
» ner à vos oppresseurs la terre de la patrie?
» Mais où voulez-vous porter vos pas? Au
» couchant, au levant, vers l'étoile immo-
» bile [1], vers ces régions où le Génie du jour s'as-
» sied sur la natte de feu [2], partout sont les en-
» nemis de votre race. Ils ne sont plus ces temps
» où vous pouviez disposer de toutes les solitudes,
» où tous les fleuves couloient pour vous seuls.
» Vos tyrans ont demandé de nouveaux satel-
» lites; ils méditent une nouvelle invasion de nos
» foyers. Mais notre jeunesse est florissante et
» nombreuse; n'attendons pas qu'on vienne nous
» surprendre et nous égorger comme des fem-
» mes. Mon sang se rallume dans mes veines,
» ma hache brûle à ma ceinture. Natchez! soyez
» dignes de vos pères, et le vieil Adario vous
» conduit dès aujourd'hui aux batailles sanglan-
» tes. Puissent les fleuves rouler à la grande eau
» les cadavres des ennemis de ma patrie! Puis-
» siez-vous, ô terre trop généreuse des chairs rou-
» ges! étouffer dans votre sein le froment em-
» poisonné qu'y jeta la main de la servitude!
» Puissent ces moissons impies épandues sur la
» poussière de nos aïeux, ne porter sur leur tige
» que les semences de la tombe! »

Ainsi parle Adario. Les guerriers, les ma-

[1] Le nord. — [2] Le midi.

trones, les vieillards même, troublés par sa mâle éloquence, s'agitent comme le blé dans le boisseau bruyant qui le verse à la meule rapide. Ondouré se lève au milieu de l'assemblée.

Le Grand Chef des Natchez, bien qu'il fût encore d'une force étonnante, touchoit aux dernières limites de la vieillesse; sa plus proche parente, la violente Akansie, étoit mère du jeune fils qui devoit hériter du rang suprême; ainsi l'avoit réglé la loi de l'État. Akansie nourrissoit au fond de son cœur une passion criminelle pour Ondouré, un des principaux guerriers de la nation; mais Ondouré, au lieu de répondre à l'amour d'Akansie, brûloit pour Céluta dont le cœur commençoit à incliner vers l'étranger, hôte du vénérable Chactas.

Dévoré d'ambition et d'amour, ayant contracté tous les vices des Blancs qu'il détestoit, mais dont il avoit l'adresse de se faire passer pour l'ami, Ondouré avoit pris la résolution de se taire dans le conseil, afin de se ménager, comme à son ordinaire, entre les deux partis; mais son amour pour Céluta et sa jalousie naissante contre René l'entraînèrent à prononcer ces paroles : « Pères de la patrie, qu'attendons-nous ? » Le grand Adario ne nous a-t-il pas tracé la » route ? Je ne vois ici que le sage Chactas qui » puisse s'opposer à la levée de la hache [1]. Mais

[1] La guerre.

» enfin le vénérable fils d'Outalissi montre un
» trop grand penchant pour les étrangers. Falloit-
» il qu'il introduisît encore parmi nous, cet hôte
» dont l'arrivée a été marquée par des signes fu-
» nestes? Chactas, cette lumière des peuples,
» sentira bientôt que sa générosité l'emporte
» au delà des bornes de la prudence : il sera le
» premier à renier ce fils adoptif, à le sacrifier, s'il
» le faut, à la patrie. »

Comme autrefois une Bacchante que l'esprit du Dieu avoit saisie, couroit échevelée sur les montagnes qu'elle faisoit retentir de ses hurlements, la jalouse mère du jeune Soleil se sent transportée de fureur à ces paroles d'Ondouré : elle y découvre la passion de ce guerrier pour une rivale. Ses joues pâlissent, ses regards lancent des éclairs sur l'homme dont elle est méprisée : tous ses membres sont agités comme dans une fièvre ardente. Elle veut parler, et les mots manquent à ses pensées. Que va-t-elle dire? que va-t-elle proposer au conseil? La guerre ou la paix? exigera-t-elle la mort ou le bannissement de l'étranger qui augmente l'amour d'Ondouré pour la fille de Tabamica? Demandera-t-elle au contraire l'adoption du nouveau fils de Chactas, afin de désoler, par la présence de René, l'ingrat qui la dédaigne, afin de lui faire éprouver une partie des tourments qu'elle endure? Ces paroles tombent de ses lèvres décolorées et tremblantes :

« Vieillards insensés ! n'avez-vous point songé
» au danger de la présence des Européens par-
» mi nous ? Avez-vous des secrets pour rendre
» le sein des femmes aussi froid que le vôtre ?
» Lorsque la vierge trompée sera comme le pois-
» son que le filet a jeté palpitant sur le sable
» aride ; lorsque l'épouse aura trahi l'époux de
» sa couche ; lorsque la mère, oubliant son fils,
» suivra éperdue dans les forêts le guerrier qui
» l'entraîne, vous reconnoîtrez, mais trop
» tard, votre imprudence. Réveillez-vous de
» l'assoupissement de vos années ! Oui, il faut
» du sang aujourd'hui ! La guerre ! il faut du
» sang ! les Manitous l'ordonnent ! un feu dé-
» vorant coule dans tous les cœurs. Ne consultez
» point les entrailles de l'ours sacré : les vœux,
» les prières, les autels sont inutiles à nos maux ! »

Elle dit : sa couronne de plumes et de fleurs tombe de sa tête. Comme un pavot frappé des rayons du soleil, se penche vers la terre, et laisse échapper de sa tige les gouttes amères du sommeil ; ainsi la femme jalouse, dévorée par les feux de l'amour, baisse son front dont la mort semble épancher des sueurs glacées. La confusion règne dans l'assemblée ; une épaisse fumée, répandue par les Esprits du mal, remplit la salle de ténèbres; on entend les cris des matrones, les mouvements des guerriers, la voix des vieillards. Ainsi dans un atelier, des ouvriers préparent les laines d'Albion ou de l'Ibérie; ceux-ci battent les toisons poudreuses, ceux-là les transforment en de merveilleux tissus; plusieurs les plongent dans la pourpre de Tyr ou dans l'azur de l'Indostan : mais si quelque main mal assurée vient à répandre sur la flamme la liqueur des cuves brûlantes, une vapeur s'élève avec un sifflement dans les salles, et des clameurs sortent de cette soudaine nuit.

Toutes les espérances se tournoient vers Chactas; lui seul pouvoit rétablir le calme : il annonce par un signe qu'il va se faire entendre. L'assemblée devient immobile et muette, et l'orateur, qui n'a pas encore parlé, semble déjà faire porter aux passions les chaînes de sa paisible éloquence.

Il se lève : sa tête couronnée de cheveux argentés, un peu balancée par la vieillesse et par d'attendrissants souvenirs, ressemble à l'étoile du soir qui paroît trembler avant de se plonger dans les flots de l'Océan. Adressant son discours à son ami Adario, Chactas s'exprime de la sorte :

« Mon frère l'Aigle, vos paroles ont l'abon-
» dance des grandes eaux, et les cyprès de la sa-
» vane sont enracinés moins fortement que vous,

» sur les tombeaux de nos pères. Je sais aussi les
» injustices des Blancs; mon cœur s'en est affligé.
» Mais sommes-nous certains que nous n'avons
» rien à nous reprocher nous-mêmes. Avons-
» nous fait tout ce que nous avons pu pour
» demeurer libres? Est-ce avec des mains pures
» que nous prétendons lever la hache d'Ares-
» koui? Mes enfants, car mon âge et mon
» amour pour vous me permettent de vous
» donner ce nom, je déplore la perte de l'in-
» nocente simplicité qui faisoit la beauté de
» nos cabanes. Qu'auroient dit nos pères, s'ils
» avoient découvert dans une matrone les signes
» qui viennent de troubler le conseil? Femme,
» portez ailleurs l'égarement de vos esprits; ne
» venez point au milieu des Sachems, avec le
» souffle de vos passions, tirer des plaintes du
» feuillage flétri des vieux chênes.

» Et toi, jeune chef, qui as osé prendre la pa-
» role avant les vieillards, crois-tu donc tromper
» Chactas? Tremble que je ne dévoile ton âme
» aussi creuse que le rocher où se renferme l'ours
» du Labrador.

» Préparons-nous aux jeux d'Areskoui, exer-
» çons notre jeunesse, faisons des alliances avec
» de puissants voisins, mais auparavant prenons
» les sentiers de la paix : renouons la chaîne d'al-
» liance avec Chépar; qu'il parle dans la vérité

LIVRE II.

» de son cœur, qu'il dise dans quel dessein il ras-
» semble ses guerriers. Mettons les Manitous
» équitables de notre côté, et si nous sommes
» enfin forcés à lever la hache, nous combat-
» trons avec l'assurance de la victoire ou d'une
» mort sainte, la plus belle et la plus certaine
» des délivrances. J'ai dit. »

Chactas jette un collier bleu, symbole de paix, au milieu de l'assemblée, et se rassied. Tous les guerriers étoient émus : « quelle expérience ! disoient les uns ; quelle douceur et quelle autorité ! disoient les autres. Jamais on ne retrouvera un tel Sachem. Il sait la langue de toutes les forêts ; il connoît tous les tombeaux qui servent de limites aux peuples, tous les fleuves qui séparent les nations. Nos pères ont été plus heureux que nous : ils ont passé leur vie avec sa sagesse ; nous, nous ne le verrons que mourir. » Ainsi parloient les guerriers.

L'avis de Chactas fut adopté : quatre députés portant le calumet de paix furent envoyés au fort Rosalie. Mais Areskoui, fidèle aux ordres de Satan, riant d'un rire farouche, suivoit à quelque distance les messagers de paix avec la Trahison, la Peur, la Fuite, les Douleurs et la Mort.

Cependant le Prince des Enfers étoit arrivé aux extrémités du monde, sous le pôle dont l'intrépide Cook mesura la circonférence à travers les vents et les tempêtes. Là, au milieu des terres Australes qu'une barrière de glaces dérobe à la curiosité des hommes, s'élève une montagne qui surpasse hauteur les sommets les plus élevés des Andes dans le Nouveau-Monde, ou du Thibet dans l'antique Asie.

Sur cette montagne est bâti un palais, ouvrage des Puissances infernales. Ce palais a mille portiques d'airain; les moindres bruits viennent frapper les dômes de cet édifice, dont le silence n'a jamais franchi le seuil.

Au centre du monument est une voûte tournée en spirale, comme une conque, et faite de sorte que tous les sons qui pénètrent dans le palais, y aboutissent; mais par un effet du génie de l'Architecte des Mensonges, la plupart de ces sons se trouvent faussement reproduits : souvent une légère rumeur s'enfle et gronde en entrant par la voie préparée aux éclats du tonnerre, tandis que les roulements de la foudre expirent, en passant par les routes sinueuses destinées aux foibles bruits.

C'est là que l'oreille placée à l'ouverture de cet immense écho, est assis sur un trône retentissant un Démon, la Renommée. Cette Puissance, fille de Satan et de l'Orgueil, naquit autrefois pour annoncer le mal : avant le jour où Lucifer leva l'étendard contre le Tout-Puissant, la Renommée étoit inconnue. Si un monde venoit à s'animer ou à s'éteindre ; si l'Éternel avoit tiré un univers du néant, ou replongé un de ses ouvrages dans le chaos ; s'il avoit jeté des soleils dans l'espace, créé un nouvel ordre de Séraphins, essayé la bonté d'une lumière, toutes ces choses étoient aussitôt connues dans le ciel par un sentiment intime d'admiration et d'amour, par le chant mystérieux de la céleste Jérusalem. Mais après la rébellion des mauvais Anges, la Renommée usurpa la place de cette intuition divine. Bientôt précipitée aux enfers, ce fut elle qui publia dans l'abîme la naissance de notre globe, et qui porta l'ennemi de Dieu à tenter la chute de l'homme. Elle vint sur la terre avec la Mort, et dès ce moment elle établit sa demeure sur la montagne, où elle entend et répète confusément ce qui se passe sur la terre, aux enfers et dans les cieux.

Satan, arrivé au palais, pénètre jusqu'au lieu où veilloit la Renommée.

« Ma fille, lui dit-il, est-ce ainsi que tu me
» sers? peux-tu ignorer les projets que je médite?
» Toi seule n'as point paru dans l'assemblée des
» Puissances infernales. Cependant, fille ingrate,
» pour qui travaillé-je en ce moment, si ce n'est

» pour toi ? Quel est l'Ange que j'ai aimé plus
» tendrement que je ne t'aime? Lorsque l'Orgueil,
» mon premier amour, te donna naissance, je te
» pris sur mes genoux, je te prodiguai les ca-
» resses d'un père. Hâte-toi donc de me prou-
» ver que tu n'as pas rompu les liens qui nous
» unissent. Viens, suis-moi ; le temps presse ;
» il faut que tu parles, il faut que tu répètes
» ce que je t'apprendrai ; ton silence peut mettre
» en danger mon empire. »

Le Démon de la Renommée, souriant au Prince des ténèbres, lui répond d'une voix éclatante :

« O mon père ! je n'ai pas rompu les liens
» qui nous unissent. J'ai entendu les bruits ré-
» pandus par toi chez les Natchez ; j'ai vu avec
» transport les grandes choses que tu prépares ;
» mais il me venoit dans ce moment d'autres
» bruits de la terre : j'étois occupée à redire au
» monde la gloire d'un monarque de l'Europe [1].
» Ces François m'accablent de leurs merveilles ;
» il me faudroit des siècles pour les entendre et
» les raconter. Cependant je suis prête à te sui-
» vre, et j'abandonne tout pour servir tes des-
» seins. »

En achevant ces mots, la Renommée descend de son trône : de toutes les voûtes, de tous les

[1] Louis XIV.

dômes, de tous les souterrains du palais ébranlé, s'échappent des sons confus et discordants : tels sont les rugissements d'un troupeau de lions, lorsque la gueule enflammée, la langue pendante, ils élèvent la voix durant une sécheresse dans l'aridité des sables africains.

Satan et la Renommée sortent du sonore édifice, s'abattent comme deux aigles au pied de la montagne, où la Nuit leur amène un char. Ils y montent. La Renommée saisit les rênes qui flottoient embarrassées dans les ailes des deux coursiers : Démon fantastique, dans les ténèbres elle ressemble à un géant, à la lumière elle n'est plus qu'un pygmée; l'Étonnement la précède, l'Envie la suit de près, et l'Admiration l'accompagne de loin.

Le couple pervers franchit ces mers inexplorées qui s'étendent entre la coupole de glace et ces terres que n'avoient point encore nommées les Cook et les Lapeyrouse. La Renommée, dirigeant ses coursiers sur la croix du sud, tourne le dos à ces constellations australes qu'un œil humain ne vit jamais; puis, par le conseil de Satan, de peur d'être aperçue de l'Ange qui garde l'Asie, au lieu de remonter l'océan Pacifique, elle descend vers l'orient, pour voler sur la plaine humide qui sépare l'Afrique du nouveau continent. Elle ne voit point Othaïti avec ses palmiers, ses chants, ses chœurs, ses danses, et ses peuples qui recommençoient la Grèce. Plus rapide que la pensée, le char double le cap où un océan, si long-temps ignoré, livre d'éternels combats aux mers de l'ancien monde.

Satan et la Renommée laissent loin derrière eux les flammes qui s'élèvent des Terres Magellaniques; phare lugubre qu'aucune main n'allume, et qui brûle sans gardien, au bord d'une mer sans navigateur. Ils vous saluèrent, ruines fumantes de Rio-Janeiro, monument de ta valeur, ô mon fameux compatriote!

Satan frappe de sa lance les coursiers haletants, et bientôt il a passé ce promontoire qui reçut jadis une colonie des Carthaginois. L'Amazone découvre son immense embouchure, ces flots que La Condamine, conduit par la céleste Uranie, visita dans sa docte course, et que Humboldt devoit illustrer.

A l'instant même, le char traverse la ligne que le soleil brûle de ses feux, entre dans l'autre hémisphère, et laisse sur la gauche la triste Cayenne, que l'avenir a marquée pour l'exil et la douleur. Les deux Puissances infernales, en perdant de vue cette terre qui les fait sourire, volent au-dessus des îles des Caraïbes, et se trouvent engagées dans l'Archipel du golfe Mexicain. La montueuse Martinique, qui n'étoit point encore soumise à la valeur françoise, la Dominique conquise par les Anglois, disparoissent sous les roues du char. Saint-Domingue, qui depuis s'enivra de richesses, de sang et de liberté, Saint-Domingue, dont les destinées devoient être si extraordinaires, se montroit alors en partie sauvage, tel que les intrépides flibustiers l'avoient laissé en héritage à la France. Et toi, île de Saint-Salvador, à jamais célèbre entre toutes les îles ! tu fus découverte par l'œil de la Renommée, bien qu'une ingrate obscurité ait succédé à ta gloire. Élevant la tête entre tes sœurs de Bahama, ce fut toi qui souris la première à Colomb; ce fut toi qui vis descendre de ses vaisseaux l'immortel Génois, comme le fils aîné de l'Océan ; ce fut sur tes rivages que se visitèrent les peuples de l'Occident et de l'Aurore, qu'ils se saluèrent mutuellement du nom d'hommes ! Tes rochers retentissoient du bruit d'une musique guerrière annonçant cette grande alliance, tandis que Colomb tomboit à genoux, et baisoit cette terre, autre moitié de l'héritage des fils d'Adam.

A peine la Renommée a-t-elle quitté Saint-Salvador, qu'elle aborde à l'isthme des Florides : elle arrête le char, s'élance avec l'Archange sur les grèves dont la mer se retire. Satan promène un moment ses regards sur les forêts, comme s'il apercevoit déjà dans ces solitudes, des peuples destinés à changer la face du monde. La Renommée jette un nuage sur son char, étend ses ailes, donne une main à son compagnon : tous deux, renfermés dans un globe de feu, s'élèvent à une hauteur démesurée, et retombent au bord du Meschacebé. Là, Satan quitte sa trompeuse fille pour voler à d'autres desseins, tandis qu'elle se hâte d'exécuter les ordres de son père.

Elle prend la démarche et la contenance d'un vieillard, afin de donner un plus grand air de vérité à ses paroles. Sa tête se dépouille, son corps se courbe sur un arc détendu qu'elle tient à la main, en guise de bâton; ses traits ressemblent parfaitement à ceux du Sachem Ondaga, un des plus sages hommes des Natchez. Ainsi transformé, le Démon indiscret va frappant de cabane en cabane, racontant le doux penchant de Céluta pour René, et ajoutant toujours quelque circonstance qui éveille la curiosité, la haine, l'envie ou l'amour. La jalouse mère du jeune Soleil, Akansie, pousse un cri de joie, à ces bruits semés par la Renommée, car elle espéroit qu'ainsi rejeté de Céluta, Ondouré reviendroit peut-être à l'amante qu'il avoit dédaignée; mais le faux vieillard ajoute aussitôt qu'Ondouré est tombé dans le plus violent désespoir, et qu'il menace les jours de l'étranger.

Ces dernières paroles glacent le cœur d'Akansie. La femme infortunée s'écrie : « Sors de ma » cabane, ô le plus imprudent des vieillards! Va » continuer ailleurs tes récits insensés. Puissent » les Sachems faire de toi un exemple mémora- » ble, et t'arracher cette langue qui distille le » poison! »

En prononçant ces mots, Akansie, nouvelle Médée, se sent prête à déchirer ses enfants et à plonger un poignard dans le cœur de sa rivale.

La Renommée quitte la Femme-Chef, et va chercher Ondouré. Elle le trouva derrière sa cabane, travaillant dans la forêt à la construction d'un canot d'écorce de bouleau; fragile nacelle destinée à flotter sur le sein des lacs, comme le cygne dont elle imitoit la blancheur et la forme.

La Renommée s'avance vers le guerrier, et examine d'abord en silence son ouvrage. Contempteur de la vieillesse et des lois, Ondouré dit au faux Ondaga, en le regardant d'un air moqueur : « Tu ferois mieux, Sachem, d'aller cau- » ser avec les autres hommes dont l'âge a affoibli

» la raison, et rendu les pensées semblables à
» celles des matrones. Tu sais que j'aime peu les
» cheveux blancs et les longs propos. Éloigne-
» toi donc, de peur qu'en bâtissant ce canot je
» ne te fasse sentir, sans le vouloir, la pesanteur
» de mon bras. Je t'étendrois à terre comme un
» if qui n'a plus que l'écorce, et que le vent tra-
» verse dans sa course. »

— « Mon fils, semblable au terrible Areskoui[1],
» répondit le rusé vieillard, je ne m'étonne pas
» des propos odieux que tu viens de tenir à un
» père de la patrie : la colère doit être dans ton
» cœur, et la vengeance agiter les panaches de ta
» chevelure. Lorsque la perfide Endaë, plus belle
» que l'étoile qui ne marche pas[2], rejeta au-
» trefois mes présents pour recevoir ceux de
» Mengade, mon cœur brûla de la fureur qui
» possède aujourd'hui le tien. Je méconnus
» mon père lui-même, et, dans l'égarement de
» ma raison, je levai mon tomahawk[3] sur celle
» qui m'avoit porté dans son sein, et qui
» m'avoit donné un nom parmi les hommes.
» Mais Athaënsic[4] plongea bientôt ma flèche
» dans le cœur de mon rival, et Endaë fut
» le prix de ma victoire. Malgré le poids

---

[1] Génie de la guerre. — [2] L'Etoile polaire.
[3] Massue. — [4] Génie de la Vengeance.

» des neiges [1], ma mémoire a conservé fidè-
» lement le souvenir de cette aventure, comme
» les colliers [2] gardent les actions des aïeux.
» Je pardonne à l'imprudence de tes paroles. »

A peine la Renommée achevoit ce perfide discours, que le fer dont Ondouré étoit armé échappe à sa main. Les yeux du Sauvage se fixent, une écume sanglante paroît et disparoît sur ses lèvres ; il pâlit, et ses bras roidis s'agitent à ses côtés. Soudain recouvrant ses sens, il bondit comme un torrent du haut d'un roc, et disparoît.

Alors le démon de la Renommée reprenant sa forme s'élève triomphant dans les airs : trois fois il remplit de son souffle une trompette dont les sons aigus déchirent les oreilles. En même temps Satan envoie à Ondouré l'Injure et la Vengeance : la première le devance, en répandant des calomnies qui, comme une huile empoisonnée, souillent ce qu'elles ont touché ; la seconde le suit, enveloppée dans un manteau de sang. Le prince des ténèbres veut qu'une division éclatante sépare à jamais René et Ondouré, et devienne le premier anneau d'une longue chaîne de malheurs. Cependant Ondouré ne sent pas encore pour Céluta tous les feux d'amour qui

---

[1] Années. — [2] Traités, contrats, lettres, etc.

le brûleront dans la suite, et qui l'exciteront à tous les crimes ; mais son orgueil et son ambition sont à la fois blessés; il ne respire que vengeance. Il va exhalant son dépit en paroles insultantes :

« Quel est donc ce fils de l'étranger qui
» prétend m'enlever la femme de mon choix?
» Lui donne-t-on, comme à moi, la pre-
» mière place dans les festins, et la portion
» la plus honorable de la victime? Où sont
» les chevelures des ennemis qu'il a enlevées?
» Vile chair blanche qui n'as ni père ni mère,
» qu'aucune cabane ne réclame ! Lâche guer-
» rier, à qui je ferai porter le jupon d'écorce
» de la vieille femme, et que je formerai à
» filer le nerf de chevreuil! »

Ainsi parloit ce Chef, environné d'une légion d'Esprits qui remplissoient son âme de mille pensées funestes. Lorsque l'automne a mûri les vergers, on voit des hommes agrestes montés sur l'arbre cher à la Neustrie, abattre avec de longues perches la pomme vermeille, tandis que les jeunes filles et les jeunes laboureurs ramassent pêle-mêle dans une corbeille, les fruits dont le jus doit troubler la raison : ainsi les Anges du mal jettent ensemble leurs dons enivrants dans le sein d'Ondouré. Jalousie insensée! L'amour ne pouvoit entrer dans le cœur du frère d'Amélie : Géluta aimoit seule. Ces passions, de tous côtés non partagées, ne promettoient que des malheurs sans ressource et sans terme.

LIVRE TROISIÈME.

LE départ de Chactas pour le conseil, avoit laissé René à la solitude. Il sortoit et rentroit dans la cabane, suivoit un sentier dans le désert, ou regardoit le fleuve couler. Un bois de cyprès avoit attiré sa vue: perdu quelque temps dans l'épaisseur des ombres, il se trouva tout à coup auprès de l'habitation de Céluta. Devant la hutte s'élevoient quelques gordonias qui étaloient l'or et l'azur dans leurs feuilles vieillies, la verdure dans leurs jeunes rameaux, et la blancheur dans leurs fleurs de neige. Des copalmes se mêloient à ces arbustes, et des azaléas formoient un buisson de corail à leurs racines.

Conduit par le chemin derrière ce bocage, le frère d'Amélie jeta les yeux dans la cabane, où il aperçut Céluta : ainsi, après son naufrage, le fils de Laërte regardoit, à travers les branches de la forêt, Nausicaa semblable à la tige du palmier de Délos.

La fille des Natchez étoit assise sur une natte; elle traçoit, en fil de pourpre, sur une peau d'orignal, les guerres des Natchez contre les Siminoles. On voyoit Chactas au moment d'être brûlé dans le cadre de feu, et délivré par Atala. Profondément occupée, Céluta se penchoit sur son ouvrage : ses cheveux, semblables à la fleur d'hyacinthe, se partageoient sur son cou, et tomboient des deux côtés de son sein comme un voile. Lorsqu'elle venoit à tirer en arrière un long fil, en déployant lentement son bras nu, les Grâces étoient moins charmantes.

Non loin de Céluta, Outougamiz étoit assis sur des herbes parfumées, sculptant une pagaie. On retrouvoit le frère dans la sœur, avec cette différence, qu'il y avoit dans les traits du premier plus de naïveté, dans les traits de la seconde plus d'innocence. Égale candeur, égale simplicité, sortoit de leurs cœurs par leurs bouches : tels, sur un même tronc, dans une vallée du Nouveau-Monde, croissent deux érables de sexe différent ; et cependant, le chasseur qui les voit du haut de la colline, les reconnoît pour frère et sœur à leur air de famille, et au langage que leur fait parler la brise du désert.

Le frère d'Amélie étoit le chasseur qui contemploit le couple solitaire ; et bien qu'il ne comprît pas ses paroles, il les écoutoit pourtant, car les deux orphelins échangeoient alors de doux propos.

Génie des forêts à la voix naïve, Génie accoutumé à ces entretiens ignorés de l'Europe, qui font à la fois pleurer et sourire, refuseriez-vous de murmurer ceux-ci à mon oreille !

« Je ne veux plus voir dormir les jeunes
» hommes, disoit la fille des Natchez. Mon frère,
» quand tu dors sur ta natte, ton sommeil est
» un baume rafraîchissant pour moi : est-ce
» que les hommes blancs n'ont pas le même
» repos ? »

Outougamiz répondit : « Ma sœur, demandez
» cela aux vieillards. »

Céluta repartit : « Il m'a semblé voir le Ma-
» nitou de la beauté qui ouvroit et fermoit
» tour à tour les lèvres du guerrier blanc, pen-
» dant son sommeil chez Chactas. »

« Un Esprit, dit Outougamiz, m'est apparu

» dans mes songes. Je n'ai pu voir son visage,
» car sa tête étoit voilée. Cet Esprit m'a dit :
» Le grand jeune homme blanc porte-la moitié
» de ton cœur. »

Ainsi parloient les deux innocentes créatures; leur tendresse fraternelle enchantoit et attristoit à la fois le frère d'Amélie. Il fit un mouvement, et Céluta, levant la tête, découvrit l'étranger à travers la feuillée. La pudeur monta au front de la fille des Natchez, et ses joues se colorèrent : ainsi un lis blanc, dont on a trempé le pied dans la sève purpurine d'une plante américaine, se peint, en une seule nuit de la couleur brillante, et étonne au matin l'empire de Flore par sa prodigieuse beauté.

A demi caché dans les guirlandes du buisson, René contemploit Céluta qui lui souriot, du même air que la divine Io souriot au maître des dieux, lorsqu'on ne voyoit que la tête de l'Immortel dans la nue. Enfin, la fille de Tabamica ouvrit ses lèvres comme celles de la persuasion, et d'une voix dont les inflexions ressembloient aux accents de la linotte bleue : « Mon frère, voilà le fils de Chactas. »

Outougamiz, le plus léger des chasseurs, se lève, court à l'étranger, le prend par la main, et le conduit dans sa cabane de bois d'ilicium, dont les meubles réflétoient l'éclat des essences qui les avoient embaumés. Il le fait asseoir sur la dépouille d'un ours long-temps la terreur du pays des Esquimaux; lui-même il s'assied à ses côtés, en lui disant : « Enfant de l'aurore, » les étrangers et les pauvres viennent du Grand » Esprit. »

Céluta, dans la couche de laquelle aucun guerrier n'avoit dormi, essaya de continuer son ouvrage; mais ses yeux ne voyoient plus que des erreurs sans issue dans les méandres de ses broderies.

Il est une coutume parmi ces peuples de la nature, coutume qu'on trouvoit autrefois chez les Hellènes : tout guerrier se choisit un ami. Le nœud, une fois formé, est indissoluble; il résiste au malheur et à la prospérité. Chaque homme devient double et vit de deux âmes; si l'un des deux amis s'éteint, l'autre ne tarde pas à disparoître. Ainsi ces mêmes forêts américaines nourrissent des serpents à deux têtes, dont l'union se fait par le milieu, c'est-à-dire par le cœur : si quelque voyageur écrase l'un des deux chefs de la mystérieuse créature, la partie morte reste attachée à la partie vivante, et bientôt le symbole de l'amitié périt.

Trop jeune encore lorsqu'il perdit son père,

le frère de Céluta n'avoit point fait le choix d'un ami. Il résolut d'unir sa destinée à celle du fils adoptif de Chactas ; il saisit donc la main de l'étranger, et lui dit : « Je veux être ton ami. » René ne comprit point ce mot, mais il répéta dans la langue de son hôte le mot *ami*. Plein de joie, Outougamiz se lève, prend une flèche, un collier de porcelaines[1], et fait signe à René et à Céluta de le suivre.

Non loin de la cabane habitée, on voyoit une autre cabane déserte dans laquelle Outougamiz étoit né ; un ruisseau en baignoit le toit tombé et les débris épars. Le jeune Indien y pénètre avec son hôte ; Céluta, comme une femme appelée en témoignage devant un juge, demeure debout à quelque distance du lieu marqué par son frère. Outougamiz, parvenu au milieu des ruines, prend une contenance solennelle ; il donne à tenir à René un bout de la flèche dont l'autre bout repose dans sa main. Élevant la voix et attestant le ciel et la terre :

« Fils de l'étranger, dit-il, je me confie
» à toi sur mon berceau, et je mourrai sur ta
» tombe. Nous n'aurons plus qu'une natte pour
» le jour, qu'une peau d'ours pour la nuit.
» Dans les batailles, je serai à tes côtés. Si je

[1] Sorte de coquillage.

» te survis, je donnerai à manger à ton Esprit,
» et après plusieurs soleils passés en festins ou
» en combats, tu me prépareras à ton tour une
» fête dans le pays des âmes. Les amis de mon
» pays sont des castors qui bâtissent en com-
» mun. Souvent ils frappent leurs tomahawks [1]
» ensemble, et quand ils se trouvent en-
» nuyés de la vie, ils se soulagent avec leur
» poignard.

» Reçois ce collier : vingt graines rouges
» marquent le nombre de mes neiges [2] ; les
» dix-sept graines blanches qui les suivent in-
» diquent les neiges de Céluta, témoin de notre
» engagement ; neuf graines violettes disent que
» c'est dans la neuvième lune, ou la lune des
» chasseurs, que nous nous sommes juré amitié ;
» trois graines noires succèdent aux graines
» violettes ; elles désignent le nombre des nuits
» que cette lune a déjà brillé. J'ai dit. »

Outougamiz cessa de parler, et des larmes tombèrent de ses paupières. Comme les premiers rayons du soleil descendent sur une terre fraîchement labourée et humectée de la rosée de la nuit, ainsi l'amitié du jeune Natchez pénétra dans l'âme attendrie de René. A la vivacité du frère de Céluta, au mot d'ami souvent

---

[1] Massues. — [2] Années.

répété, au choix extraordinaire du lieu, René comprit qu'il s'agissoit de quelque chose de grand et d'auguste ; il s'écria à son tour : « Quel que » soit ce que tu me proposes, homme sau- » vage, je te jure de l'accomplir ; j'accepte » les présents que tu me fais. » Et le frère d'Amélie presse sur son sein le frère de Céluta. Jamais cœur plus calme, jamais cœur plus troublé ne s'étoient approchés l'un de l'autre.

Après ce pacte, les deux amis échangèrent les Manitous de l'amitié. Outougamiz donna à René le bois d'un élan, qui tombant chaque année, chaque année se relève avec une branche de plus, comme l'amitié qui doit s'accroître en vieillissant. René fit présent à Outougamiz d'une chaîne d'or. Le Sauvage la saisit d'une main empressée, parla tout bas à la chaîne, car il l'animoit de ses sentiments, et la suspendit sur sa poitrine, jurant qu'il ne la quitteroit qu'avec la vie ; serment trop fidèlement gardé ! Comme un arbre consacré dans une forêt à quelque divinité, et dont les rameaux sont chargés de saintes reliques, mais qui va bientôt tomber sous la cognée du bûcheron, ainsi parut Outougamiz portant à son cou l'offrande de l'amitié.

Les deux amis plongèrent leurs pieds nus dans le ruisseau de la cabane, pour marquer que désormais ils étoient deux pèlerins devant finir l'un avec l'autre leur voyage.

Dans la fontaine qui donnoit naissance au ruisseau, Outougamiz puisa une eau pure où Céluta mouilla ses lèvres, à fin de se payer de son témoignage, et de participer à l'amitié qui venoit de naître dans l'âme des deux nouveaux frères.

René, Outougamiz et Céluta errèrent ensuite dans la forêt; Outougamiz s'appuyoit sur le bras de René; Céluta les suivoit. Outougamiz tournoit souvent la tête pour la regarder, et autant de fois il rencontroit les yeux de l'Indienne, où l'on voyoit sourire des larmes. Comme trois vertus habitant la même âme, ainsi passoient dans ce lieu ces trois modèles d'amitié, d'amour et de noblesse. Bientôt le frère et la sœur chantèrent la chanson de l'amitié; ils disoient:

« Nous attaquerons avec le même fer l'ours
» sur le tronc des pins; nous écarterons avec
» le même rameau l'insecte des savanes: nos
» paroles secrètes seront entendues dans la cime
» des arbres.

» Si vous êtes dans un désert, c'est mon
» ami qui en fait le charme; si vous dansez
» dans l'assemblée des peuples, c'est encore
» mon ami qui cause vos plaisirs.

» Mon ami et moi nous avons tressé nos

» cœurs comme des lianes : ces lianes fleuri-
» ront et se dessécheront ensemble. »

Tels étoient les chants du couple fraternel. Le soleil dans ce moment vint toucher de ses derniers rayons les gazons de la forêt : les roseaux, les buissons, les chênes s'animèrent; chaque fontaine soupiroit ce que l'amitié a de plus doux, chaque arbre en parloit le langage, chaque oiseau en chantoit les délices. Mais René étoit le Génie du malheur égaré dans ces retraites enchantées.

Rentrés dans la cabane, on servit le festin de l'amitié : c'étoient des fruits entourés de fleurs. Les deux amis s'apprenoient à prononcer dans leur langue les noms de père, de mère, de sœur, d'épouse. Outougamiz voulut que sa sœur s'occupât d'un vêtement indien pour l'homme blanc. Céluta déroule aussitôt un ruban de lin; elle invite René à se lever, et appuie une main tremblante sur l'épaule du fils de Chactas, en laissant pendre le ruban jusqu'à terre. Mais lorsque passant le ruban sous les bras de René, elle approcha son sein si près de celui du jeune homme, qu'il en ressentit la chaleur sur sa poitrine; lorsque levant sur le frère d'Amélie, des yeux qui brilloient timidement à travers ses longues paupières; lorsque s'efforçant de prononcer quelques mots, les mots vinrent expirer sur ces lèvres, elle trouva l'épreuve trop forte et n'acheva point l'ouvrage de l'amitié.

Douce journée ! votre souvenir ne s'effaça de la cabane des Natchez, que quand les cœurs que vous aviez attendris, cessèrent de battre. Pour apprécier vos délices, il faut avoir élevé comme moi sa pensée vers le ciel, du fond des solitudes du Nouveau-Monde.

Cependant les quatre guerriers portant le calumet de paix étoient arrivés au fort Rosalie. Chépar, a rassemblé le conseil où se trouvent avec les principaux habitants de la colonie les capitaines de l'armée. Un riche trafiquant se lève, prend la parole, et, après avoir traité les Indiens de sujets rebelles, il veut que les députés des Natchez soient repoussés, et que l'on s'empare des terres les plus fertiles.

Le Père Souël se lève à son tour. Une grande doctrine, une vaste érudition, un esprit capable des plus hautes sciences, distinguoient ce missionnaire; charitable comme Jésus-Christ, humble comme ce divin Maître, il ne cherchoit à convertir les âmes au Seigneur, que par des actes de bienfaisance et par l'exemple d'une bonne vie : pacifique envers les autres, il aspiroit ardemment au martyre.

Il ne devoit point rester au fort Rosalie, son ancienne résidence : la palme des Confesseurs qu'il demandoit au roi de gloire, lui devoit être accordée à la mission des Yazous. C'étoit pour la dernière fois qu'il plaidoit la cause de ses néophytes Natchez.

Toujours vêtu d'un habit de voyage, le Père Souël avoit l'air d'un pèlerin qui ne fait qu'un séjour passager sur la terre, et qui va bientôt retourner à sa patrie céleste : lorsqu'il ouvrit la bouche, un silence profond régna dans le conseil.

Le saint orateur remonta, dans son discours, jusqu'à la découverte de l'Amérique ; il traça le tableau des crimes commis par les Européens au Nouveau-Monde. De là, passant à l'histoire de la Louisiane, il fit un magnifique éloge de Chactas qu'il peignit comme un homme d'une vertu digne des anciens Sages du paganisme. Il nomma avec estime Adario, et invita le conseil à se défier d'Ondouré. Exhortant les François à la modération et à la justice, il conclut ainsi :

« J'espère que notre commandant et cette
» assemblée voudront bien pardonner à un
» Religieux d'avoir osé expliquer sa pensée. A
» Dieu ne plaise qu'il ait parlé dans un esprit
» d'orgueil. Ayons, pour l'amour de Jésus-
» Christ, notre doux Seigneur, quelque pitié
» des pauvres Idolâtres ; tâchons, en nous mon-

» trant vrais Chrétiens, de les appeler à la lu-
» mière de l'Évangile. Plus ils sont miséra-
» bles et dépourvus des biens de la vie, plus
» nous devons plaindre leurs foiblesses. Mis-
» sionnaire du Dieu de paix dans ces déserts,
» puissé-je vivre et mourir en semant la parole
» de l'Agneau. Puisse mon sang servir au main-
» tien de la concorde! mais à tous n'est pas réser-
» vée une si grande bénédiction ; à moi n'appar-
» tient pas d'aspirer à la gloire des Brébœuf et des
» Jogues, morts pour la foi en Amérique. »

Le Père Souël s'inclina devant le commandant, et reprit sa place. O véritable religion! que tes délices sont puissantes sur les cœurs! que ta raison est adorable! que ta philosophie est haute et profonde! Dans celle des hommes, il manque toujours quelque chose ; dans la tienne tout est surabondant. Le conseil, touché des paroles du missionnaire, croyoit sentir les inspirations de la miséricorde de Dieu.

Le Démon de l'or, envoyé par Satan, craignit l'effet du discours du Père Souël, en voyant les âmes s'attendrir à la voix du juste. Cet esprit infernal, à la tête chauve, aux lèvres minces et serrées, au corps diaphane, au cœur sans pitié, à l'esprit toujours plein de nombres, au regard avide et inquiet, aux manières défiantes et cachées, cet Esprit souffle sa concupiscence sur le conseil.

Aussitôt les sentiments généreux s'éteignent. Robert, Salency, Artagnan veulent répliquer au Religieux : Fébriano obtient la parole.

Né parmi les Francs sur les côtes de la Barbarie, cet aventurier, chrétien dans son enfance, ensuite parjure à l'Évangile, fut, dans l'ordre des Seyahs, disciple zélé du Coran. Jeté en Europe par un coup de la fortune, entré dans la carrière des armes trop noble pour lui, il est redevenu extérieurement chrétien, mais il continue à détester les serviteurs du vrai Dieu, et à observer en secret les abominables lois du faux prophète. Chépar l'a rencontré dans les camps, et le traître, moitié moine, moitié soldat, a pris sur le loyal militaire l'ascendant que la bassesse exerce sur les caractères impérieux, et la finesse sur les esprits bornés. Fébriano dispose presque toujours de la volonté de Chépar qui croit suivre ses propres résolutions, lorsqu'il ne fait qu'obéir aux inspirations de Fébriano. Ce vagabond étoit du reste un de ces scélérats vulgaires qui ne peuvent briller au rang des grands infâmes, et qui meurent oubliés dans la portion obscure du crime. Jouet d'Ondouré, dont il recevoit les présents, il en avoit les vices sans en avoir le génie. Rencontré par le frère d'Amélie à la Nouvelle-Orléans, traité par lui avec hauteur, dans une contention passagère, Fébriano nourrissoit déjà contre René un sentiment de haine et de jalousie. Le renégat élève ainsi la voix contre le pasteur de l'Évangile :

« Les moines se devroient tenir dans leur
» couvent ou avec les femmes, et laisser à l'é-
» pée le soin de l'épée. Le brave commandant
» saura bien ce qu'il doit faire, et sa sagesse
» n'a pas besoin de nos conseils. Les Natchez
» sont des rebelles qui refusent de céder leurs
» terres aux sujets du Roi. Qu'on me charge
» de l'expédition, je réponds d'amener ici en-
» chaînés, et cet insolent Adario, et ce vieux
» Chactas qui reçoit dans ce moment même
» un homme dont on ignore la famille et les
» desseins, un homme qui pourroit n'être que
» l'envoyé de quelque puissance ennemie. »

De bruyants éclats de rire et de longs applaudissements couvrirent ce discours : les habitants de la colonie portoient aux nues l'éloquence de Fébriano. Le Père Souël, sans changer de contenance, soutint le mépris des hommes, comme il auroit reçu leurs caresses. Mais, indigné de l'affront fait au missionnaire, d'Artaguette rompt le silence qu'il avoit gardé jusqu'alors.

A jamais cher à la France, à jamais cher à l'Amérique qui le vit tomber avec tant de gloire, ce jeune capitaine offroit en lui la loyauté des anciens jours et l'aménité des mœurs du nouvel âge. Placé entre son inclination et son devoir, il étoit malheureux aux Natchez, car avec une âme bien née, il n'avoit cependant point ce caractère vigoureusement épris du beau, qui nous précipite dans le parti où nous croyons l'apercevoir. D'Artaguette auroit été l'ennemi des extrêmes, s'il avoit pu être l'ennemi de quelque chose; il ne blâmoit, et ne louoit rien absolument; il cherchoit à amener tous les hommes à une tolérance mutuelle de leurs foiblesses; il croyoit que les sentiments de nos cœurs et les convenances de notre état se devoient céder tour à tour. C'est ainsi qu'en aimant les Sauvages, il se trouva toute sa vie engagé contre eux : tel un fleuve plein d'abondance et de limpidité, mais dont le cours n'est pas assez rapide, tourne à chaque pas dans la plaine; repoussé par les moindres obstacles, il est sans cesse obligé de remonter contre le penchant de son onde.

« Ornement de notre ancienne patrie dans
» cette France nouvelle, dit d'Artaguette, s'adres-
» sant au Père Souël, vous n'avez pas besoin
» d'un défenseur tel que moi. Je supplie le com-
» mandant de prendre le temps nécessaire, pour
» peser les ordres qu'il a reçus du gouverneur
» général; je le supplie d'accepter le calumet
» de paix des Sauvages. Le vénérable mission-

» naire, rempli de sagesse et d'expérience, ne
» peut avoir fait des objections tout-à-fait indi-
» gnes d'être examinées. Il ne m'appartient point
» de juger les deux premiers Sachems des Nat-
» chez, encore moins ce jeune voyageur qui ne
» devoit guère s'attendre à trouver son nom
» mêlé à nos débats : il me semble téméraire de
» hasarder légèrement une opinion sur l'hon-
» neur d'un homme, surtout quand cet homme
» est François. »

La noble simplicité avec laquelle d'Artaguette prononça ce peu de paroles, charma
le conseil sans le convaincre. On attendoit avec
inquiétude la décision du commandant. Incapable de la moindre bassesse, plein de
probité et d'honneur, Chépar commettoit cependant une foule d'injustices qui ne sortoient
point de la droiture de son cœur, mais de la foiblesse de sa tête. Il blâma Fébriano d'avoir violé
l'ordre et la discipline en parlant avant son
supérieur, le capitaine d'Artaguette, mais il re-
procha à celui-ci sa tiédeur et sa modération.

« Ce n'est pas ainsi, s'écria-t-il, qu'on ser-
» voit à Malplaquet et à Denain, lorsque j'enlevai
» un drapeau à l'ennemi, et que je reçus un coup
» de feu dans la poitrine. Les Villars auroient été
» bien étonnés de tous ces beaux discours de la
» jeunesse actuelle ; les Marlborough, qu'a-

» voient élevés les Turenne, auroient eu bon
» marché d'une armée d'orateurs, et n'auroient
» pas acheté si cher leurs victoires. »

Chépar s'emporta contre les chefs des Sauvages, soutint qu'Ondouré étoit le seul Indien attaché aux François, quel que fût d'ailleurs le dernier discours prononcé par cet Indien, discours que Chépar prenoit pour une ruse d'Ondouré. Le commandant menaça de sa surveillance et de sa colère ces Européens sans aveu qui venoient, disoit-il, s'établir au Nouveau-Monde. Mais enfin les ordres du gouverneur de la Louisiane n'étoient pas assez précis pour établir immédiatement la colonie sur les terres des Natchez : Chépar donc consentit à recevoir le calumet de paix, et à prolonger les trêves.

C'étoit ainsi que la fatalité, attachée aux pas de René, le poursuivoit au delà des mers : à peine avoit-il dormi deux fois sous le toit d'un Sauvage, que les passions et les préjugés commençoient à se soulever contre lui chez les François et chez les Indiens. Les Esprits de ténèbres profitoient du malheur du frère d'Amélie, pour étendre ce malheur sur tout ce qui environnoit la victime : poussant Ondouré à la tentative d'un premier forfait, ils grossirent le germe des divisions.

Lorsqu'un sanglier, la terreur des forêts,

a découvert une laie avec son amant sauvage, excité par l'amour, le monstre hérisse ses soies, creuse la terre avec la double corne de son pied, et, blessant de ses défenses le tronc des hêtres, se cache pour fondre sur son rival : ainsi Ondouré, transporté de jalousie par le récit de la Renommée, cherche et trouve le lieu écarté qui doit lui livrer l'Européen dont les maléfices ont déjà troublé le cœur de Céluta.

Entre la cabane de Chactas et celle d'Outougamiz s'élevoit un bocage de smilax, qui répandoit une ombre noire sur la terre; les chênes verts dont il étoit surmonté en augmentoient les ténèbres. Le frère d'Amélie, revenant de prêter le serment de l'amitié, s'étoit assis auprès d'une source qui couloit parmi ce bois : ainsi que l'Arabe accablé par la chaleur du jour s'arrête au puits du Chameau, René s'étoit reposé sur la mousse qui bordoit la fontaine. Soudain un cri perce les airs : c'étoit ce cri de guerre des Sauvages, dont il est impossible de peindre l'horreur; cri que la victime n'entend presque jamais, car elle est frappée de la hache au moment même : tel le boulet suit la lumière; tel le cri du fils de Pélée retentit aux rives du Simoïs, lorsque le héros, la tête surmontée d'une flamme, s'avança pour sauver le corps de Patrocle ; les bataillons se renversèrent, les chevaux effrayés prirent la fuite, et douze des premiers Troyens tombèrent dans l'éternelle nuit.

C'en était fait des jours du frère d'Amélie, si les Esprits attachés à ses pas ne l'avoient eux-mêmes sauvé du coup fatal, afin que sa vie prolongée devînt encore plus malheureuse, plus propre à servir les desseins de l'Enfer. Docile aux ordres de Satan, la Nuit, toujours cachée dans ces lieux, détourna elle-même la hache qui sifflant à l'oreille de René, alla s'enfoncer dans le tronc d'un arbre.

A cette attaque imprévue, René se lève. Furieux d'avoir manqué le but, Ondouré se précipite, le poignard à la main, sur le frère d'Amélie et le blesse au-dessous du sein. Le sang s'élance en jet de pourpre, comme la liqueur de Bacchus jaillit sous le fer dont une troupe de joyeux vignerons, a percé un vaste tonneau.

René saisit la main meurtrière, et veut en arracher le poignard; Ondouré résiste, jette son bras gauche autour du frère d'Amélie, essaye de l'ébranler et de le précipiter à terre. Les deux guerriers se poussent et se repoussent, se dégagent et se reprennent, font mille efforts, l'un pour dominer son adversaire, l'autre pour conserver son avantage. Leurs mains s'entrelacent sur le poignard que celui-ci veut garder, que celui-là veut saisir. Tantôt ils se penchent en arrière, et tâchent par de mutuelles secousses de s'arracher l'arme fatale; tantôt ils cherchent à s'en rendre maîtres, en la faisant tourner comme le rayon de la roue d'un char, afin de se contraindre à lâcher prise par la douleur. Leurs mains tordues s'ouvrent et changent adroitement de place sur la longueur du poignard; leur genou droit plie, leur jambe gauche s'étend en arrière, leur corps se penche sur un côté, leurs têtes se touchent et mêlent leurs chevelures en désordre.

Tout à coup se redressant, les adversaires s'approchent poitrine contre poitrine, front contre front : leurs bras tendus s'élèvent au-dessus de leurs têtes, et leurs muscles se dessinent comme ceux d'Hercule et d'Antée. Dans cette lutte, leur haleine devient courte et bruyante; ils se couvrent de poussière, de sang et de sueur : de leurs corps meurtris s'élève une fumée, comme cette vapeur d'été que le soir fait sortir d'un champ brûlé par le soleil.

Sur les rivages du Nil ou dans les fleuves des Florides, deux crocodiles se disputent au printemps une femelle brillante : les rivaux s'élancent des bords opposés du fleuve, et se joignent au milieu. De leurs bras, ils se saisissent; ils ouvrent des gueules effroyables; leurs dents se heurtent avec un craquement horrible; leurs écailles se choquent comme les armures de deux guerriers; le sang coule de leurs mâchoires écumantes, et jaillit en gerbes de leurs naseaux brûlants : ils poussent de sourds mugissements semblables au bruit lointain du tonnerre. Le fleuve qu'ils frappent de leur queue, mugit autour de leurs flancs comme autour d'un vaisseau battu par la tempête. Tantôt ils s'abîment dans des gouffres sans fond, et continuent leur lutte au voisinage des enfers; un impur limon s'élève sur les eaux; tantôt ils remontent à la surface des vagues, se chargent avec une furie redoublée, s'enfoncent de nouveau dans les ondes, reparoissent, plongent, reviennent, replongent, et semblent vouloir éterniser leur épouvantable combat : tels se pressent les deux guerriers, tels ils s'étouffent dans leurs bras serrés par les nœuds de la colère. Le lierre s'unit moins étroitement à l'ormeau, le serpent au serpent, la jeune sœur au cou d'une sœur chérie, l'enfant altéré à la mamelle de sa mère. La rage des deux guerriers monte à son comble. Le frère d'Amélie combat en silence son rival qui lui résiste en poussant des cris. René, plus agile, a la bravoure du François; Ondouré, plus robuste, a la férocité du Sauvage.

L'Éternel n'avoit point encore pesé dans ses balances d'or, la destinée de ces guerriers; la victoire demeuroit incertaine. Mais enfin le frère d'Amélie rassemble toutes ses forces, porte une main à la gorge du Natchez, soulève ses pieds avec les siens, lui fait perdre à la fois l'air et la terre, le pousse d'une poitrine vigoureuse, l'abat comme un pin et tombe avec lui. En vain Ondouré se débat : René le tient sous ses genoux et le menace de la mort avec le poignard arraché à une main déloyale. Déjà généreux par la victoire, le frère d'Amélie sent sa colère expirer : un pêcher couvert de ses fleurs, au milieu des plaines de l'Arménie, cache un moment sa beauté dans un tourbillon de vent, mais il reparoît avec toutes ses grâces, lorsque le tourbillon est passé, et le front de l'arbre charmant sourit immobile dans la sérénité des airs : ainsi René reprend sa douceur et son calme. Il se relève, et tendant la main au Sauvage : « Malheureux, lui » dit-il, que t'ai-je fait ? » René s'éloigne, et laisse Ondouré livré non à ses remords, mais au désespoir d'avoir été vaincu et désarmé.

LIVRE QUATRIÈME.

'Ange protecteur de l'Amérique qui montoit vers le Soleil, avoit découvert le voyage de Satan et du Démon de la Renommée : à cette vue poussant un soupir, il précipite le mouvement de ses ailes. Déjà il a laissé derrière lui les planètes les plus éloignées de l'œil du monde ; il traverse ces deux globes que les hommes plongés dans les ténèbres de l'idolâtrie, profanèrent par les noms de Mercure et de Vénus. Il entre ensuite dans ces régions où se forment les couleurs du soleil couchant et de l'aurore ; il nage dans des mers d'or et de pourpre ; et sans en être ébloui, les regards fixés sur l'astre du jour, il surgit à son orbite immense.

Uriel l'aperçoit ; après l'avoir salué du salut majestueux des Anges, il lui dit :

« Esprit diligent, que le Créateur a placé à la
» garde d'une des plus belles parties de la terre,
» je connois le sujet qui vous amène : tandis que
» vous remontiez jusqu'à moi, l'Ange de la croix,
» du sud, descendoit sur ce soleil, pour m'ap-
» prendre qu'il avoit vu Satan et sa compagne,
» s'élancer du pôle du midi. J'aurois déjà com-
» muniqué cette nouvelle aux Archanges des so-
» leils les plus reculés, si je n'avois aperçu deux
» illustres voyageuses qui viennent comme vous
» de la terre, et qui bientôt arriveront à nous :
» elles continueront ensuite leur route vers les
» tabernacles éternels. Reposez-vous donc en les
» attendant ici ; il n'y a point d'Ange qui ne soit
» effrayé de la course à travers l'infini : les deux
» saintes pourront se charger de votre message ;
» elles témoigneront de votre vigilance, et vous re-
» descendrez au poste où vous rappelle l'audace
» du Prince des ténèbres. »

L'Ange de l'Amérique répondit : « Uriel, ce
» n'est pas sans raison que l'on vous loue dans les
» parvis célestes : vos paroles sont véritablement
» pleines de sagesse, et les yeux dont vous êtes
» couvert ne vous laissent rien ignorer. Vous dai-
» gnerez donc rendre compte de mon zèle ? vous
» savez que les flèches du Très-Haut sont terri-

» bles, et qu'elles dévorent les coupables. Puisque
» les deux patronnes des François s'élèvent aux
» sanctuaires sublimes, dans le même dessein qui
» m'a conduit à l'astre dont vous dirigez le cours,
» je vais retourner à la terre. J'aurai peut-être à
» livrer des combats, car Satan semble avoir pris
» une force nouvelle. »

Uriel repartit : « Ne craignez point cet Ar-
» change ; le crime est toujours foible, et Dieu
» vous enverra sa victoire. Votre empressement
» est digne d'éloges; mais vous pouvez vous ar-
» rêter un moment pour délasser vos ailes. »

En parlant ainsi, l'Ange du soleil présenta à celui de l'Amérique une coupe de diamant, pleine d'une liqueur inconnue ; ils y mouillèrent leurs lèvres, et les dernières gouttes du nectar, tombées en rosée sur la terre, y firent naître une moisson de fleurs.

L'Ange de l'Amérique, regardant les champs du soleil, dit à Uriel : « Brûlant Chérubin, si
» toutefois ma curiosité n'est point déplacée, et
» qu'il soit permis à un Ange de mon rang de
» connoître de tels secrets, ce qu'on dit de l'astre
» auquel vous présidez, est-il vrai, ou n'est-ce
» qu'un bruit né de l'ignorance humaine ? »

Uriel avec un sourire paisible :

« Esprit rempli de prudence, votre curiosité n'a
» rien d'indiscret, puisque vous n'avez pour but

» que de glorifier l'œuvre du Père, cet œuvre
» que le Fils conserve et que l'Esprit vivifie. Je
» puis aisément vous satisfaire.

» Non, cet astre qui sert de marche-pied à
» l'Éternel ne fut point formé comme se le fi-
» gurent les hommes. Lorsque la création sortit
» du néant à la Parole éternelle, et que le Ciel
» eut célébré le soir et le matin du premier jour,
» la clarté émanée du Saint des saints faisoit seule
» la lumière du monde.

» Mais cette lumière, toute tempérée qu'elle
» pouvoit être, trop forte encore pour l'univers,
» menaçoit de le consumer. Emmanuel pria Jé-
» hova de replier ses rayons, et de n'en laisser
» échapper qu'un seul. Le Fils prit ce rayon dans
» sa main, le rompit, et du brisement, s'échappa
» une goutte de feu que le Fils nomma Soleil.

» Alors brilla dans les cieux ce luminaire qui
» lie les planètes autour de lui, par les fils invi-
» sibles qu'il tire sans interruption de son sein
» inépuisable. Je reçus l'ordre de m'asseoir à son
» foyer, moins pour veiller à la marche des sphè-
» res que pour empêcher leur destruction : car,
» lorsque Jéhova, rentré dans la profondeur de
» son immensité, appelle à lui ses deux autres
» Principes, lorsqu'il enfante avec eux ces pen-
» sées qui donnent la vie à des millions d'âmes
» et de mondes, dans ces moments de conception

» du Père, il sort de tels feux du Tabernacle, que
» tout ce qui est créé seroit dévoré. Placé au cen-
» tre du Soleil, je me hâte d'étendre mes ailes
» et de les interposer entre la Création et l'ef-
» fusion brûlante, afin de prévenir l'embrase-
» ment des globes. L'ombre de mes ailes forme
» dans l'astre du jour, ces taches que les hommes
» découvrent, et que, dans leur science vaine,
» ils ont diversement expliquées. »

Ainsi s'entretenoient les deux Anges, et cependant Catherine des Bois et Geneviève touchoient au disque du soleil.

Peuple guerrier et plein de génie, François! c'est sans doute un esprit puissant, un conquérant fameux qui protége du haut du Ciel votre double empire? Non! c'est une bergère en Europe, une fille sauvage en Amérique! Geneviève du hameau de Nanterre, et vous Catherine des bois Canadiens, étendez à jamais votre houlette et votre crosse de hêtre sur ma patrie! conservez-lui cette naïveté, ces grâces naturelles qu'elle tient sans doute de ses patronnes!

Née d'une mère chrétienne et d'un père idolâtre, sous le toit d'écorce d'une famille indienne, Catherine, élevée dans la religion de sa mère, annonça dès son enfance que l'époux céleste l'avoit réservée pour ses chastes embrassements. A peine avoit-elle accompli quatre

7.

lustres qu'elle fut appelée dans ces domaines incorruptibles, où les Anges célèbrent incessamment les noces de ces femmes qui ont divorcé avec la terre pour s'unir au Ciel. Les vertus de Catherine resplendirent après sa mort; Dieu couvrit son tombeau de miracles riches et éclatants, en proportion de la pauvreté et de l'obscurité de la Sainte ici-bas. Elle fut publiquement honorée comme patronne du Canada : on lui rendit un culte au bord d'une fontaine, sous le nom de la *Bonne Catherine des Bois*. Cette Vierge ne cesse de veiller au salut de la Nouvelle-France et de s'intéresser aux habitants du désert. Elle revenoit alors du séjour des hommes avec Geneviève.

Les patronnes des fils de saint Louis, s'étoient alarmées des malheurs dont Satan menaçoit l'empire françois en Amérique : un même mouvement de charité les emportoit aux célestes habitacles pour implorer la miséricorde de Marie. Tristes autant que des substances spirituelles peuvent ressentir notre douleur, elles versoient ces larmes intérieures dont Dieu a fait présent à ses élus; elles éprouvoient cette sorte de pitié que l'Ange ressent pour l'homme, et qui, loin de troubler la pacifique Jérusalem, ne fait qu'ajouter aux félicités qu'on y goûte.

Geneviève porte encore dans sa main sa houlette garnie de guirlandes de lierre, mais cette houlette est plus brillante que le sceptre d'un monarque de l'Orient. Les roses qui couronnent le front de la fille des Gaules, ne sont plus les roses fugitives dont la bergère se paroit aux champs de Lutèce; ce sont ces roses qui ne se fanent jamais, et qui croissent dans des campagnes merveilleuses, sur les pas de l'Agneau sans tache. Geneviève! une nue blanche forme ton vêtement; des cheveux d'un or fluide accompagnent divinement ta tête : à travers ton immortalité on reconnoît les grâces pleines d'amour, les charmes indicibles d'une vierge françoise!

Plus simple encore que la patronne de la France policée, est peut-être la patronne de la France sauvage. Catherine brille de cet éclat qui apparut en elle lorsqu'elle eut cessé d'exister. Les Fidèles accourus à sa couche de mort, lui virent prendre une couleur vermeille, une beauté inconnue qui inspiroit le goût de la vertu et le désir d'être saint. Catherine retient avec la transparence de son corps glorieux la tunique indienne et la crosse du labour : fille de la solitude, elle aime Celui qui se retira au désert, avant de s'immoler au salut des hommes.

Ainsi voyagent ensemble les deux Saintes; l'une qui sauva Paris d'Attila, Geneviève qui précéda le premier des rois très-chrétiens, qui, dans une longue suite de siècles, opposa l'obscurité et la vertu de ses cendres à toutes les pompes et à toutes les calamités de la monarchie de Clovis; l'autre qui ne devança sur la terre que de peu d'années le dernier des rois très-chrétiens [1], Catherine qui ne sait que l'histoire de quelques apôtres de la Nouvelle-France, semblables à ceux que vit la pastourelle de Nanterre, lorsque l'Évangile pénétra dans les vieilles Gaules.

Les épouses du Seigneur se chargèrent du message de l'Ange de l'Amérique, qui se précipita aussitôt sur la terre, tandis qu'elles continuèrent leur route vers le firmament.

Dans un champ du soleil, dans des prairies dont le sol semble être de calcédoine, d'onix et de saphir, sont rangés les chars subtils de l'âme, chars qui se meuvent d'eux-mêmes et qui sont faits de la même manière que les étoiles [2]. Les deux Saintes se placent l'une auprès de l'autre sur un de ces chars. Elles quittent l'astre de la lumière, s'élèvent par un mouvement plus rapide que la pensée, et voient bientôt le soleil suspendu au-dessous

---

[1] Ceci est dit, par emphase, de la mort de Louis XVI. J'écrivois un an après la mort du Roi-Martyr.
[2] Platon.

d'elles dans les espaces, comme une étoile imperceptible.

Elles suivent la route tracée en losange de lumière par les esprits des Justes qui, dégagés des chaînes du corps, s'envolent au séjour des joies éternelles. Sur cette route passoient et repassoient des âmes délivrées, ainsi qu'une multitude d'Anges : ces anges descendoient vers les mondes pour exécuter les ordres du Très-Haut, ou remontoient à lui, chargés des prières et des vœux des mortels.

Bientôt les Saintes arrivent à cette terre qui s'étend au-dessous de la région des étoiles, et d'où l'on découvre le soleil, la lune et les planètes tels qu'ils sont en réalité, sans le milieu grossier de l'air qui les déguise aux yeux des hommes. Douze bandes de différente couleur [1] composent cette terre épurée, dont la nôtre est le sédiment matériel : l'une de ces bandes est d'un pourpre étincelant, l'autre d'un vif azur, une troisième d'un blanc de neige : ces couleurs surpassent en éclat celles de notre peinture, qui n'en sont que les ombres.

Catherine et Geneviève traversent cette zone sans s'arrêter, et bientôt elles entendent cette harmonie des sphères que l'oreille ne sauroit saisir, et qui ne parvient qu'au sens intérieur de

[1] Platon.

l'âme. Elles entrent dans la région des étoiles qu'elles voient comme autant de soleils, avec leurs systèmes de planètes tributaires. Grandeur de Dieu! qui pourra te comprendre? Déjà les Saintes s'approchent de ces premiers mondes placés à des distances que la balle poussée par le salpêtre mettroit des millions d'années à franchir ; et cependant les deux vierges ne sont que sur les plus lointaines limites du royaume de Jéhova, et des soleils après des soleils émergent de l'immensité, et des créations inconnues succèdent à des créations plus inconnues encore!

Un homme qui, pour comprendre l'infini, se plaçant en imagination au milieu des espaces, chercheroit à se représenter l'étendue suivie de l'étendue, des régions qui ne commencent et ne finissent en aucun lieu, cet homme saisi de vertiges, détourneroit sa pensée d'une entreprise si vaine : tels seroient mes inutiles efforts, si j'essayois de tracer la route que parcouroient Geneviève et Catherine. Tantôt elles s'ouvrent une voie au travers des sables d'étoiles ; tantôt elles coupent les cercles ignorés où les comètes promènent leurs pas vagabonds. Les deux Saintes croient avoir fait des progrès, et elles ne touchent encore qu'à l'essieu commun de tous les univers créés [1].

[1] Platon.

LIVRE IV.

Cet axe d'or vivant et immortel voit tourner tous les mondes autour de lui dans des révolutions cadencées. A distance égale, le long de cet axe, sont assis trois Esprits sévères : le premier est l'Ange du passé, le second l'Ange du présent, le troisième l'Ange de l'avenir. Ce sont ces trois Puissances qui laissent tomber le temps sur la terre, car le temps n'entre point dans le ciel et n'en descend point. Trois Anges inférieurs, semblables aux fabuleuses Syrènes pour la beauté de la voix, se tiennent aux pieds de ces trois premiers Anges et chantent de toutes leurs forces : le son que rend l'essieu d'or du monde en tournant sur lui-même, accompagne leurs hymnes. Ce concert forme cette triple voix du temps qui raconte le passé, le présent et l'avenir, et que des sages ont quelquefois entendue sur la terre, en approchant l'oreille d'un tombeau durant le silence des nuits.

Le char subtil de l'âme vole encore : les épouses de Jésus-Christ abordent à ces globes où se pressent les âmes des hommes que l'Éternel créa par sa seconde idée, après avoir pensé les anges [1]. Dieu forma à la fois tous les exemplaires des âmes humaines, et les distribua dans diverses demeures, où ils attendent le moment qui les doit unir à des corps terrestres. La créa-

---

[1] Doctrine de quelques Pères de l'Église.

tion fut une et entière : Dieu n'admet point de succession pour produire.

Les chastes pèlerines furent émues, au spectacle de ces âmes égales en innocence qui devoient devenir inégales par le péché; les unes restant immaculées, les autres portant la marque des clous, avec lesquels les passions les attacheroient un jour au sang et à la chair [1].

Par delà ces globes où sommeillent les âmes qui n'ont point encore subi la vie mortelle, se creuse la vallée où elles doivent revenir pour être jugées, après leur passage sur la terre. Les Saintes aperçoivent dans la formidable Josaphat le cheval pâle monté par la Mort, les sauterelles au visage d'homme, aux dents de lion, aux ailes bruyantes comme un chariot de bataille. Là, paroissent les sept Anges avec les sept coupes pleines de la colère de Dieu; là se tient la femme assise sur la bête de couleur écarlate, au front de laquelle est écrit *mystère*. Le puits de l'Abîme fume à l'une des extrémités de la vallée, et l'Ange du jugement approchant peu à peu la trompette de ses lèvres, semble prêt à la remplir du souffle qui doit dire aux morts : « *Levez-vous* ! »

[1] Plusieurs Pères de l'Église ont soutenu ces doctrines qui ne sont pas ici règle de foi, mais matière de poésie.

En sortant de la mystique vallée, Geneviève et Catherine entrèrent enfin dans ces régions où commencent les joies du Ciel. Ces joies ne sont pas comme les nôtres, sujettes à fatiguer et à rassasier le cœur; elles nourrissent, au contraire, dans celui qui les goûte, une soif insatiable de les goûter encore.

A mesure que les patronnes de la France approchent du séjour de la Divinité, la clarté, et la félicité redoublent. Aussitôt qu'elles découvrent les murs de la Jérusalem céleste, elles descendent du char et se prosternent comme des pèlerines aux champs de la Judée, lorsque, dans la splendeur du Midi, Sion se montre tout à coup à leur foi ardente. Geneviève et Catherine se relèvent, et glissant dans un air qui n'est point un air, mais qu'il faut appeler de ce nom pour se faire comprendre, elles entrent par la porte de l'Orient. Au même instant le bienheureux Las Casas et les martyrs canadiens, Brebœuf et Jogues, se pressent sur les pas de Catherine. Toujours brûlés de charité pour les Indiens, ils ne cessent de veiller à leur salut. Par un effet de la gloire de Dieu, plus ces Confesseurs ont souffert de leurs ingrats néophytes, plus ils les chérissent. Las Casas adressant la parole à la patronne de la France nouvelle :

« Servante du Seigneur, quelque péril mena-
» ceroit-il nos frères des terres américaines ? La
» tristesse de votre visage, et celle qui respire sur
» le front de Geneviève, me feroient craindre un
» malheur. Nous avons été occupés à chanter la
» création d'un monde, et je n'ai pu descendre
» aux régions sublunaires. »

« Protecteur des cabanes, répondit Cathe-
» rine, votre bonté ne s'est point en vain alar-
» mée. Satan a déchaîné l'Enfer sur l'Amérique :
» les François et leurs frères Sauvages sont me-
» nacés. L'Ange gardien du Nouveau-Monde
» s'est vu forcé de monter vers Uriel, pour
» l'instruire des attentats des esprits pervers.
» Je viens, chargée de son message avec la
» vierge de la Seine, supplier Marie d'intercéder
» auprès du Rédempteur. Prélat ! et vous Con-
» fesseurs de la foi, joignez-vous à nous : im-
» plorons la miséricorde divine. »

Tandis que la fille des torrents parloit de la
sorte, les Saints, les Anges, les Archanges, les
Séraphins et les Chérubins, rassemblés autour
d'elles, ressentoient une religieuse douleur. Las
Casas, et les Missionnaires canadiens tout res-
plendissants de leurs plaies, se réunissent aux
deux illustres femmes. Voici venir le saint roi
Louis, la palme à la main, qui se met à la tête
des enfants de la France, et dirige les sup-

pliants vers les tabernacles de Marie. Ils s'avancent au milieu des chœurs célestes, à travers les champs qu'habitent à jamais les hommes qui ont pratiqué la vertu.

Les eaux, les arbres, les fleurs de ces champs inconnus, n'ont rien qui ressemble aux nôtres, hors les noms : c'est le charme de la verdure, de la solitude, de la fraîcheur de nos bois, et pourtant ce n'est pas cela ; c'est quelque chose qui n'a qu'une existence insaisissable.

Une musique qu'on entend partout et qui n'est nulle part, ne cesse jamais dans ces lieux : tantôt ce sont des murmures comme ceux d'une harpe éolienne que la foible haleine du zéphir effleure pendant une nuit de printemps ; tantôt l'oreille d'un mortel croiroit ouïr les plaintes d'une harmonica divine, ces vibrations qui n'ont rien de terrestre, et qui nagent dans la moyenne région de l'air. Des voix, des modulations brillantes sortent tout à coup du fond des forêts célestes, puis dispersés par le souffle des Esprits, ces accents semblent avoir expiré. Mais bientôt une mélodie confuse se relève dans le lointain, et l'on distingue ou les sons veloutés d'un cor sonné par un Ange, ou l'hymne d'un Séraphin qui chante les grandeurs de Dieu au bord du fleuve de vie.

Un jour grossier, comme ici-bas, n'éclaire point

ces régions; mais une molle clarté tombant sans bruit sur les terres mystiques s'y fond, pour ainsi dire, comme une neige, s'insinue dans tous les objets, les fait briller de la lumière la plus suave, leur donne à la vue une douceur parfaite. L'éther, si subtil, seroit encore trop matériel pour ces lieux : l'air qu'on y respire est l'amour divin lui-même ; cet air est comme une sorte de mélodie visible qui remplit à la fois de splendeur et de concerts toutes les blanches campagnes des âmes.

Les passions, filles du temps, n'entrent point dans l'immortel Éden. Quiconque apprenant de bonne heure à méditer et à mourir, s'est retiré au tombeau, pur des infirmités du corps, s'envole au séjour de vie. Délivrée de ses craintes, de son ignorance, de ses tristesses, cette âme dans des ravissements infinis, contemple à jamais ce qui est vrai, divin, immuable et au-dessus de l'opinion : toutefois si elle n'a plus les passions du monde, elle conserve le sentiment de ses tendresses. Seroit-il de véritable bonheur sans le souvenir des personnes qui nous furent chères, sans l'espoir de les voir se réunir à nous? Dieu, source d'amour, a laissé aux prédestinés toute la sensibilité de leur cœur, en ôtant seulement à cette sensibilité ce qu'elle peut avoir de foible : les plus heureux, comme les plus grands saints, sont ceux qui ont le plus aimé.

Ainsi s'écoulent rapidement les siècles des siècles. Les élus existent, pensent, et voient tout en Dieu : la félicité dont cette union les remplit, est délectable. A la source de la vraie science, ils y puisent à longs traits, et pénètrent dans les artifices de la sagesse. Quel spectacle merveilleux ! et que l'éternité même, passée dans de telles extases, doit être courte !

Les secrets les plus cachés et les plus sublimes de la nature sont découverts à ces hommes de vertu. Ils connoissent les causes du mouvement de l'abîme et de la vie des mers; ils voient l'or se filtrer dans les entrailles de la terre; ils suivent la circulation de la sève dans les canaux des plantes; et l'hysope et le cèdre ne peuvent dérober à l'œil du saint, la navette qui croise la trame de leurs feuilles, et le tissu de leur écorce.

Mais que dis-je ? ce ne sont point de si curieux secrets, qui occupent uniquement les bienheureux ; Jéhova leur donne d'autres joies et d'autres spectacles. Ils embrassent de leurs regards les cercles sur lesquels roulent les astres divers; ils connoissent la loi qui gouverne les globes, qui les chasse ou les attire ; ils découvrent les chaînes qui retiennent ces globes, et viennent aboutir à la main de Dieu; chaînes que son doigt pourroit rompre avec la facilité de l'ouvrier qui brise une soie. Les élus voient les comètes accourir aux pieds du Très-Haut, recevoir ses ordres et partir avec des yeux rougis et une chevelure flamboyante, pour fracasser quelque monde. O Paradis! ton chantre ne peut suffire à peindre tes grandeurs! O Vertu! prête-moi tes ailes pour atteindre à ces régions de béatitude! Déserts et vous rochers! venez à moi! prenez-moi dans votre sein, afin que, nourri loin de la corruption des hommes, je puisse, au sortir de cette misérable vie, monter au séjour de l'éternelle science et de la souveraine beauté!

Dans les régions de la grâce et de l'amour, le saint roi, et les saintes patronnes de la France, vont chercher le trône de Marie. Un chant séraphique leur annonce le lieu où réside la Vierge qui renferma dans son flanc celui que l'univers ne peut contenir. Ils découvrent dans une crèche resplendissante, au milieu des anges en adoration, au milieu d'un nuage d'encens et de fleurs, la libératrice du monde, ornée des sept dons du Saint-Esprit. Seule de tous les justes, Marie a conservé un corps. Une tendre compassion pour les hommes dont elle fut la fille, une patience, une

LIVRE IV.

douceur sans égale, rayonnent sur le front de la mère du Sauveur.

Geneviève, Catherine, Louis, roi dans le ciel comme sur la terre, le bienheureux Las Casas, les saints martyrs de la Nouvelle-France, s'avancent au milieu de la foule céleste qui, s'entr'ouvrant sur leur passage, les laisse approcher du trône de Marie ; ils s'y prosternent. Catherine :

« Mère d'Emmanuel! seconde Ève, reine
» dont je suis la plus indigne des servantes,
» prenez pitié d'un peuple prêt à périr. Le ser-
» pent dont vous avez écrasé la tête, est retourné
» au monde pour persécuter les hommes, et
» surtout l'empire nouveau de saint Louis. O
» Marie! recevez les humbles vœux de la fille
» d'une nouvelle Église, de la première vierge
» consacrée au bord du torrent! écoutez la prière
» de cette autre vierge et de ces saints, profon-
» dément humiliés à vos pieds! »

Divine Mère de Dieu, vous ouvrîtes vos lèvres : un parfum délicieux remplit l'immensité du ciel. Telles furent vos paroles :

« Vierge du désert, charitables patronnes des
» deux Frances, saint roi, miséricordieux prélat,
» et vous courageux martyrs, vos prières ont
» trouvé grâce à mon oreille : je vais monter
» au trône de mon fils. »

Elle dit et part comme une colombe qui prend son vol. Ses yeux sont levés vers le séjour du Christ, ses bras sont déployés en signe d'oraison, ses cheveux flottent portés par des faces de Chérubins d'une beauté incomparable. Les plis de la tunique dont elle se revêtoit sur la terre, enveloppent ses pieds qui se découvrent à travers le voile immortalisé. Les vierges et les saints tombés à genoux, regardent éblouis son ascension : Gabriel précède la consolatrice des affligés, en chantant la Salutation que les échos sacrés répètent. Moins ravissant étoit dans l'antiquité ce mode de musique, expression du charme d'un ciel où le génie de la Grèce se marioit à la beauté de l'Asie.

Marie approche du Calvaire immatériel : l'aspect du paradis commence à prendre une majesté plus terrible. Là, aucun saint, quelle que soit l'élévation de son bonheur et de ses vertus, ne peut paroître; là, les Anges, les Archanges, les Trônes, les Dominations, les Séraphins n'osent errer : les seuls Chérubins, premiers nés des esprits, peuvent supporter l'ardeur du sanctuaire où réside Emmanuel. Dans ces abîmes flottent des visions comme celle qui réveilla Job au milieu de la nuit, et qui fit hérisser le poil de sa chair : les unes ont quatre têtes et quatre ailes, les autres ne sont qu'une main, la main qui saisit Ézéchiel par les cheveux, ou qui traça les mots inexplicables au festin de Balthazar. Ces lieux sont obscurs à force de lumière ; et le foudre à trois pointes les sillonne.

Un rideau, dont celui qui déroboit l'arche aux regards des Hébreux fut l'image, sépare les régions inférieures du Ciel, de ces régions sublimes ; toute la puissance réunie des hommes et des Anges n'en pourroit soulever un pli : la garde en est confiée à quatre Chérubins armés d'épées flamboyantes. A peine ces ministres du Très-Haut ont aperçu la fille de David, qu'ils s'inclinent, et la Charité ouvre sans effort le rideau de l'éternité. Le Sauveur apparoît à Marie : il est assis sur une tombe immortelle à travers laquelle il communique avec les hommes.

Marie, saisie d'un saint respect, touche à cet autel de l'Agneau : elle y présente ses vœux et ceux de la terre, que le Christ à son tour va porter aux pieds du Père tout-puissant. Qui pourroit redire l'entretien de Marie et d'Emmanuel? Si la femme a pour son enfant des expressions si divines, qu'étoient-ce que les paroles de la mère d'un Dieu, d'une mère qui avoit vu mourir son fils sur la croix, et qui le retrouvoit vivant d'une vie éternelle? Que de-

8.

voient être aussi les paroles d'un fils et d'un Dieu? Quel amour filial, quels embrassements maternels! Un seul moment d'une pareille félicité suffiroit pour anéantir dans l'excès du bonheur tous les mondes.

Le Christ sort de son trône, avec un labarum de feu, qui se forme soudainement dans sa main; sa mère reste au sanctuaire de la croix. Marie elle-même ne pourroit entrer dans ces profondeurs du Père, où le Fils et l'Esprit se plongent. Dans le tabernacle le plus secret du Saint des saints, sont les trois idées existantes d'elles-mêmes, exemplaires incréés de toutes les choses créées. Par un mystère inexplicable, le chaos se tient caché derrière Jéhova. Lorsque Jéhova veut former quelque monde, il appelle devant lui une petite partie de la Matière, laissant le reste derrière lui, car la Matière s'animeroit à la fois si elle étoit exposée aux regards de Dieu.

Une voix unique fait retentir éternellement une parole unique autour du Saint des saints. Que dit-elle?

LIVRE CINQUIÈME.

L'Éternel révéla à son fils bien-aimé ses desseins sur l'Amérique : il préparoit au genre humain, dans cette partie du monde, une rénovation d'existence. L'homme s'éclairant par des lumières toujours croissantes et jamais perdues, devoit retrouver cette sublimité première d'où le péché originel l'avoit fait descendre; sublimité dont l'esprit humain étoit redevenu capable, en vertu de la rédemption du Christ. Cependant le souverain du Ciel permet à Satan un moment de triomphe, pour l'expiation de quelques fautes particulières. L'Enfer profitant de la liberté laissée à sa rage, saisit et fait naître toutes les occasions du mal.

Le bruit du combat d'Ondouré et du frère d'Amélie, s'étoit répandu chez les Natchez. Akansie, qui n'y voyoit qu'une preuve de plus de l'amour d'Ondouré pour Céluta, éprouvoit de nouvelles angoisses. Le parti des Sauvages nourri dans les sentiments d'Adario demandoit pourquoi l'on recevoit ces étrangers, instruments de trouble et de servitude; les Indiens qui s'attachoient à Chactas, louoient au contraire le courage et la générosité de leur nouvel hôte. Quant au frère d'Amélie, qui ne trouvoit ni dans les sentiments de son cœur, ni dans sa conduite, les motifs de l'inimitié d'Ondouré, il ne pouvoit comprendre ce qui avoit porté ce Sauvage à tenter un homicide. Si Ondouré aimoit Céluta, René n'étoit point son rival : toute pensée d'hymen étoit odieuse au frère d'Amélie; à peine s'étoit-il aperçu de la passion naissante de la sœur d'Outougamiz.

Cependant le retour du Grand Chef des Natchez étoit annoncé : on entendit retentir le son d'une conque. « Guerrier blanc, dit Chactas
» à son hôte, voici le Soleil : prête-moi l'appui
» de ton bras, et allons nous ranger sur le passage
» sage du chef. » Aussitôt le Sachem et René, dont la blessure n'étoit que légère, s'avancent avec la foule.

Bientôt on aperçoit le Grand-Prêtre et les

deux Lévites, maîtres de cérémonies du temple du soleil : ils étoient enveloppés de robes blanches ; le premier portoit sur la tête un hibou empaillé. Ces sacrificateurs affectoient une démarche grave ; ils tenoient les yeux attachés à terre et murmuroient un hymne sacré. Chactas apprit à René que le principal jongleur étoit un prêtre avide et crédule qui pouvoit devenir dangereux, à l'instigation de quelques hommes plus méchants que lui.

Après les Lévites s'avançoit un vieillard que ne distinguoit aucune marque extérieure. « Quel est, » demanda le frère d'Amélie à son hôte, quel est » le Sachem qui marche derrière les prêtres et » dont la contenance est affable et sereine ?

» Mon fils, répondit Chactas, c'est le Soleil : » il est cher aux Natchez par le sacrifice qu'il » a fait à sa patrie des prérogatives de ses aïeux. » C'est un homme d'une douceur inaltérable, » d'une patience que rien ne peut troubler, » d'une force presque surnaturelle à supporter » la douleur. Il a lassé le temps lui-même, car » il est au moment d'accomplir sa centième an- » née. J'ai eu le bonheur de contribuer avec lui » et Adario, à la révolution qui nous a rendu » l'indépendance. Les Natchez veulent bien nous » regarder comme leurs trois chefs, ou plutôt » comme leurs pères. »

A la suite du Soleil venoit une femme qui conduisoit par la main son jeune fils. René fut frappé des traits de cette femme, sur lesquels la nature avoit répandu une expression alarmante de passion et de foiblesse. Le frère d'Amélie la désigna au Sachem.

« Elle se nomme Akansie, répondit Chactas :
» nous l'appelons la Femme-Chef : c'est la plus
» proche parente du Soleil, et c'est son fils, à
» l'exclusion du fils même du Soleil, qui doit oc-
» cuper un jour la place de grand chef des Nat-
» chez : la succession au pouvoir a lieu, parmi
» nous, en ligne féminine.

» Hélas ! mon fils, ajouta Chactas, nous
» autres, habitants des bois, nous ne sommes
» pas plus à l'abri des passions que les hommes
» de ton pays. Akansie nourrit, pour On-
» douré qui la dédaigne et la trahit, un amour
» criminel : Ondouré aime Céluta, cette In-
» dienne, qui prépara ton premier repas du
» matin, et qui est la sœur de ce naïf Sauvage
» dont l'amitié t'a été jurée sur les débris d'une
» cabane ; Céluta a toujours repoussé le cœur et
» la main d'Ondouré. Tu as déjà éprouvé jus-
» qu'où peuvent aller les transports de la ja-
» lousie. Si jamais Ondouré s'attachoit à Akan-
» sie, il est impossible de calculer les maux que
» produiroit une pareille union. »

Immédiatement après la Femme-Chef marchoient les capitaines de guerre. L'un d'eux ayant touché, en passant, l'épaule de Chactas, René demanda à son père adoptif quel étoit ce Sachem au visage maigre, dont l'air rigide formoit un si grand contraste avec l'air de bonté des autres vieillards.

« C'est le grand Adario, répondit Chactas,
» l'ami de mon enfance et de ma vieillesse.
» Il a pour la liberté un amour qui lui feroit
» sacrifier sa femme, ses enfants et lui-même.
» Nous avons combattu ensemble dans presque
» toutes les forêts ; il y a cinquante ans que nous
» nous estimons, quoique nous soyons presque
» toujours en opposition d'idées et de desseins.
» Je suis le rocher, il est la plante marine qui
» s'est attachée à mes flancs : les flots de la tem-
» pête ont miné nos racines ; nous roulerons
» bientôt ensemble dans l'abîme sur lequel nous
» nous penchons tous deux. Adario est l'oncle de
» Céluta et lui sert de père. »

Lorsque les chefs de guerre furent passés, on vit paroître les deux officiers commis au règlement des traités, et l'édile, chargé de veiller aux travaux publics : cet édile songeoit à se retirer, et Ondouré convoitoit sa place. Cette place, la première de l'État après celle du Grand Chef, donnoit le droit de régence dans la minorité des Soleils. Une troupe de guerriers appelés Allouez, qui jadis composoient la garde du Soleil, fermoit le cortége; mais ces guerriers dispersés dans les tribus, n'existoient plus comme un corps distinct et séparé.

Le Grand Chef, accompagné de la foule, s'étant arrêté sur la place publique, Chactas se fit conduire vers lui, en poussant trois cris. Il dit alors au Soleil qu'un François demandoit à être adopté par une des tribus des Natchez. Le Grand Chef répondit: « C'est bien, » et Chactas se retira, en poussant trois autres cris un peu différents des premiers. Le frère d'Amélie apprit que l'on traiteroit de son adoption dans trois jours.

Il employa ces jours à porter de cabane en cabane les présents d'usage : les uns les reçurent, les autres les refusèrent, selon qu'ils se prononçoient pour ou contre l'adoption de l'étranger. Quand René se présenta chez les parents de Mila, la petite Indienne lui dit : « Tu n'as pas » voulu que je fusse ta femme, je ne veux pas être » ta sœur ; va-t'en. » La famille accepta les dons que l'enfant étoit fâché de refuser.

René offrit à Céluta un voile de mousseline qu'elle promit, en baissant les yeux, de garder le reste de sa vie : elle vouloit dire qu'elle le conserveroit pour le jour de son mariage;

mais aucune parole d'amour ne sortoit de la bouche du frère d'Amélie. Céluta demanda timidement des nouvelles de la blessure de René, et Outougamiz, charmé de la valeur du compagnon qu'il s'étoit choisi, portoit avec orgueil la chaîne d'or qui le lioit à la destinée de l'homme blanc.

Le jour de l'adoption étant arrivé, elle fut accordée sur la demande de Chactas, malgré l'opposition d'Ondouré. La honte d'une défaite avoit changé en haine implacable, dans le cœur de cet homme, un sentiment de jalousie. Aussi impudent que perfide, ce Sauvage s'osoit montrer après son attentat. Les lois chez les Indiens ne recherchent point l'homicide : la vengeance de ce crime est abandonnée aux familles ; or René n'avoit point de famille.

Le renouvellement des trêves rendit l'adoption de René plus facile ; mais le Prince des ténèbres fit jaillir de cette solennité une nouvelle source de discorde. Au moment où l'adoption fut proclamée à la porte du temple, le jongleur dévoué à la puissance d'Akansie, et gagné par les présents d'Ondouré, annonça que le serpent sacré avoit disparu sur l'autel. La foule se retira consternée : l'adoption du nouveau fils de Chactas fut déclarée désagréable aux Génies, et de mauvais augure pour la prospérité de la nation.

En ramenant la saison des chasses, l'automne suspendit quelque temps l'effet de ces craintes superstitieuses, et de ces machinations infernales. Chactas, quoique aveugle, est désigné maître de la grande chasse du castor, à cause de son expérience et du respect que les peuples lui portoient. Il part avec les jeunes guerriers : René, admis dans la tribu de l'Aigle et accompagné d'Outougamiz, est au nombre des chasseurs. Les pirogues remontent le Meschacebé et entrent dans le lit de l'Ohio. Pendant le cours d'une navigation solitaire, René interroge Chactas sur ses voyages au pays des Blancs, et lui demande le récit de ses aventures : le Sachem consent à le satisfaire. Assis auprès du frère d'Amélie à la poupe de la barque indienne, le vieillard raconte son séjour chez Lopez, sa captivité chez les Siminoles, ses amours avec Atala, sa délivrance, sa fuite, l'orage, la rencontre du père Aubry, et la mort de la fille de Lopez [1].

« Après avoir quitté le pieux Solitaire et les cendres d'Atala, continua Chactas, je traversai des régions immenses sans savoir où j'allois : tous les chemins étoient bons à ma douleur, et peu m'importoit de vivre.

---

[1] Voyez *Atala*.

» Un jour, au lever du soleil, je découvris un parti d'Indiens qui m'eut bientôt entouré. Jugé, ô René! de ma surprise, en reconnoissant parmi ces guerriers de la nation iroquoise, Adario, compagnon des jeux de mon enfance. Il étoit allé apprendre l'art d'Areskoui [1] chez les belliqueux Canadiens, anciens alliés des Natchez.

» Je m'informai avec empressement des nouvelles de ma mère : j'appris qu'elle avoit succombé à ses chagrins, et que ses amis lui avoient fait les dons du sommeil. Je résolus de suivre l'exemple d'Adario, de me mettre à l'école des combats chez les Cinq-Nations [2]. Mon cœur étoit animé du désir de mêler la gloire à mes regrets; je brûlois de confondre les souvenirs de la fille de Lopez avec une action digne de sa mémoire. Déjà je comptois plusieurs neiges et je n'avois fait aucun bien. Si le Grand Esprit m'eût appelé alors à son tribunal, comment lui aurois-je présenté le collier de ma vie, où je n'avois pas attaché une seule perle?

» Lorsque nous entrâmes dans les forêts du Canada, l'oiseau de rizière étoit prêt à partir pour le couchant, et les cygnes arrivoient des

---

[1] Génie de la guerre. — [2] Les Iroquois.

régions du nord : je fus adopté par une des nations iroquoises. Adario et moi nous fîmes le serment d'amitié : notre cri de guerre étoit le nom d'Atala, de cette vierge tombée dans le lac de la Nuit, comme ces colombes du pays des Agniers, qui se précipitent au coucher du soleil, dans une fontaine où elles disparoissent.

» Nous nous engageâmes sur le bâton de nos pères, à faire nos efforts pour rendre la liberté à notre patrie, après avoir étudié les gouvernements des nations.

» Je me livrai dans l'intervalle des combats, à l'étude des langues Iroquoises ou Yendates, en même temps que j'apprenois la langue polie ou la langue des traités, c'est-à-dire la langue algonquine dont les Indiens du Nord se servent pour communiquer d'une nation à l'autre. Je m'étois approché de l'ami du père Aubry, du Père Lamberville, missionnaire chez les Iroquois. Aidé de lui, je parvins à entendre et à parler facilement la langue françoise, et je m'instruisis dans l'art des colliers [1] des blancs.

» Le Religieux me racontait souvent les souffrances de ce Dieu, qui s'est dévoué pour le salut du monde. Ces enseignements me plaisoient, car ils rappeloient tous les intérêts de ma vie, le Père Aubry et Atala : la raison des hommes est si

[1] L'art d'écrire, de lire, etc.

foible, qu'elle n'est souvent que la raison de leurs passions. Poursuivi de mes souvenirs, je cherchois à me sauver au sanctuaire de la miséricorde, comme le prisonnier racheté des flammes se réfugie à la cabane de paix.

» On commençoit à m'aimer chez les peuples; mon nom reposoit agréablement sur les lèvres des Sachems. J'avois fait quelque bruit dans les combats : c'est une malheureuse nécessité de s'habituer à la vue du sang; et ce qu'il y a de plus triste encore, diverses qualités dépendent de celle qui fait un guerrier. Il est difficile d'être compté comme homme, avant d'avoir porté les armes.

» Je vis pourtant avec horreur les supplices réservés aux victimes du sort des combats. En mémoire d'Atala, je donnai la vie et la liberté à des guerriers arrêtés de ma propre main. Et moi aussi j'avois été prisonnier, loin de la douce lumière de ma patrie!

» J'eus le bonheur d'arracher ainsi à la mort quelques François. Ononthio [1] me fit offrir en échange les dons de l'amitié; il me proposoit même une hache de capitaine parmi ses soldats. Mais comme ses paroles étoient celles du secret, et qu'il y joignoit des sollicitations peu

---

[1] Nom que les Sauvages donnoient à tous les gouverneurs du Canada. Il signifie la *grande montagne*. Ainsi *Ononthio*-Denonville; *Ononthio*-Frontenac, etc.

justes, je priai les présents de retourner vers les richesses d'Ononthio.

» Le printemps s'étoit renouvelé autant de fois qu'il y a d'œufs dans le nid de la fauvette, ou d'étoiles à la constellation des chasseurs, depuis que j'habitois chez les nations iroquoises : elles avoient fumé le calumet de paix avec les François. Cette paix fut bientôt rompue : Athaënsic[1] balaya les feuilles qui commençoient à couvrir les chemins de la guerre, et fit croître l'herbe dans les sentiers du commerce.

» Après divers succès, on proposa une suspension d'armes ; des députés furent envoyés par les Iroquois au fort Catarakoui : j'étois du nombre de ces guerriers et je leur servois d'interprète. A peine entrés dans le fort, nous fûmes enveloppés par des soldats. Nous réclamâmes la protection du calumet de paix : le chef qui nous arrêta nous répondit que nous étions des traîtres, qu'il avoit ordre d'Ononthio de nous embarquer pour Kanata[2], d'où nous serions menés en esclavage au pays des François. On nous enleva nos haches et nos flèches ; on nous serra les bras et les pieds avec des chaînes : nous fûmes jetés dans des pirogues qui nous conduisirent au port de Québec, par le fleuve Hochelaga[3]. De Kanata,

[1] Génie de la Vengeance. — [2] Québec.
[3] Le fleuve Saint-Laurent.

un large canot nous porta, au delà des grandes eaux, à la contrée des mille villages, dans la terre où tu es né.

» Les cabanes[1] où nous abordâmes sont bâties sous un ciel délicieux, au fond d'un lac intérieur[2], où Michabou, Dieu des eaux, ne lève point deux fois le jour son front vert couronné de cheveux blancs, comme sur les rives canadiennes.

» Nous fûmes reçus aux acclamations de la foule. L'amas des cabanes, des grands canots et des hommes, tout ce spectacle si différent de celui de nos solitudes, confondit d'abord nos idées. Je ne commençai à voir quelque chose de distinct que lorsque nous eûmes été conduits à la hutte de l'esclavage[3].

» Peut-être, mon jeune ami, seras-tu étonné qu'après avoir été traité de la sorte, je conserve encore pour ton pays de l'attachement. Outre les raisons que je t'en donnerai bientôt, l'expérience de la vie m'a appris que les tyrans et les victimes sont presque également à plaindre, que le crime est plus souvent commis par ignorance que par méchanceté. Enfin, une chose me paroît encore certaine : le Grand Esprit, qui

---

[1] Marseille. — [2] La Méditerranée.
[3] Les bagnes.

mêle le bien et le mal dans sa justice, a quelquefois rendu amer le souvenir des bienfaits, et toujours doux celui des persécutions. On aime facilement son ennemi, surtout s'il nous a donné occasion de vertu ou de renommée. Tu me pardonneras ces réflexions : les vieillards sont sujets à allonger leurs propos. »

René répondit : « Chactas, si les discours que
» tu vas me faire, sont aussi beaux que ceux que tu
» m'as déjà faits, le soleil pourroit finir et re-
» commencer son tour avant que je fusse las de
» t'écouter. Continue à répandre dans ton récit
» cette raison tendre, cette douce chaleur des
» souvenirs qui pénètrent mon cœur. Quelle idée
» de la société dut avoir un Sauvage aux galères ! »

Chactas reprit le récit de ses aventures. Ses paroles étoient toutes naïves ; il y mêla une sorte d'aimable enjouement ; on eût dit que, par une délicatesse digne des grâces d'Athènes, ce Sauvage cherchoit à rendre sa voix ingénue, pour adoucir aux oreilles de René l'histoire de l'injustice des François.

« Une forte résolution de mourir, dit-il, m'empêcha d'abord de sentir trop vivement mon malheur dans la hutte de l'esclavage : trois jours entiers nous chantâmes notre chanson de mort, moi et les autres chefs. Jusqu'alors je m'étois cru la prudence d'un Sachem, et pourtant, loin d'enseigner les autres, je reçus des leçons de sagesse.

» Un François, mon frère de chaînes, s'étoit rendu coupable d'une action qui l'avoit fait condamner au tribunal de tes vieillards. Jeune encore, Honfroy prenoit légèrement la vie. Charmé de m'entendre parler sa langue, il me racontoit ses aventures; il me disoit : « Chactas, tu es un » Sauvage, et je suis un homme civilisé. Vrai- » semblablement tu es un honnête homme, et » moi je suis un scélérat. N'est-il pas singulier » que tu arrives exprès de l'Amérique pour » être mon compagnon de boulet en Europe, » pour montrer la liberté et la servitude, le » vice et la vertu, accouplés au même joug? » Voilà, mon cher Iroquois, ce que c'est que la » société. N'est-ce pas une très-belle chose? » mais prends courage et ne t'étonne de rien : » qui sait si un jour je ne serai point assis sur » un trône? Ne t'alarme pas trop d'être appa- » reillé avec un criminel au char de la vie : la » journée est courte, et la mort viendra vite nous » dételer. »

» Je n'ai jamais été si étonné qu'en entendant parler cet homme : il y avoit dans son insouciance une espèce d'horrible raison qui me confondoit. Quelle est, disois-je en moi-même cette étrange nation, où les insensés semblent

9.

avoir étudié la sagesse, où les scélérats supportent la douleur comme ils goûteroient le plaisir? Houfroy m'engagea à lui ouvrir mon cœur : il me fit sentir qu'il y avoit lâcheté à se laisser vaincre du chagrin. Ce malheureux me persuada : je consentis à vivre, et j'engageai les autres chefs à suivre mon exemple.

» Le soir, après le travail, mes compagnons s'assembloient autour de moi, et me demandoient des histoires de mon pays. Je leur disois comment nous poursuivions les élans dans nos forêts, comment nous nous plaisions à errer dans la solitude avec nos femmes et nos enfants. A ces peintures de la liberté, je voyois des pleurs couler sur toutes les mains enchaînées. Les galériens me racontoient à leur tour les diverses causes du châtiment qu'ils éprouvoient. Il m'arriva à ce sujet une chose bizarre : je m'imaginai que ces malfaiteurs devoient être les véritables honnêtes gens de la société, puisqu'ils me sembloient punis pour des choses que nous faisons tous les jours sans crime, dans nos bois.

» Cependant notre vêtement, et notre langage, excitoient la curiosité Les premiers guerriers et les principales matrones nous venoient voir : lorsque nous étions au travail, ils nous apportoient des fruits et nous les donnoient en retirant la main. Le chef des esclaves nous montroit pour quelque argent; l'homme étoit offert en spectacle à l'homme.

» Nous n'étions pas sans consolations. Le grand chef de la prière du village[1] nous visitoit: Ce digne pasteur qui me rappeloit le Père Aubry, nous amenoit quelquefois ses parents.

« Chactas, me disoit-il, voilà ma mère! figure-» toi que c'est la femme qui t'a nourri et qui t'a » porté dans la peau d'ours, comme nous l'ap-» prennent nos missionnaires. » A ce souvenir de ma famille et des coutumes de mon pays, mon cœur étoit noyé d'amertume et de plaisir. Ce prêtre charitable nous laissoit toujours en nous quittant, des pleurs pour effacer les maux de la veille, des espérances pour nous conduire à travers les maux du lendemain.

Le chef de la hutte des chaînes, dans la vue de prolonger notre existence, utile à ses intérêts, nous permettoit quelquefois de nous promener avec lui, au bord de la mer.

Un soir j'errois ainsi sur les grèves: mes yeux parcourant l'étendue des flots, tâchoient de découvrir dans le lointain les côtes de ma patrie. Je me figurois que ces flots avoient baigné les

---

[1] L'évêque de Marseille.

rives américaines. Dans l'illusion de ma douleur, la mer me sembloit murmurer des plaintes comme celles des arbres de mes forêts; alors je lui racontois mon malheur, afin qu'elle le redît à son tour aux tombeaux de mes pères.

» Le gardien, occupé avec d'autres guerriers, oublia de me ramener à mes chaînes. Des millions d'étoiles percèrent la voûte céleste, et la lune s'avança dans le firmament. Je découvris à sa lumière un vieillard assis sur un rocher. Les flots calmés expiroient aux pieds de ce vieillard, comme aux pieds de leur maître. Je le pris pour Michabou, Génie des eaux : je m'allois retirer, lorsqu'un soupir apporté à mon oreille, m'apprit que le dieu étoit un homme.

» Cet homme de son côté m'aperçut : la vue de mon vêtement Natchez, lui fit faire un mouvement de surprise et de frayeur : « Que vois-» je, s'écria-t-il, l'ombre d'un Sauvage des Flo-» rides ? Qui es-tu ? Viens-tu chercher Lopez ? » — « Lopez! » répétai-je, en poussant un cri. Je m'approche du père d'Atala ; je crois le reconnoître. Il me regarde avec le même étonnement, la même hésitation ; il me tend à demi les bras ; il me parle de nouveau. C'est sa voix! sa voix même! Erreur ou vérité, je me précipite dans les bras de mon vieil ami, je le serre sur mon cœur ; je baigne son visage de mes larmes. Lopez, hors de

lui, doutoit encore de la réalité. « Je suis Chactas,
» lui disois-je, Chactas, ce jeune Natchez que
» vous comblâtes de vos bienfaits à Saint-
» Augustin, et qui vous quitta avec tant d'in-
» gratitude ! » A ces derniers mots, je fus
obligé de soutenir le vieillard prêt à s'éva-
nouir ; et pourtant il me pressoit encore de ses
mains devenues tremblantes par l'âge et par
le chagrin.

» L'effusion de ces premiers transports passée,
après avoir ranimé mon ancien hôte, je lui
dis : « Lopez, quels semblables et funestes Gé-
» nies président à nos destinées ? quelle infor-
» tune t'amène comme moi sur ces bords ? que
» tu es malheureux dans tes enfants ! Pourras-tu
» croire que j'ai creusé le tombeau de ta fille,
» de ta fille qui devoit être mon épouse ? »

— « Que me dis-tu ? » répondit le vieillard.

— « J'ai aimé Atala, m'écriai-je, la fille de cette
» Floridienne que tu as aimée. » Ici ma voix
étouffée dans mes larmes s'éteignit. Mille souvenirs m'accablèrent : c'étoient la patrie, l'amour,
la liberté, les déserts perdus !

» Lopez, qui me comprenoit à peine, me pria
de m'expliquer. Je lui fis succinctement le récit
de mes aventures. Il en fut touché, il admira et
pleura cette fille qu'il n'avoit point connue. Il
s'étendit en longs regrets sur le bonheur que

nous eussions pu goûter réunis dans une cabane, au fond de quelque solitude.

« Mais, mon fils, ajouta-t-il, la volonté de
» Dieu s'est opposée à nos desseins; c'est à
» nous de nous soumettre. A peine m'aviez-vous
» quitté à Saint-Augustin que des méchants
» m'accusèrent : des colons puissants à qui j'a-
» vois enlevé quelques Indiens esclaves en les
» rachetant à un prix élevé, se joignirent à mes
» ennemis. Le gouverneur qui étoit au nombre
» de ces derniers, nous fit saisir moi et ma sœur:
» on nous transporta à Mexico, où nous compa-
» rûmes au Tribunal de l'Inquisition. Nous fûmes
» acquittés, mais après plusieurs années de
» prison, durant lesquelles ma sœur mourut.
» On me permit alors de retourner à Saint-
» Augustin. Mes biens avoient été vendus. J'at-
» tendis quelque temps dans l'espoir d'obtenir
» justice : l'iniquité prévalut. Je me décidai à
» abandonner cette terre de persécution.

» Je m'embarquai pour les vieilles Espagnes :
» comme je mettois le pied au rivage, j'appris
» que mes ennemis, redoutant mes plaintes,
» avoient obtenu contre moi un ordre d'exil. Je
» remontai sur le vaisseau, et je me réfugiai dans
» la Provence. Le prélat de Marseille m'accueillit
» avec bonté : ses secours ont soutenu ma vie.
» J'ai fait autrefois la charité, et maintenant je

» suis nourri du pain des pauvres. Mais j'appro-
» che du moment de la délivrance éternelle,
» et Dieu, j'espère, me fera part de son fro-
» ment. »

» Comme Lopez finissoit de parler, le guerrier qui surveilloit ma servitude revint, et m'ordonna de le suivre. Le Sachem espagnol me voulut accompagner, mais son habit n'étoit pas celui d'un possesseur de grandes cabanes, et le guide repoussa l'indigent étranger. « Rocher insensible !
» m'écriai-je, les esprits vengeurs de l'hospita-
» lité violée vous frapperont pour votre dureté.
» Ce Sachem est un suppliant comme moi parmi
» votre peuple ; il y a plus : c'est un vieillard
» et un infortuné. Ce n'est pas ainsi que je vous
» traiterois, si vous veniez dans le pays des che-
» vreuils : je vous présenterois le calumet de
» paix ; je fumerois avec vous, je vous offri-
» rois une peau d'ours et du maïs : le Grand
» Esprit veut que l'on traite de la sorte les
» étrangers. »

» A ces paroles, le guerrier des cités se prit à rire : j'aurois tiré de ce méchant une vengeance soudaine, mais songeant que j'exposois Lopez, j'apaisai le bouillonnement de mon cœur. Lopez, à son tour, dans la crainte de m'attirer quelque mauvais traitement, s'éloigna, promettant de me venir voir. Je regagnai la natte du malheur, sur laquelle sont assis presque tous les hommes.

» Lopez et le grand chef de la prière accoururent le lendemain : je formai avec eux et mes compagnons sauvages une petite société libre et vertueuse au milieu de la servitude et du vice, comme ces cocotiers chargés de fruits et de lait, qui croissent ensemble sur un écueil aride, au milieu des flots mexicains. Les autres esclaves assistoient à nos discours : plusieurs commencèrent à régler leurs âmes qu'ils avoient laissées jusqu'alors dans un affreux abandon. Bientôt, par la patience, par la confession de nos erreurs, par la puissance des prières, nous enchantâmes nos fers. C'est de cette façon, me disoit le ministre des chrétiens, que d'anciens esclaves avoient racheté autrefois leur liberté, en répétant à leurs maîtres les compositions d'un homme divin, et des chants aimés du ciel.

Du village où nous étions, on nous transporta à un autre village [1], où nous fumes employés aux travaux d'un port : on nous ramena ensuite à notre première demeure. Le mérite de nos souffrances supportées avec humilité, monta vers le Grand Esprit : celui que vous appelez le

---

[1] Toulon.

Seigneur, plaça ce mérite auprès de nos fautes; ainsi me l'a conté le prêtre instruit des choses merveilleuses. Comme une veuve indienne, pleine d'équité, met dans ses balances le reste des richesses de son époux et l'objet offert en échange par l'Européen : elle égalise les deux poids dans toute la sincérité de son cœur, ne voulant ni nuire à ses enfants, ni à l'étranger qui se confie en elle; de même le Juge Suprême pesa l'offense et la réparation : celle-ci l'emporta aux yeux de sa miséricorde. Dans ce moment même je vis venir Lopez, tenant un collier[1] qu'il me montroit de loin, en criant : « Vous êtes libre ! » Je m'empresse de déployer le collier; il était marqué du sceau d'Ononthio-Frontenac, chef du Canada avant Ononthio-Denonville. Les premières branches du collier s'exprimoient ainsi :

» Le Soleil[2] de la grande nation des François
» a désapprouvé la conduite d'Ononthio-Denon-
» ville. Le Chef de tous les chefs a su que son fils
» Chactas, qui lui avoit renvoyé plusieurs de ses
» enfants dans le Canada, étoit retenu dans la
» hutte de l'esclavage. Ononthio-Denonville est
» rappelé. Moi, ton père Ononthio-Frontenac, je
» retourne au Canada; je t'y ramènerai avec tes
» compagnons. Hâte-toi de venir me trouver au

---

[1] Une lettre. — [2] Le roi Louis XIV.

» grand village, où je t'attends pour te présenter
» au Soleil. Essuie les pleurs de tes yeux; le
» calumet de paix ne sera plus violé, et la natte
» du sang sera lavée avec l'eau du fleuve. »

« Je fis à haute voix l'explication du collier aux chefs sauvages; à l'instant même un guerrier détacha nos fers. Aussitôt que nous sentîmes nos pieds dégagés des entraves, nous présentâmes en sacrifice au Grand Esprit un pain de tabac, que nous jetâmes dans la mer, après avoir coupé l'offrande en douze parties.

» Le chef de la prière nous donna l'hospitalité, et nous reçûmes, avec de l'or, des vêtements nouveaux, faits à la façon de notre pays.

» Dès que l'Esprit du jour eut attelé le soleil à son traîneau de flamme, on nous conduisit à la hutte roulante[1] qui nous devoit emporter : Lopez et le chef de la prière nous accompagnoient. Long-temps, à la porte de la cabane mobile, je tins serré contre mon cœur le père d'Atala; je lui disois :

« Lopez! faut-il que je vous quitte encore, que
» je vous quitte lorsque vous êtes malheureux?
» Suivez votre fils : venez parmi vos Indiens
» planter votre bienfaisante vie, dans le sol de
» ma cabane. Là, vous ne serez point méprisé
» parce que vous êtes pauvre : je chasserai pour

[1] Carrosse.

» votre repas, vous serez honoré comme un
» Génie. Si mes prières trouvent votre cœur
» fermé, si vous craignez de vous exposer aux
» fatigues d'un long voyage, je resterai avec
» vous : j'apprendrai les arts des blancs, je vous
» mettrai par mon travail au-dessus de l'in-
» digence. Qui vous fermera les yeux ? qui cueil-
» lera le dernier jour de votre vieillesse? Souffrez
» que la main d'un fils vous présente au moins
» la coupe de la mort : d'autres l'agiteroient
» peut-être, et vous la feroient boire troublée. »

—» Sage et indulgent Lopez, vous me répondîtes : « Vous n'avez jamais été ingrat envers moi ;
» quand vous me quittâtes à Saint-Augustin,
» vous suiviez le penchant naturel à tous les
» hommes ; loin de vous rien reprocher, je vous
» admirai. Dans ce moment vous seriez coupable,
» en demeurant sur ces bords : Dieu a enrichi
» votre âme des plus beaux dons de l'adversité ;
» vous devez ces richesses à votre patrie. Que si
» je refuse de vous suivre, ne croyez pas que ce
» soit faute de vous aimer ; mais je serois un
» trop vieux voyageur. Il faut que chacun ac-
» complisse les ordres de la Providence : vous
» dormirez auprès des os de vos pères ; moi je
» dois mourir ici. La charité partagera ma dé-
» pouille ; les enfants de l'étranger viendront
» jouer autour de ma tombe, et l'effaceront sous

» leurs pas. Aucune épouse, aucun fils, aucune
» sœur, aucune mère ne s'arrêtera à ma pierre
» funèbre visitée seulement du malheureux,
» et sur laquelle passera le sentier du pèlerin. »

» Et Lopez m'inondoit de ses larmes, comme un jardinier arrose l'arbrisseau qu'il a planté. Le chef de la prière voulant prévenir une plus longue foiblesse nous cria : « A quoi pensez-vous? où » est donc votre courage? » Il me jette dans la hutte roulante, en ferme brusquement la porte, et fait un geste de la main. A ce signal le guide du traîneau pousse ses coursiers qui s'agitoient dans leurs traits et blanchissoient le frein d'écume : frappant de leurs seize pieds d'airain le pavé sonore, ils partent suivis des quatre ailes bruyantes de la cabane mobile, qui roulent avec des étincelles de feu. Les édifices fuient des deux côtés; nous franchissons des portes qui s'ébranlent à notre passage, et bientôt le traîneau lancé dans une longue carrière, glisse comme une pirogue sur la surface unie d'un fleuve.

LIVRE SIXIÈME.

La force de mon âme resta long-temps abattue par la tendresse de mes adieux à Lopez. Le Génie de la renommée nous avoit devancés : durant tout le voyage, nous reçûmes l'hospitalité dans des huttes que le Soleil avoit fait préparer pour nous. Notre simplicité en conclut que ces hommes que nous voyions, étoient les esclaves du Soleil, que ces champs cultivés que nous traversions, étoient des pays conquis, labourés par les vaincus pour les vainqueurs ; vainqueurs qui, sans doute, fumoient tranquillement sur leur natte, et que nous allions trouver au grand village. Cette idée nous donna un mépris profond pour les peuples qui nous environnoient; nous brûlions d'arriver à la résidence des vrais François, ou des guerriers libres.

» Nous fûmes étrangement surpris en entrant au grand village[1] : les chemins[2] étoient sales et étroits ; nous remarquâmes des huttes de commerce[3] et des troupeaux de serfs comme dans le reste de la France. On nous conduisit chez notre père Ononthio-Frontenac. La cabane étoit pleine de guerriers qu'Ononthio nous dit être de ses amis. Il nous avertit que nous irions, dès le lendemain, à un autre village[4], où nous allumerions le feu du Conseil avec le Chef des chefs. Après avoir pris le repas de l'hospitalité, nous nous retirâmes dans une des chambres de la cabane, où nous dormîmes sur des peaux d'ours.

» Le soleil éclairoit les travaux de l'homme civilisé et les loisirs du Sauvage, lorsque nous partîmes du grand village. Des coursiers couverts de fumée, nous traînèrent à la hutte[5] du Chef des chefs, en moins de temps qu'un Sachem plein d'expérience, et l'oracle de sa nation, met à juger un différent qui s'élève entre deux mères de famille.

[1] Paris. — [2] Les rues. — [3] Des boutiques.
[4] Versailles — [5] Château de Versailles.

» A travers une foule de gardes, nous fûmes conduits jusqu'au père des François. Surpris de l'air d'esclavage que je remarquois autour de moi, je disois sans cesse à Ononthio : « Où est » donc la nation des guerriers libres ? » Nous trouvâmes le Soleil [1] assis comme un Génie, sur je ne sais quoi qu'on appeloit un trône, et qui brilloit de toutes parts. Il tenoit en main un petit bâton avec lequel il jugeoit les peuples. Ononthio nous présenta à ce Grand Chef en disant :

« Sire, les sujets de Votre Majesté...... »

» Je me tournai vers les chefs des Cinq-Nations, et leur expliquai la parole d'Ononthio. Ils me répondirent : « C'est faux ; » et ils s'assirent à terre, les jambes croisées. Alors, m'adressant au premier Sachem :

« Puissant Soleil, lui dis-je, toi dont les bras » s'étendent jusqu'au milieu de la terre! Onon-
» thio vient de prononcer une parole qu'un Génie » ennemi lui aura sans doute inspirée : mais toi » qu'Athaënsic [2] n'a pas privé de sens, tu es » trop prudent pour te persuader que nous » soyons tes esclaves. »

» A ces paroles qui sortoient ingénument de mes lèvres, il se fit un mouvement dans la hutte. Je continuai mon discours.

---

[1] Louis XIV. — [2] La Vengeance.

« Chef des chefs, tu nous a retenus dans la
» hutte de la servitude par la plus indigne tra-
» hison. Si tu étois venu chanter la chanson de
» paix chez nos vieillards, nous aurions respecté
» en toi les Manitous vengeurs des traités. Ce-
» pendant la grandeur de notre âme veut que
» nous t'excusions, car le souverain Esprit ôte et
» donne la raison comme il lui plaît, et il n'y a
» rien de plus insensé et de plus misérable qu'un
» homme abandonné à lui-même. Enterrons
» donc la hache dont le manche est teint de
» sang. Éclaircissons la chaîne d'amitié, et puisse
» notre union durer autant que la terre et le
» soleil ! j'ai dit. »

» En achevant ces mots, je voulus présenter le calumet de paix au Soleil ; mais sans doute quelque Génie frappa ce chef de ses traits invisibles, car la pâleur étendit son bandeau blanc sur son front : on se hâta de nous emmener dans une autre partie de la cabane.

» Là, nous fûmes entourés d'une foule curieuse : les jeunes hommes surtout nous sourioient avec complaisance ; plusieurs me serrèrent secrètement la main.

» Trois héros s'approchèrent de nous : le premier paroissoit rassasié de jours, et cependant on l'auroit pris pour l'immortel vieillard des foudres, tant il traînoit après lui de grandeur.

A peine pouvoit-on soutenir l'éclat de ses regards : l'âme brillante, ingénieuse et guerrière de la France respiroit toute entière dans cet homme.

» Le second cachoit sous des sourcils épais et un air indécis, une expression extraordinaire de vertu et de courage ; on sentoit qu'il pouvoit être le rival du premier héros, et le frein de sa fortune.

» Le troisième guerrier, beaucoup plus jeune que les deux autres, portoit la modération sur ses lèvres et la sagesse sur son front. Sa physionomie étoit fine, son œil observateur, sa parole tranquille. Le premier de ces guerriers achevoit ses jours de gloire dans une superbe cabane, parmi les bois et les eaux jaillissantes, avec neuf vierges célestes qu'on nomma les Muses ; le second ne quittoit le grand village que pour habiter les camps ; le troisième vivoit retiré dans un petit héritage non loin d'un temple où il se promenoit souvent autour des tombeaux.

» J'invitai ces trois enfants des batailles à venir chanter au milieu du sang, notre chanson de guerre ; l'aîné des fils d'Areskoui [1] sourit, le second s'éloigna, le troisième fit un mouvement d'horreur [2].

---

[1] Génie de la guerre. — [2] Condé, Turenne et Catinat.

» Ononthio me fit observer plus loin des guerriers qui causoient ensemble avec chaleur. «Voilà, » me dit-il, trois hommes que la France peut » opposer à l'Europe combinée. Quel feu dans le » plus jeune des trois! quelle impétuosité dans » sa parole! Il s'efforce de convaincre ce Sachem » inflexible qui l'écoute, qu'on doit faire servir » les galères de la mer intérieure sur les flots de » l'Océan. Ce fils illustre d'un père encore plus » fameux, fait sourire le troisième guerrier qui » veut ne pas décider entre les deux autres, et » s'excuse en disant qu'il ignore les arts de Mi- » chabou[1], il ne tient que d'Areskoui le secret » des ceintures inexpugnables dont il environne » les cités[2]. »

» Dans ce moment, un jeune héros s'avança vers le guerrier au regard sévère[3] ; il lui présenta un collier[4] de suppliant. Le fils altier de la montagne jeta les yeux sur le collier, et le rendit durement au héros, avec les paroles du refus. Le jeune homme rougit et sortit, en jetant sur la cabane un regard qui me fit frémir, car il me sembla qu'il avoit imploré le génie des vengeances[5].

[1] Génie des eaux.
[2] Seignelay, fils de Colbert, Louvois et Vauban.
[3] Louvois. — [4] Un placet, une lettre.
[5] Le prince Eugène.

» Je fus distrait de ces pensées par un grand bruit qui se fit à une porte. Entrent aussitôt deux guerriers qui se tenoient en riant sous le bras. Leur taille arrondie annonçoit les fils heureux de la joie ; leurs pas étoient un peu chancelants ; leur haleine étoit encore parfumée des esprits du plus excellent jus de feu [1]. Leurs vêtements flottoient négligés comme au sortir d'un long festin ; leur visage étoit tout empreint des poudres chères au conseil des Sachems [2]. Je ne sais quoi de brave, de populaire, de spirituel, d'insouciant, de libéral jusqu'à la prodigalité, étoit répandu sur leur personne ; ils avoient l'air de ne rien voir avec un cœur ennemi, de se divertir des hommes, de penser peu aux Dieux, et de rire de la mort. On les eût pris pour des jumeaux qu'Areskoui [3] auroit eus d'une mortelle après la victoire, ou pour les fils illégitimes de quelque Roi fameux ; ils mêloient à la noblesse des hautes destinées de leur père, ce que l'amour et une plus humble condition ont de gracieux et de fortuné [4].

» A peine ces enfants joufflus des vendanges avoient-ils posé un pied mal assuré dans la cabane, que deux autres guerriers coururent se

[1] Du vin. — [2] Du tabac. — [3] Génie de la guerre.
[4] Les deux Vendôme, petits-fils de Henri IV, par Gabrielle.

joindre à eux. Un de ces derniers avoit reçu en naissant un coup fatal de la main d'un Génie, mais c'étoit l'enfant des bons succès[1]; l'autre ressembloit parfaitement à un Génie sauveur[2]. Je l'avois vu arrêter par le bras le jeune homme qui étoit sorti de la grande cabane après le refus du guerrier hautain[3].

» Ainsi réunis, ces quatre guerriers alloient parcourant la hutte, réjouissant les cœurs par leurs agréables propos : ils ne dédaignèrent pas de causer avec un Sauvage. Les deux frères me demandèrent si les banquets étoient longs et excellents dans mes forêts, et si l'on sommeilloit beaucoup d'heures sur la peau d'ours. Je tâchai de faire honneur à mes bois, et de mettre dans ma réponse la gaieté qui respiroit sur les lèvres de ces hommes. Un Esprit me favorisa, car ils parurent contents, et me voulurent montrer eux-mêmes la somptuosité de la hutte du Soleil.

» Nous parcourûmes d'immenses galeries dont les voûtes étoient habitées par des Génies, et dont les murs étoient couverts d'or, d'eau glacée[4], et de merveilleuses peintures. Les guerriers blancs

[1] Luxembourg. — [2] Villars.
[3] Louvois refusa un régiment au prince Eugène, et celui-ci passa au service de l'empereur.
[4] Des glaces.

désirèrent savoir ce que je pensois de ces raretés.

« Mes hôtes, répondis-je, je vous dirai
» la vérité, telle que les Manitous me l'inspi-
» rent, dans toute la droiture de mon cœur :
» vous me semblez très à plaindre et fort misé-
» rables; jamais je n'ai tant regretté la cabane
» de mon père Outalissi, ce guerrier honoré des
» nations comme un Génie. Ce palais dont vous
» vous enorgueillissez, a-t-il été bâti par l'ordre
» des Esprits? N'a-t-il coûté ni sueurs ni larmes?
» Ses fondements sont-ils jetés dans la sagesse,
» seul terrain solide? Il faut une vertu ma-
» gnifique pour oser habiter la magnificence
» de ces lieux : le vice seroit hideux sous ces
» dômes. A la pesanteur de l'air que je res-
» pire, à je ne sais quoi de glacé dans cet air,
» à quelque chose de sinistre et de mortel que
» j'aperçois sous le voile des sourires, il me
» semble que cette hutte est la hutte de l'es-
» clavage, des soucis, de l'ingratitude et de la
» mort. N'entendez-vous pas une voix douloureuse
» qui sort de ces murs, comme s'ils étoient l'écho
» où se viennent répéter les soupirs des peu-
» ples? Ah! qu'il seroit grand ici le bruit des
» pleurs, si jamais il commençoit à se faire
» entendre ! Un tel édifice tombé ne seroit
» point rebâti, tandis que ma hutte se peut

» relever plus belle en moins d'une journée.
» Qui sait si les colonnes de mes chênes ne ver-
» diront point encore à la porte de ma cabane,
» lorsque les piliers de marbre de ce palais, se-
» ront prosternés dans la poudre? »

» C'est ainsi, ô René! qu'un ignorant Sauvage de la Nouvelle-France, devisoit avec les plus grands hommes de ta vieille patrie, sous le règne du plus grand roi, au milieu des pompes de Versailles. Nous quittâmes les galeries, et nous descendîmes dans les jardins au milieu du fracas des armes.

» Dans ces jardins, malgré les préjugés de ma natte, je fus vraiment frappé d'étonnement : la façade entière du palais semblable à une immense ville, cent degrés de marbre blanc conduisant à des bocages d'orangers, des eaux jaillissant au milieu des statues et des parterres, des grottes, séjour des esprits célestes, des bois où les premiers héros, les plus belles femmes, les esprits les plus divins erroient en méditant les triples merveilles de la guerre, de l'amour et du génie, tout ce spectacle enfin saisit fortement mon âme. Je commençai à entrevoir une grande nation où je n'avois aperçu que des esclaves, et pour la première fois je rougis de ma superbe du désert.

» Nous nous avançâmes parmi les bronzes,

les marbres, les eaux et les ombrages : chaque flot, contraint de sortir de la terre, apportoit un Génie à la surface des bassins. Ces Génies varioient selon leur puissance : les uns étoient armés de tridents, les autres sonnoient des conques recourbées ; ceux-ci étoient montés sur des chars, ceux-là vomissoient l'onde en tourbillon. Mes compagnons s'étant écartés, je m'assis au bord d'un bain solitaire. La rêverie vint planer autour de moi ; elle secouoit sur mes cheveux les songes et les souvenirs : elle m'envoya la plus douce des tristesses du cœur, celle de la patrie absente.

» Nous abandonnâmes enfin la hutte des Rois, et la Nuit, marchant devant nous avec la fraîcheur, nous reconduisit au grand village.

» Lorsque les dons du sommeil eurent réparé mes forces, Ononthio me tint ce discours : «Chactas, fils d'Outalissi, vous vous plaignez
» que vous n'avez point encore vu les guerriers
» libres, et vous me demandez sans cesse où
» ils sont : je vous les veux faire connoître.
» Un esclave va vous conduire aux cabanes
» où s'assemblent diverses espèces de Sachems :
» allez et instruisez-vous, car on apprend beau-
» coup par l'étude des mœurs étrangères. Un
» homme qui n'est point sorti de son pays,
» ne connoît pas la moitié de la vie. Quant aux

» autres chefs, vos compagnons, comme ils n'en-
» tendent pas la langue de la terre des chairs
» blanches, ils préféreront sans doute rester sur
» la natte, à fumer leur calumet et à parler de
» leur pays. »

» Il dit. Plein de joie, je sors avec mon guide : comme un aigle qui demande sa pâture, je m'élance plein de la faim de la sagesse. Nous arrivons à une cabane[1] où étoient assemblés des hommes vénérables.

» J'entrai avec un profond respect dans le conseil, et je fus d'autant plus satisfait, qu'on ne parut faire aucune attention à moi. Je remerciai les Génies, et je me dis : « Voici enfin la » nation françoise. C'est comme nos Sachems! » Je pris une pipe consacrée à la paix, et je m'apprêtai à répondre à ce qu'on alloit sans doute me demander, touchant les mœurs, les usages et les lois des chairs rouges. Je prêtai attentivement l'oreille, et je promis le sacrifice d'un ours à Michabou[2], s'il vouloit m'envoyer la prudence pour faire honneur à mon pays.

» Par le Grand Lièvre[3], ô mon fils! je fus dans la dernière confusion, quand je m'aperçus que je n'entendois pas un mot de ce que disoient les

---

[1] Le Louvre. — [2] Génie des eaux.
[3] Divinité souveraine des chasseurs.

divins Sachems. Je m'en pris d'abord à quelque Manitou, ennemi de ma gloire et de mes forêts : je m'allois retirer plein de honte, lorsque l'un des vieillards, se tournant vers moi, dit gravement : « Cet homme est rouge, non par na- » ture, car il a la peau blanche comme l'Euro- » péen. » Un autre soutint que la nature m'avoit donné une peau rouge; un troisième fut d'avis de m'adreser des questions; mais un quatrième s'y opposa, disant que, d'après la conformation extérieure de ma tête, il étoit impossible que je comprisse ce qu'on me demanderoit.

» Pensant, dans la simplicité de mon cœur, que les Sachems se divertissoient, je me pris à rire. « Voyez, » s'écria celui qui avoit énoncé la dernière opinion, je vous l'avois dit! « Je serois » assez porté à croire, à en juger par ces longues » oreilles, que le Canadien est l'espèce mitoyenne » entre l'homme et le singe. » Ici s'éleva une dispute violente sur la forme de mes oreilles. « Mais voyons, » dit enfin un des vieillards qui avoit l'air plus réfléchi que les autres : « il ne se » faut pas laisser aller à des préventions. »

» Alors le Sachem s'approcha de moi avec des précautions qu'il crut nécessaires, et me dit : « Mon ami, qu'avez-vous trouvé de mieux dans » ce pays-ci? »

» Charmé de comprendre enfin quelque chose

» à tous ces discours, je répondis : « Sachem,
» on voit bien à votre âge que les Génies vous
» ont accordé une grande sagesse : les mots
» qui viennent de sortir de votre bouche prou-
» vent que je ne me suis pas trompé. Je n'ai
» pas encore acquis beaucoup d'expérience, et
» je pourrois être un de vos fils : quand je
» quittai les rives du Meschacebé, les magno-
» lias avoient fleuri dix-sept fois, et il y a dix
» neiges que je pleure la hutte de ma mère. Ce-
» pendant, tout ignorant que je suis, je vous dirai
» la vérité. Jusqu'à présent je n'ai point encore vu
» votre nation, ainsi je ne saurois vous parler
» des guerriers libres; mais voici ce que j'ai
» trouvé de mieux parmi vos esclaves : les huttes
» de commerce [1] où l'on expose la chair des vic-
» times, me semblent bien entendues et parfai-
» tement utiles. »

» A cette réponse, un rire qui ne finissoit
point bouleversa l'assemblée : mon conducteur me fit sortir, priant les Sachems d'ex-
cuser la stupidité d'un Sauvage. Comme je
traversois la hutte, j'entendis argumenter sur
mes ongles, et ordonner de noter aux col-

---

[1] Boutiques de charcutier et de boucher. Les Sauvages amenés à Paris, sous Louis XIV, ne furent frappés que de l'étal des viandes de boucherie.

liers ¹ ce conseil, comme un des meilleurs de la lune dans laquelle on étoit alors.

» De cette assemblée nous nous rendîmes à celle des Sachems appelés juges. J'étois triste, en songeant à mon aventure, et je rougissois de n'avoir pas plus d'esprit. Arrivé dans une île ² au milieu du grand village, je traversai des huttes obscures et désertes, et je parvins au lieu ³ où résidoit le conseil. De vénérables Sachems, vêtus de longues robes rouges et noires, écoutoient un orateur qui parloit d'une voix claire et perçante : « Voici, dis-je intérieurement, les
» vrais Sachems ; les autres, je le vois à pré-
» sent, ne sont que des sorciers et des jongleurs. »

» Je me plaçai dans le rang des spectateurs avec mon guide, et m'adressant à mon voisin : « Vaillant fils de la France, lui dis-je, cet ora-
» teur à la voix de cigale parle sans doute pour
» ou contre la guerre, ce fléau des peuples ?
» Quelle est, je te supplie de me le dire, l'in-
» justice dont il se plaint avec tant de véhé-
» mence ?

» L'étranger, me regardant avec un sourire, me répondit. « Mon cher Sauvage, il s'agit bien
» de la guerre ici ! De la guerre, oui, à ce mi-

---

¹ Registres, livres, contrats, lettres, en général toute sorte d'écrits.
² La Cité. — ³ Le Palais de Justice.

» sérable que tu vois, et qui sera sans doute
» étranglé pour avoir eu la faiblesse de confesser
» dans les tourments un crime dont il n'y a
» d'autre preuve que l'aveu arraché à ses dou-
» leurs ! »

» Je conjurai mon conducteur de me remener à la hutte d'Ononthio, puisqu'on s'amusoit partout de ma simplicité.

» Nous retournions en effet chez mon hôte, lorsqu'en passant devant la cabane des Prières [1], nous vîmes la foule rassemblée aux portes : mon guide m'apprit qu'il y avoit dans cette cabane une fête de la mort. Je me sentis un violent désir d'entrer dans ce lieu saint : nous y pénétrâmes par une ouverture secrète. On se taisoit alors pour écouter un Génie dont le souffle animoit des trompettes d'airain [2] : ce Génie cessa bientôt de murmurer. Les colonnes de l'édifice, enveloppées d'étoffes noires, auroient versé à leurs pieds une obscurité impénétrable, si l'éclat de mille torches n'eût dissipé cette obscurité. Au milieu du sanctuaire, que bordoient des chefs de la prière [3], s'élevoit le simulacre d'un cercueil. L'autel et les statues des hommes protecteurs de la patrie, se cachoient pareillement sous des crêpes funèbres. Ce que le

---

[1] Une Église. — [2] L'orgue. — [3] Les prêtres.

grand village et la cabane du Soleil contenoient de plus puissant et de plus beau, étoit rangé en silence dans les bancs de la nef.

» Tous les regards étoient attachés sur un orateur vêtu de blanc au milieu de ce deuil, et qui, debout, dans une galerie suspendue[1], les yeux fermés, les mains croisées sur sa poitrine, s'apprêtoit à commencer un discours : il sembloit perdu dans les profondeurs du ciel. Tout à coup ses yeux s'ouvrent, ses mains s'étendent, sa voix, interprète de la mort, remplit les voûtes du temple, comme la voix même du grand Esprit[2]. Avec quelle joie je m'aperçus que j'entendois parfaitement le chef de la prière ! Il me sembloit parler la langue de mon pays, tant les sentiments qu'il exprimoit étoient naturels à mon cœur !

» Je m'aurois voulu jeter aux pieds de ce sacrificateur, pour le prier de parler un jour sur ma tombe, afin de réjouir mon esprit dans la contrée des âmes; mais lorsque je vins à songer à mon peu de vertu, je n'osai demander une telle faveur : le murmure du vent et du torrent, est la seule éloquence qui convient au monument d'un Sauvage.

» Je ne sortis point de la cabane de la Prière

---

[1] La chaire. — [2] Bossuet.

sans avoir invoqué le Dieu de la fille de Lopez. Revenu chez Ononthio, je lui fis part des fruits de ma journée; je lui racontai surtout les paroles de l'orateur de la mort. Il me répondit :

« Chactas, connois la nature humaine : ce
» grand homme qui t'a enchanté, n'a pu se
» défendre d'être importuné d'une autre renom-
» mée que la sienne : pour quelques mots mal
» interprétés, il partage maintenant la cour et la
» ville, et persécute un ami[1].

» Tu verras bien d'autres contradictions parmi
» nous. Mais tu ne serois pas aussi sage que ton
» père, fils d'Outalissi, si tu nous jugeois d'a-
» près ces foiblesses. »

» Ainsi me parloit Ononthio qui avoit vécu bien des neiges[2]. Les choses qu'il venoit de me dire m'occupèrent dans le silence de ma nuit. Aussitôt que la mère du jour, la fraîche Aurore, eut monté sur l'horizon avec le jeune soleil, son fils, suspendu à ses épaules dans des langes de pourpre, nous secouâmes de nos paupières les vapeurs du sommeil. Par ordre d'Ononthio, nous jetâmes autour de nous nos plus beaux manteaux de castors, nous couvrîmes nos pieds de mocassines merveilleusement brodées, et nous ombrageâmes de plumes nos

---

[1] Fénélon. — [2] Années.

cheveux relevés avec art : nous devions accompagner notre hôte à la fête que le Grand Chef préparoit dans des bois, non loin des bords de la Seine.

» Vers l'heure où l'Indienne chasse avec un rameau les mouches qui bourdonnent autour du berceau de son fils, nous partons; nous arrivons bientôt au séjour des Manitous et des Génies [1]. Ononthio nous place sur une estrade élevée.

» Le Chef des chefs paroît couvert de pierreries : il étoit monté sur un cheval plus blanc qu'un rayon de la lune, et plus léger que le vent. Il passe sous des portiques semblables à ceux de nos forêts : cent héros l'accompagnent vêtus comme les anciens guerriers de la France.

» Une barrière tombe : les héros s'avancent; un char immense et tout d'or les suit. Quatre Siècles, quatre Saisons, les Heures du jour et de la nuit, marchent à côté de ce char. On se livre des combats qui nous ravissent.

» La nuit enveloppe le ciel ; les courses cessent, mille flambeaux s'allument dans les bosquets. Tout à coup une montagne brillante de clarté, s'élève du fond d'un antre obscur; un Génie et sa compagne sont debout sur sa cime : ils en descendent et couvrent des raretés de la

[1] Fêtes de Louis XIV.

terre et de l'onde une table de cristal. Des femmes éblouissantes de beauté, viennent s'asseoir au banquet, et sont servies par des Nymphes et des Amours.

» Un amphithéâtre sort du sein de la terre, et étale sur ses gradins, des chœurs harmonieux qui font retentir mille instruments. A un signal la scène s'évanouit; quatre riches cabanes, chargées des dons du commerce et des arts, remplacent les premiers prodiges. Ononthio me fait observer les personnages qui distribuent les présents de la munificence royale.

« Voyez-vous, me dit-il, cette femme si belle,
» mais d'un port un peu altier [1], qui préside
» à l'une des quatre cabanes avec le fils d'un
» Roi? Un nuage est sur son front : c'est un
» astre qui se retire devant cette autre beauté,
» au regard plus doux mais plein d'art, qui
» tient la seconde cabane avec ce jeune prince [2].
» Si le Grand Chef avoit voulu être heureux
» parmi les femmes, il n'eût écouté ni l'une
» ni l'autre de ces beautés, et l'âme la plus
» tendre ne se consumeroit pas aujourd'hui dans
» une solitude chrétienne [3]. »

» Tandis que j'écoutois ces paroles, je remar-

---

[1] Mme. de Montespan.
[2] Mme. de Maintenon.
[3] Mme. de La Vallière.

quai plusieurs autres femmes que je désignai à Ononthio. Il me répondit :

« Les grâces même ont arrangé les colliers [1]
» que cette matrone envoie à sa fille chérie :
» quant à ces trois autres fleurs qui balancent
» ensemble leurs tiges, l'une se plaît au bord
» des ruisseaux [2], l'autre aime à parer le sein
» des princesses infortunées [3], et la troisième
» offre ses parfums à l'amitié [4]. Voilà plus loin
» deux palmiers illustres par leur race, mais ils
» n'ont pas la grâce des trois fleurs, et ne sont
» ornés que de colliers politiques [5]. Chactas,
» quand ce talent dans les femmes se trouve réuni
» au génie dans les hommes, c'est ce qui établit
» la supériorité d'un peuple. Trois fois favori-
» sées du ciel les nations où la muse prend soin
» d'aplanir les sentiers de la vie, les nations chez
» lesquelles règne assez d'urbanité pour adoucir
» les mœurs, pas assez pour les corrompre ! »

» Durant ce discours, la voix de deux hommes se fit entendre derrière nous. Le plus jeune disoit au plus âgé : « Je ne m'étonne pas que
» vous soyez surpris de cette institution de la
» Chambre ardente : nous sommes, en tous gen-

---

[1] Lettres de Mme. de Sévigné. — [2] Mme. Deshoulières.
[3] Mme. La Fayette. — [4] Mme. Lambert.
[5] Mémoires de Mlle. de Montpensier et de MADAME, seconde femme du frère de Louis XIV.

» res, au temps des choses extraordinaires. Si
» l'on pouvoit parler du *masque de fer....* » Ici
la voix du guerrier devint sourde comme le
bruit d'une eau qui tombe sous des racines, au
fond d'une vallée pleine de mousse.

» Je tournai la tête et j'aperçus un guerrier que
je reconnus pour étranger à son vêtement : il
portoit une coiffure de pourpre. Ononthio, qui
vit ma surprise, se hâta de me dire : « Fils de
» la terre des chasseurs, tu te trouves dans le
» pays des enchantements. Le guerrier qui nous
» a interrompus par ses propos, est lui-même
» ici une merveille : c'est un roi [1] venu de la
» ville de marbre, pour humilier son peuple aux
» pieds du Soleil des François. »

» A peine Ononthio s'étoit exprimé de la sorte,
que la terreur s'assit dans l'assemblée : le Chef
des chefs se troubla aux paroles secrètes que
lui porta un héraut. Tandis que des cris retentissoient au loin, le silence et l'inquiétude
étoient sur toutes les lèvres et sur tous les fronts:
un castor, qui a entendu des pas au bord de
son lac, suspend les coups dont il battoit le ciment de ses digues, et prête au bruit une oreille
alarmée. Après quelques moments, les plaintes
s'évanouirent, et le calme revint dans la fête.

[1] Le doge de Gênes.

LIVRE VI.

Je demandai à Ononthio la cause de cet accident ; il hésita avant de répondre. Voici quelles furent ses paroles :

« C'est une imprudence causée par une troupe
» de guerriers, qui a passé trop près de ce lieu
» en escortant des bannis. »

» Je répliquai : « Ils ont donc commis des
» crimes ? A leurs gémissements, je les aurois
» pris pour des infortunés, plutôt que pour des
» hommes haïs du Grand Esprit à cause de leurs
» injustices : il y a dans la douleur un accent
» auquel on ne se peut tromper. D'ailleurs, ils
» me sembloient bien nombreux ces hommes :
» y auroit-il tant de cœurs amis du mal ? »

» Ononthio repartit : « On compte plusieurs
» milliers de François ainsi condamnés à l'exil ;
» on les bannit, parce qu'ils veulent adorer Dieu
» à des autels nouvellement élevés [1]. »

—« Ainsi, m'écriai-je, c'est la voix de plusieurs
» milliers de François malheureux que je viens
» d'entendre au milieu de cette pompe françoise :
» O nation incompréhensible ! d'une main vous
» faites des libations au Manitou des joies, de
» l'autre vous arrachez vos frères à leur foyer !
» vous les forcez d'abandonner avec toutes sor-
» tes de misères, leurs Génies domestiques ! »

---

[1] Les protestants. Révocation de l'Édit de Nantes, dragonnades.

—« Chactas! Chactas! s'écria vivement Onon-
» thio, on ne parle point de cela ici. »

» Je me tus; mais le reste des jeux me parut empoisonné : incapable de fixer mes pensées sur les mœurs et les lois des Européens, je regrettai amèrement ma cabane et mes déserts.

» Nous nous retrouvâmes avec délices chez Ononthio. Heureux, me disois-je, en cédant au sommeil, heureux ceux qui ont un arc, une peau de castor, et un ami !

» Le lendemain, vers la première veille de la nuit, Ononthio me fit monter avec lui sur son traîneau, et nous arrivâmes au portique d'une longue cabane [1] qu'inondoient les flots des peuples. Par d'étroits passages, éclairés à la lueur de feux renfermés dans des verres, nous pénétrons jusqu'à une petite hutte [2] tapissée de pourpre dont une esclave nous ouvrit la porte.

» A l'instant je découvre une salle où quatre rangs de cabanes, semblables à celle où j'entrois, étoient suspendus aux contours de l'édifice : des femmes d'une grande beauté, des héros à la longue chevelure et chargés de vêtements d'or, brilloient dans les cabanes à la clarté des lustres. Au-dessous de nous, au fond d'un abîme,

---

[1] Un théâtre. — [2] Une loge.

LIVRE VI.

d'autres guerriers debout et pressés, onduloient comme les vagues de la mer. Un bruit confus sortoit de la foule; de temps en temps des voix, des ris plus distincts se faisoient entendre, et quelques fils de l'harmonie rangés au bas d'un large rideau, exécutoient des airs tristes qu'on n'écoutoit pas.

» Tandis que je contemplois ces choses si nouvelles pour moi, tandis qu'Ononthio et ses amis étudioient dans mes yeux les sensations d'un Sauvage, un sifflement tel que celui des perruches dans nos bois, part d'un lieu inconnu : le rideau se replie dans les airs comme le voile de la Nuit, touché par la main du Jour.

» Une cabane soutenue par des colonnes, se découvre à mes regards. La musique se tait ; un profond silence règne dans l'assemblée. Deux guerriers, l'un jeune, l'autre déjà atteint par la vieillesse, s'avancent sous les portiques. René, je ne suis qu'un Sauvage; mes organes grossiers ne peuvent sentir toute la mélodie d'une langue parlée par le peuple le plus poli de l'univers ; mais, malgré ma rudesse native, je ne saurois te dire quelle fut mon émotion, lorsque les deux héros vinrent à ouvrir leurs lèvres au milieu de la hutte muette. Je crus entendre la musique du ciel : c'étoit quelque chose qui ressembloit à des airs divins, et cependant ce n'étoit point un véritable chant; c'étoit je ne sais quoi qui tenoit le milieu entre le chant et la parole. J'avois ouï la voix des vierges de la solitude durant le calme des nuits; plus d'une fois j'avois prêté l'oreille aux brises de la lune, lorsqu'elles réveillent dans les bois les Génies de l'harmonie; mais ces sons me parurent sans charmes auprès de ceux que j'écoutois alors.

» Mon saisissement ne fit qu'augmenter à mesure que la scène se déroula. O Atala! quel tableau de la passion, source de toutes nos infortunes! Vaincu par mes souvenirs, par la vérité des peintures [1], par la poésie des accents, les larmes descendirent en torrent de mes yeux : mon désordre devint si grand, qu'il troubla la cabane entière.

» Lorsque le rideau retombé eut fait disparoître ces merveilles; la plus jeune habitante [2] d'une hutte voisine de la nôtre, me dit : « Mon » cher Huron, je suis charmée de toi, et je te » veux avoir ce soir à souper, avec celui que » tu appelles ton père. » Ononthio me prit à part, et me raconta que cette femme gracieuse étoit une célèbre Ikouessen [3], chez laquelle se réunissoit la véritable nation françoise. Ravi

[1] Phèdre. — [2] Ninon. — [3] Courtisane.

de la proposition, je répondis à l'Ikouessen :
» Amante du plaisir, tes lèvres sont trop ai-
» mables pour recevoir un refus. Tu excu-
» seras seulement ma simplicité, parce que je
» viens des grandes forêts. »

» Dans ce moment la toile s'enleva de nouveau. Je fus plus étonné du second spectacle
que je ne l'avois peut-être été du premier, mais
je le compris moins. Les passions que vous appelez tragiques sont communes à tous les peuples, et peuvent être entendues d'un Natchez
et d'un François; les pleurs sont partout les
mêmes, mais les ris diffèrent selon les temps
et les pays.

» Les jeux finis, l'Ikouessen s'enveloppa dans
un voile, et me forçant, avec la folâtrerie des
amours, à lui donner la main, nous descendîmes les degrés de la hutte, où se pressoit
une foule de spectateurs : Ononthio nous suivoit. L'Indien ne sait point rougir; je ne me
sentis aucun embarras, et je remarquai qu'on
avoit l'air d'applaudir à la naïve hauteur de ma
contenance.

» Nous montons sur un traîneau au milieu des armes protectrices, des torches flamboyantes, et des cris des esclaves qui faisoient
retentir les voûtes du nom pompeux de leurs
maîtres. Comme le char de la Nuit, roulent

les cabanes mobiles : l'enfant du commerce, retiré dans la paix de ses foyers, entend frémir les vitrages de sa hutte, et sent trembler sous lui la couche nuptiale. Nous arrivons chez la Divinité des plaisirs. S'élançant du traîneau rapide auquel ils étoient suspendus, des esclaves nous en ouvrent les portes : nous descendons sous un vestibule de marbre orné d'orangers et de fleurs. Nous pénétrons dans des cabanes voluptueuses, aux lambris de bois d'ébène gravés en paysages d'or. Partout brûloient les trésors dérobés [1] aux filles des rochers et des vieux chênes. La véritable nation françoise (car je l'avois reconnue au premier coup d'œil) étoit déjà établie aux foyers de l'Ikouessen. Un ton d'égalité, une franchise semblable à celle des Sauvages, régnoient parmi les guerriers.

» J'adressai ma prière à l'Amour hospitalier, Manitou de cette cabane, et me mêlant à la foule, je me trouvai pour la première fois aussi à l'aise que si j'eusse été dans le conseil des Natchez.

» Les guerriers étoient rassemblés en divers groupes, comme des faisceaux de maïs planté dans le champ des peuples. Chacun enseignoit

---

[1] La cire.

son voisin, et étoit enseigné par lui : tour à tour les propos étoient graves comme ceux des vieillards, fugitifs comme ceux des jeunes filles. Ces hommes, capables de grandes choses, ne dédaignoient pas les agréables causeries; ils répandoient au dehors la surabondance de leurs pensées; ils formoient de discours légers un entretien aimable et varié : dans un atelier européen, des ouvriers aux bras robustes, filent le métal flexible qui réunit les diverses parties de la parure de la beauté; l'un en aiguise la pointe, l'autre en polit la longueur, un troisième y attache l'anneau qui fixe le nuage transparent sur le sein de la vierge, ou le ruban sur sa tête.

» Abandonné à moi-même, j'errois de groupe en groupe, charmé de ce que j'entendois, car je comprenois toutes les paroles : on ne montroit aucune suprise de ma façon étrangère.

» Tandis que je promenois mes pas à travers la foule, j'aperçus, dans un coin, un homme qui ne conversoit avec personne, et qui paroissoit profondément occupé. J'allai droit à lui. « Chasseur, lui dis-je, je te souhaite un » ciel bleu, beaucoup de chevreuils et un man- » teau de castor. De quel désert es-tu? car » je le vois bien, tu viens comme moi d'une » forêt. »

Le héros, qui eut l'air de se réveiller, me regarda, et me répondit : « Oui, je viens d'une » forêt.

» Je ne dormirai point sous de riches lambris ;
» Mais voit-on que le somme en perde de son prix ?
» En est-il moins profond et moins plein de délices ?
» Je lui voue au désert de nouveaux sacrifices. »

« Je l'avois bien deviné, m'écriai-je ; ton ap-
» parence est simple, mais tu es excellent. Y
» a-t-il rien de moins brillant que le castor,
» le rossignol et l'abeille ? »

» Comme j'achevois de prononcer ces mots, un guerrier, au regard pénétrant, s'approcha de nous, mettant un doigt sur sa bouche. « Je » parie, dit-il, que nos deux Sauvages sont char-
» més l'un de l'autre ? »

» En même temps, il passa son bras sous le mien, et m'entraîna dans une autre partie de la cabane. « Laissons-nous donc tout seul cet en-
» fant des bois ? » lui dis-je. — « Oh ! répliqua mon
» conducteur, il se suffit à lui-même : il ne
» parle pas d'ailleurs le langage des hommes, et
» n'entend que celui des Dieux, des lions, des
» hirondelles et des colombes [1]. »

» Nous traversions la foule : un des plus beaux
» François que j'aie jamais vus, s'appuyant sur les

---

[1] La Fontaine.

» bras de deux de ses amis, nous accosta. Mon
» guide lui dit : « Quel chef-d'œuvre vous nous
» avez donné ! vous avez vu les transports dans
» lesquels il a jeté ce Sauvage. » — « J'avoue, re-
» partit le guerrier, que c'est un des succès qui
» m'ont le plus flatté dans ma vie. » — « Et cepen-
» dant, dit un de ses deux amis d'un ton sévère,
» vous eussiez mieux fait de ne pas tant céder
» au goût du siècle, de retrancher votre Aricie,
» au risque de perdre cette scène qui a ravi cet
» Iroquois. »

» Le second ami du guerrier le voulut défendre.
« Voilà vos foiblesses, s'écria le premier, voilà
» comme vous êtes descendu du Misanthrope
» au sac dans lequel vous enveloppez votre
» Scapin! » A ce propos j'allois à mon tour m'é-
crier : « sont-ce là les hommes aimés du ciel dont
» j'ai entendu les chants? » Mais les trois amis
s'éloignèrent [1], et je me retrouvai seul avec
mon guide.

» Il me conduisit à l'autre extrémité de la
cabane, et me fit asseoir près de lui sur une
natte de soie. De là, promenant ses yeux sur la
foule tantôt en mouvement, tantôt immobile, il
me dit : « Chactas, je te veux faire connoître les
» caractères des personnages que tu vois ici ; ils

---

[1] Racine, Molière et Boileau.

» te donneront une idée de ce siècle et de ma
» patrie.

» Remarque d'abord ces guerriers qui sont
» nonchalamment étendus sur cette demi-cou-
» che d'édredon. Ce sont les enfants des Jeux
» et des Ris ; ils tiennent l'immortalité de leur
» naissance, car bien qu'ils te paroissent déjà
» vieux, ils sont toujours jeunes comme les Grâ-
» ces, leurs mères. Retirés loin du bruit dans un
» faubourg paisible, ils passent leurs jours assis
» à des banquets. Les tempes ornées de lierre,
» et le front couronné de fleurs, ils mêlent à
» des vins parfumés l'eau d'une source que les
» hommes nomment Hyppocrène et les Dieux
» Castalie. Toutefois tu te tromperois, Chactas,
» si tu prenois ces hommes pour des efféminés
» sans courage. Nul guerrier n'est peut-être
» moins qu'eux attaché à la vie ; ils la brise-
» roient avec la même insouciance que les vases
» fragiles qu'ils s'amusent quelquefois à fra-
» casser dans les festins. »

» Émerveillé de la fine peinture de mon curieux démonstrateur, je regardois avec intérêt
ces hommes [1] qui présentoient un caractère
inconnu chez les Sauvages ; mais mon hôte
m'arracha à ces réflexions pour me faire ob-

[1] La société du Marais, Chaulieu, La Fare, etc.

server une espèce d'hermite qui causoit avec l'Ikouessen. « Il a été prêtre, me dit-il, il
» va devenir roi, et avant qu'il s'ennuie de
» son second bandeau, il vit ici en simple jon-
» gleur [1]. Quant à cet autre guerrier si vieux,
» dont les pieds sont supportés par un coussin
» de velours, c'est un étranger nouvellement ar-
» rivé. Son père conduisit un monarque à l'é-
» chafaud, et mit sur sa tête la couronne qu'il
» avait abattue [2]. Richard, plus sage qu'Olivier, a
» préféré le repos à l'agitation d'une vie écla-
» tante : rentré dans l'état obscur de ses aïeux,
» il n'estime la gloire de son père qu'autant
» qu'il la compte au nombre de ses plaisirs. »

—« Par Michabou [3], m'écriai-je, voici un étrange
» mélange ! il ne manquoit ici qu'un Sauvage
» comme moi. » Mon exclamation fit rire l'observateur des hommes, qui me répondit : « Tu
» es loin, mon cher Chactas, d'avoir tout vu :
» quelle que soit ton envie de connoître, on la
» peut aisément rassasier. Ces quatre hommes
» appuyés contre cette table d'albâtre, sont les
» quatre artistes qui ont créé les merveilles de
» Versailles : l'un en a élevé les colonnes, l'autre
» en a dessiné les jardins, le troisième en a

[1] Casimir, roi de Pologne.
[2] Olivier Cromwell.
[3] Génie des eaux.

» sculpté les statues, le quatrième en a peint
» les tableaux [1].

» Regarde assis à leurs pieds, sur ces tapis
» d'Orient, ces hommes au visage bronzé et aux
» robes de soie : ils sont venus des portes de
» l'Aurore, comme toi de celles du Couchant,
» eux pour être ambassadeurs à notre Cour [2],
» toi pour servir sur nos galères ; mais eux et
» toi pour payer également un tribut à notre
» génie, et faire de ce siècle un siècle à jamais
» miraculeux.

» Du reste, ces Sauvages de l'Inde sont plus
» heureux aujourd'hui que ceux de la Louisiane,
» car ils trouvent du moins ici à parler le lan-
» gage de leur patrie. Ces guerriers blancs qui
» s'entretiennent avec eux, sont des voyageurs
» qui ont recueilli les simples des montagnes,
» ou les débris de l'antiquité [3].

» Ces autres hommes, resserrés dans l'em-
» brasure de cette fenêtre, sont des savants
» que la munificence de notre Roi a été cher-
» cher jusque dans une terre ennemie, pour
» les combler de bienfaits. Les lettres qu'ils tien-
» nent à la main et qu'ils parcourent avec tant
» d'intérêt, sont la correspondance de plusieurs

[1] Mansard, Le Nôtre, Coustou, Le Brun.
[2] Ambassadeurs de Siam.
[3] Tournefort, Boucher, Gerbillon, Chardin, etc.

» Sachems qui, bien que nés dans des pays di-
» vers, forment, en Europe, une illustre répu-
» blique dont Paris est le centre. Par ces lettres
» ils s'apprennent mutuellement leurs découver-
» tes : l'un d'entre eux, au moment où je te
» parle, vient de trouver le vrai système de la
» nature, et un autre lui fait passer en réponse
» ses calculs sur l'infini [1].

» Non loin de ces étrangers, tu peux remar-
» quer un homme qui raisonne avec une grande
» force : c'est un fameux Sachem de ceux que
» nous appelons philosophes. Albion est sa
» patrie ; mais depuis quelque temps il s'est
» exilé sur les rives bataves d'où il est venu
» rendre hommage à la France [2].

» Eh bien ! continua notre hôte, que penses-
» tu maintenant de notre nation ? Trouves-tu
» ici assez d'hommes et de choses extraordi-
» naires ? Des prélats aussi différents de talents
» que de principes, des gens de lettres remar-
» quables par le contraste de leur génie, des
» bureaux de beaux-esprits en guerre, des
» filles de la volupté intriguant avec des moines
» auprès du trône, des courtisans se dispu-
» tant leurs dépouilles mutuelles, des géné-
» raux divisés, des magistrats qui ne s'enten-
» dent pas, des ordonnances admirables mais

[1] Newton, Leibnitz. — [2] Locke.

» transgressées, la loi proclamée souveraine
» mais toujours suspendue par la dictature
» royale, un homme envoyé aux galères pour
» un temps mais y demeurant toute sa vie, la
» propriété déclarée inviolable mais confisquée
» par le bon plaisir du maître, tous les citoyens
» libres d'aller où ils veulent et de dire ce qu'ils
» pensent, sous la réserve d'être arrêtés s'il plaît
» au Roi, et d'être envoyés au gibet en témoi-
» gnage de la liberté des opinions, enfin, des
» édifices élevés, des manufactures formées, des
» colonies fondées, la marine créée, l'Europe à
» demi subjuguée, une partie de la nation chas-
» sant une autre partie de cette nation : tel est
» ce siècle dont tu vois l'abrégé dans cette salle ;
» siècle qui, malgré ses erreurs, restera modèle
» de gloire; siècle dont on ne sentira bien la
» grandeur que lorsqu'on le prétendra surpas-
» ser. »

En achevant ces mots, mon instructeur me quitta pour aller ailleurs observer les hommes : il ne me parut pas une des moindres raretés du siècle qu'il venoit de peindre [1].

» Des esclaves annoncèrent le banquet aux conviés. Des tables couvertes de fleurs, de fruits et d'oiseaux, nous offrirent leurs élégantes richesses. Le vin étoit excellent, la gaieté véri-

[1] La Bruyère.

table, et les propos aussi fins que ceux des Hurons. La volage Ikouessen, qui m'avoit donné un siége à sa droite, se railloit de moi, et me disoit : « Parle-moi donc de tes forêts? Je vou-
» drois savoir si en Huronie il y a, comme parmi
» nous, de grandes dames qui veulent faire
» enfermer au couvent de pauvres jeunes filles,
» parce que ces jeunes filles prétendent jouir
» de leur liberté? Oh! c'est un beau pays que
» le tien, où l'on dit ce que l'on pense au Grand
» Chef, et où chacun fait ce qu'il a envie de
» faire! Ici c'est précisément le contraire : tout
» le monde est obligé de mentir au Soleil, et
» de se soumettre à la volonté de son voisin :
» c'est pour cela que tout va chez nous à mer-
» veille. »

» Cette femme ajouta beaucoup d'autres propos où, sous l'apparence de la frivolité, je découvris des pensées très-graves. On joua gracieusement sur la réponse que j'avois faite aux sorciers de la grande hutte, et que l'Ikouessen disoit être admirable ; mais ajouta-t-elle : « Je
» veux savoir à mon tour ce que tu as trouvé
» de plus sensé parmi nous. Comme je ne t'ai
» parlé ni de ta peau, ni de tes oreilles, j'espère
» que tu me feras une autre réponse que celle
» qui t'a perdu dans l'esprit de nos philosophes. »

— « Mousse blanche des chênes qui sert à la

12.

» couche des héros, répondis-je, les galériens
» et les femmes comme toi me semblent avoir
» toute la sagesse de ta nation. »

» Ce mot fit rire la table hospitalière, et la coupe
de la liberté fut vidée en l'honneur de Chactas.

» Alors les Génies des amours dérobèrent la
conversation, et la tournèrent sur un sujet trop
aimable. Le souvenir de la fille de Lopez remua les secrets de mon sein et le fit palpiter.
Un convive remarqua que si la passion crée
des tempêtes, l'âge les vient bientôt calmer,
et que l'on recouvre en peu de temps la tranquillité d'âme où l'on étoit, avant d'avoir perdu
la paix de l'enfance. Les guerriers applaudirent
à cette observation ; je répondis :

« Je ne puis trouver le calme, dont on jouit
» après l'orage, semblable à celui qui a pré-
» cédé cet orage : le voyageur qui n'est pas parti,
» n'est pas le voyageur revenu ; le bûcher qui
» n'a point encore été allumé, n'est pas le bû-
» cher éteint. L'innocence et la raison sont deux
» arbres plantés aux extrémités de la vie : à
» leurs pieds, il est vrai, on trouve également
» le repos ; mais l'arbre de l'innocence est chargé
» de parfums, de boutons de fleurs, de jeune
» verdure ; l'arbre de la raison n'est qu'un vieux
» chêne séché sur sa tige, dépouillé de son om-
» brage par la foudre et les vents du ciel. »

» C'étoit ainsi que nous devisions à ce festin : je t'en ai fait le détail minutieux, car c'est là qu'ayant aperçu les hommes à leur plus haut point de civilisation, je te les devois peindre avec une scrupuleuse exactitude. Les choses de la société et de la nature, présentées dans leur extrême opposition, te fourniront le moyen de peser avec le moins d'erreur possible, le bien et le mal des deux états.

» Nous étions prêts à quitter les tables, lorsqu'on apporta à notre magicienne un berceau couronné de fleurs : il renfermoit un enfant du voisinage, qui réclamoit, disoit la nourrice, les présents de naissance. L'Ikouessen connoissoit les parents du nouveau-né : elle le prit dans ses bras, lui trouva un air malicieux [1], et promit de lui donner un jour des grains de porcelaines [2] pour acheter des colliers [3].

[1] Voltaire. — [2] De l'argent. — [3] Des livres.

LIVRE SEPTIÈME.

L E lendemain de ce jour si complétement employé, je me résolus de chercher moi-même la nation françoise, et d'essayer si je ne la rencontrerois pas mieux seul qu'à l'aide d'un conducteur.

» Je sortis sans guide vers la première moitié du matin. Après avoir parcouru des chemins étroits et tortueux, j'arrivai à un pont, où je saluai un Roi bienfaisant que portoit un cheval de bronze [1]. De là remontant le cours du fleuve aux eaux blanches, dans lequel les femmes lavoient des tuniques de lin, je par-

---

[1] Le Pont-Neuf et la statue de Henri IV.

vins à la place du sang[1]. Une grande foule s'y trouvoit rassemblée : on me dit qu'on alloit attacher une victime à la machine qu'on me montra, et sur laquelle j'aperçus le Génie de la mort[2] sous la forme d'un homme.

» Persuadé qu'il s'agissoit de l'exécution d'un prisonnier de guerre, je m'assis pour entendre chanter ce prisonnier et pour l'encourager à souffrir les tourments comme un Indien. Je dis à l'un de mes voisins qui paroissoit fort touché : « Fils de l'humanité, ce guerrier a-t-il été pris
» en combattant avec courage, ou bien est-ce un
» enfant des foibles, que l'homicide Areskoui[3] a
» saisi dans sa fuite ? »

» Le guerrier me répondit : « Ce n'est point un
» soldat qui va cesser de vivre; c'est un chef
» de la prière[4], qui, banni de la France pour
» des opinions religieuses, n'a pu supporter les
» chagrins de l'exil. Vaincu par le sentiment
» qui subjugue tous les hommes, il est revenu
» déguisé dans son pays : le jour il se tenoit
» caché dans un souterrain; la nuit il erroit
» autour du champ paternel, à la clarté des as-
» tres qui présidèrent à sa naissance. Quelques
» misérables l'ont reconnu dans ces promenades

---

[1] La Grève. — [2] Le bourreau.
[3] Génie de la guerre. — [4] Un ministre protestant.

» où il respiroit en secret l'air de sa patrie; ils
» l'ont dénoncé : la loi le condamne à mort,
» pour avoir rompu son ban. »

» Le guerrier se tut, et je vis un vieillard s'avancer au milieu de la foule; arrivé aux piliers de sang, ce vieillard dépouilla sa robe, se mit à genoux, et adora. Ensuite, mettant un pied assuré sur le premier barreau de l'échelle, et s'élevant d'échelon en échelon, il sembloit monter vers le ciel. Ses cheveux blancs flottoient sur son cou ridé et bruni par l'âge; on voyoit sa vieille poitrine à nu, qui respiroit tranquillement sous sa tunique entr'ouverte : il jeta un dernier regard sur la France, et la mort le lia par la cime comme une gerbe moissonnée.

» Je me levai dans le trouble de mes sens, qui ne m'avoit pas d'abord permis de me dérober à l'abominable spectacle. Je m'écriai : « Remenez-moi à mes déserts! reconduisez-moi » dans mes forêts! » et je m'éloignois à grands pas. Long-temps j'errai à l'aventure tout en pleurs, et comme hors de moi-même. Mais enfin la lassitude du corps parvint à distraire les fatigues de l'âme, et me trouvant aussi harassé qu'un chasseur qui a poursuivi un cerf agile, je fus contraint de demander quelque part les dons de l'hospitalité.

» Je heurte à la porte d'une très-belle cabane;

un esclave vient m'ouvrir. « Que veux-tu ? » me dit-il brusquement. — « Va dire à ton » maître, répondis-je, qu'un guerrier des chairs » rouges veut boire avec lui la coupe du ban- » quet. » L'esclave se prit à rire et referma la porte.

» Cette épreuve ne me découragea point. A quelque distance, dans une petite voie écartée, une habitation assez semblable à nos huttes, s'offrit à mes regards. Je me présente sur le seuil de cette demeure. J'aperçois au fond d'une case obscure un guerrier demi-nu, une femme et trois enfants ; j'augurai bien de mes hôtes, lorsque je vis qu'ils restoient tranquilles à mon aspect comme des Indiens. J'entre dans la cabane, je m'assieds au foyer dont je salue le Manitou domestique, et prenant dans mes bras le plus jeune des trois enfants, ces douces lumières de leur mère, j'entonne la chanson du suppliant.

» Quand cela fut fait, je dis en françois : « J'ai faim », et le guerrier me répondit : « Tu » as faim ? » Ce qui me fit penser qu'il avoit été voyageur chez les peuples de la solitude. Il se leva, prit un gâteau de maïs noir, et me le donna : je ne le pus manger, car je vis la mère répandre une larme, et les enfants dévorer des yeux le pain que je portois à ma bouche.

Je le distribuai à leur innocence, et je dis au guerrier leur père : « Les mânes des ours n'ont » donc pas été apaisés par des sacrifices la » neige [1] dernière, puisque la chasse n'a pas été » bonne et que tes enfants ont faim ? » — « Faim ! » répondit mon hôte, oui ! Pour nous autres, » misérables, cette faim dure toute notre vie. »

» Je repartis : « Il y a sans doute quelque au- » tre guerrier dont le soleil a regardé les érables, » et dont les flèches ont été plus favorisées du » grand Castor : il te fera part de son abon- » dance. » L'homme sourit amèrement, ce qui me fit juger que j'avois dit une chose peu sage.

» Une veuve qui, du lit désert où elle est couchée, voit les toiles de l'insecte suspendues sur sa tête, se plaint de l'abandon de sa cabane ; ainsi la laborieuse matrone dont je recevois l'hospitalité, adressa les paroles de l'injure à son époux, en l'accusant d'oisiveté. Le guerrier frappa rudement son épouse : je me hâtai d'é- tendre le calumet de paix entre mes hôtes, et d'apaiser la colère qui monte du cœur au visage en nuage de sang. J'eus alors pour la première fois l'idée de la dégradation européenne dans toute sa laideur. Je vis l'homme abruti par la misère, au milieu d'une famille affamée, ne

---

[1] Année.

jouissant point des avantages de la société, et ayant perdu ceux de la nature.

» Je me levai; je mis un grain d'or dans la main du guerrier, je l'invitai à venir s'asseoir avec sa famille dans ma cabane. « Ah! » s'écria mon hôte tout ému, « quoique vous ne » soyez qu'un Iroquois, on voit bien que vous » êtes un roi des Sauvages. » — « Je ne suis point un roi, » répondis-je, en me hâtant de quitter cette cabane où j'avois trouvé quelques vertus primitives poussant encore foiblement au milieu des vices de la civilisation : le bouquet de romarin que nos chefs décédés emportent avec eux au tombeau, prend quelquefois racine sur l'argile même de l'homme, et végète jusque dans la main des morts.

» J'avoue qu'après de telles expériences, je fus prêt à renoncer à mes études, à retourner chez Ononthio. En vain je cherchois ta nation et des mœurs, et je ne trouvois ni les secondes ni la première. La nature me sembloit renversée; je ne la découvrois dans la société, que comme ces objets dont on voit les images inverties dans les eaux. Génie propice, qui arrêtâtes mes pas, qui m'engageâtes à continuer mes recherches, puissiez-vous, en récompense des faveurs que vous m'avez faites, puissiez-vous approcher le plus près du Grand Esprit! Sans vous, sans votre conseil, je ne serois pas ce que je suis, je n'aurois pas connu un homme qui m'a réconcilié avec les hommes, et de qui mes cheveux blancs tiennent le peu de sagesse qui les couronne.

» Je marchois le cœur serré, la tête baissée, lorsque la voix de deux esclaves qui causoient à la porte d'une cabane, me tira de ma rêverie. Mon premier mouvement fut de m'éloigner; mais, frappé de l'air d'honnêteté des deux esclaves, je me sentis disposé à faire une dernière tentative. Je m'avançai donc, et, m'adressant au plus vieux des serviteurs : « Va, lui dis-je, apprendre à ton » maître qu'un guerrier étranger a faim. »

» L'esclave me regarda avec étonnement, mais je ne vis point l'impudence et la bassesse dans ses regards. Sans me répondre, il entra précipitamment dans les cours de la cabane, et, revenant quelques moments après tout hors d'haleine, il me dit : « Seigneur Sauvage, mon » maître vous prie de lui faire l'honneur d'en- ». trer. » Je suivis aussitôt le bon esclave.

» Nous montons les degrés de marbre qui circuloient autour d'une rampe de bronze. Nous traversons plusieurs huttes où régnoit, avec la paix, une demi-lumière, et nous arrivons enfin à une cabane pleine de colliers [1]. Là, je vis un

---

[1] De livres, de papiers, etc. Une bibliothéque.

homme occupé à tracer sur des feuilles les signes de ses pensées. Il étoit assez maigre, et d'une taille élevée : un air de bonté intelligente étoit répandu sur son visage; l'expression de ses yeux ne se sauroit décrire : c'étoit un mélange de génie et de tendresse, une beauté, ne sais laquelle, que jamais peintre n'a pu exprimer. Ainsi me le raconta depuis Onouthio.

« Chactas, me dit l'homme en se levant, aus-
» sitôt qu'il m'aperçut, nous ne sommes déjà
» plus des étrangers l'un à l'autre. Un de mes
» parents qui a prêché notre sainte religion
» en Amérique, se hâta de m'écrire lorsque vous
» fûtes si injustement arrêté. Je sollicitai, de con-
» cert avec le gouverneur du Canada, votre dé-
» livrance, et nous avons eu le bonheur de l'ob-
» tenir. Je vous ai vu depuis à Versailles, et,
» d'après le portrait qu'on m'a fait de vous, il me
» seroit difficile de vous méconnoître. Je vous
» avouerai d'ailleurs que la manière dont vous
» venez, par hasard, de me faire demander l'hos-
» pitalité, m'a singulièrement touché; car, ajou-
» ta-t-il avec un léger sourire, je suis moi-même
» un peu Sauvage. »

—« Serois-tu, m'écriai-je aussitôt, ce généreux
» chef de la prière qui s'est intéressé à ma li-
» berté et à celle de mes frères? Puisse le Grand

» Esprit te récompenser! Je ne t'ai vu encore
» qu'un moment, mais je sens que je t'aime et
» te respecte déjà comme un Sachem. »

» Mon hôte me prenant par la main, me fit asseoir avec lui auprès d'une table. On servit le pain et le vin, la force de l'homme. Les esclaves s'étant retirés pleins de vénération pour leur maître, je commençai à échanger les paroles de la confiance avec le serviteur des autels.

« Chactas, me dit-il, nous sommes nés dans
» des pays bien éloignés l'un de l'autre, mais
» croyez-vous qu'il y ait entre les hommes de
» grandes différences de vertus et conséquem-
» ment de bonheur?

» Je lui répondis : «Mon père, à te parler sans
» détour, je crois les hommes de ton pays plus
» malheureux que ceux du mien. Ils s'enorgueil-
» lissent de leurs arts et rient de notre ignoran-
» ce; mais si toute la vie se borne à quelques
» jours, qu'importe que nous ayions accompli le
» voyage dans un petit canot d'écorce, ou sur
» une grande pirogue chargée de lianes et de
» machines? Le canot même est préférable, car
» il voyage sur le fleuve le long de la terre où
» il peut trouver mille abris; la pirogue euro-
» péenne voyage sur un lac orageux où les ports
» sont rares, les écueils fréquents, et où souvent

» on ne peut jeter l'ancre, à cause de la profon-
» deur de l'abîme.

» Les arts ne font donc rien à la félicité de la
» vie, et c'est là pourtant le seul point où vous
» paroissez l'emporter sur nous. J'ai été ce matin
» témoin d'un spectacle exécrable qui seul déci-
» deroit la question en faveur de mes bois. Je
» viens de frapper à la porte du riche, et à celle
» du pauvre : les esclaves du riche m'ont re-
» poussé; le pauvre n'est lui-même qu'un es-
» clave.

» Jusqu'à présent j'avois eu la simplicité de
» croire que je n'avois point encore vu ta na-
» tion; ma dernière course m'a donné d'autres
» idées. Je commence à entrevoir que ce mé-
» lange odieux de rangs et de fortunes, d'opu-
» lence extraordinaire et de privations exces-
» sives, de crime impuni et d'innocence sa-
» crifiée, forme en Europe ce qu'on appelle
» la société. Il n'en est pas de même parmi
» nous : entre dans les huttes des Iroquois, tu
» ne trouveras ni grands, ni petits, ni riches,
» ni pauvres ; partout le repos du cœur et la
» liberté de l'homme. » Ici, je fis le mieux qu'il
me fut possible la peinture de notre bonheur,
et je finis, comme à l'ordinaire, par inviter
mon hôte à se faire Sauvage.

» Il m'avoit écouté avec la plus grande at-

tention : le tableau de notre félicité le toucha :
« Mon enfant, me dit-il, je me confirme dans
» ma première pensée : les hommes de tous les
» pays, quand ils ont le cœur pur, se ressem-
» blent, car c'est Dieu alors qui parle en eux,
» Dieu qui est toujours le même. Le vice seul
» établit entre nous des différences hideuses :
» la beauté n'est qu'une ; il y a mille laideurs.
» Si jamais je trace le tableau d'une vie heu-
» reuse et sauvage, j'emploierai les couleurs
» sous lesquelles vous me la venez de peindre.

» Mais, Chactas, je crains que dans vos opi-
» nions, vous n'apportiez un peu de préjugés,
» car les Indiens en ont comme les autres
» hommes. Il arrive un temps où le genre hu-
» main trop multiplié ne peut plus exister par la
» chasse : il faut alors avoir recours à la culture.
» La culture entraîne des lois, les lois des abus.
» Seroit-il raisonnable de dire qu'il ne faut
» point de lois, parce qu'il y a des abus ? Seroit-
» il sensé de supposer que Dieu a rendu la
» condition sociale la pire de toutes, lorsque
» cette condition paroît être l'état universel des
» hommes ?

» Ce qui vous blesse, sincère Sauvage, ce sont
» nos travaux, l'inégalité de nos rangs, enfin
» cette violation du droit naturel, qui fait que
» vous nous regardez comme des esclaves infi-

» niment malheureux : ainsi votre mépris pour
» nous tombe en partie sur nos souffrances.
» Mais, mon fils, s'il existoit une félicité rela-
» tive dont vous n'avez ni ne pouvez avoir au-
» cune idée; si le laboureur à son sillon, l'ar-
» tisan dans son atelier, goûtoient des biens
» supérieurs à ceux que vous trouvez dans vos
» forêts, il faudroit donc retrancher d'abord de
» votre mépris, tout ce que vous donnez de ce
» mépris à nos prétendues misères.

» Comment vous expliquerai-je ensuite, ce
» sixième sens où les cinq autres viennent se
» confondre, le sens des beaux-arts ? Les arts
» nous rapprochent de la Divinité; ils nous font
» entrevoir une perfection au-dessus de la nature,
» et qui n'existe que dans notre intelligence. Si
» vous m'objectiez que les jouissances dont je
» parle sont vraisemblablement inconnues de la
» classe indigente de nos villes, je vous répon-
» drois qu'il est d'autres plaisirs sociaux accor-
» dés à tous : ces plaisirs sont ceux du cœur.

» Chez vous les attachements de la famille
» ne sont fondés que sur des rapports intéressés
» de secours accordés et rendus : chez nous, la
» société change ces rapports en sentiments. On
» s'aime pour s'aimer ; on commerce d'âmes;
» on arrive au bout de sa carrière à travers une
» vie pleine d'amour. Est-il un labeur pénible

» à celui qui travaille pour un père, une mère,
» un frère, une sœur? Non, Chactas, il n'en
» est point; et, tout considéré, il me semble que
» l'on peut tirer de la civilisation autant de bon-
» heur que de l'état sauvage. L'or n'existe pas
» toujours sous sa forme primitive, tel qu'on
» le trouve dans les mines de votre Amérique :
» souvent il est façonné, filé, fondu en mille
» manières; mais c'est toujours de l'or.

» La condition politique qui nous courbe vers
» la terre, qui oblige l'un à se sacrifier à l'autre,
» qui fait des pauvres et des riches, qui semble,
» en un mot, dégrader l'homme, est précisément
» ce qui l'élève : la générosité, la pitié céleste,
» l'amour véritable, le courage dans l'adversité,
» toutes ces choses divines sont nées de cette con-
» dition politique. Le citoyen charitable qui va
» chercher, pour la secourir, l'humanité souffrante
» dans les lieux où elle se cache, peut-il être un
» objet de mépris? Le prêtre vertueux qui naguère
» trempoit vos fers de ses larmes, sera-t-il frappé
» de vos dédains? L'homme qui, pendant de
» longues années, a lutté contre le malheur, qui
» a supporté sans se plaindre toutes les sortes de
» misères, est-il moins admirable dans sa force
» que le prisonnier sauvage, dont le mérite se
» réduit à braver quelques heures de tour-
» ments?

» Si les vertus sont des émanations du Tout-
» Puissant; si elles sont nécessairement plus
» nombreuses dans l'ordre social que dans l'ordre
» naturel, l'état de société qui nous rapproche
» davantage de la Divinité, est donc un état su-
» périeur à celui de nature.

» Il est parmi nous d'ardents amis de leur
» patrie, des cœurs nobles et désintéressés, des
» courages magnanimes, des âmes capables d'at-
» teindre à ce qu'il y a de plus grand. Songeons,
» quand nous voyons un misérable, non à ses
» haillons, non à son air humilié et timide,
» mais aux sacrifices qu'il fait, aux vertus quoti-
» diennes qu'il est obligé de reprendre chaque
» matin avec ses pauvres vêtements, pour affron-
» ter les tempêtes de la journée! Alors, loin de
» le regarder comme un être vil, vous lui por-
» terez respect. Et s'il existoit dans la société un
» homme qui en possédât les vertus sans en avoir
» les vices, seroit-ce à cet homme que vous ose-
» riez comparer le Sauvage? En paroissant tous
» les deux au tribunal du Dieu des chrétiens, du
» Dieu véritable, quelle seroit la sentence du juge?
» Toi, diroit-il au Sauvage, tu ne fis point de
» mal, mais tu ne fis point de bien. Qu'il passe
» à ma droite, celui qui vêtit l'orphelin, qui
» protégea la veuve, qui réchauffa le vieillard,
» qui donna à manger au Lazare, car c'est

» ainsi que j'en agis, lorsque j'habitois entre
» les hommes [1]. »

» Ici le chef de la prière cessa de se faire entendre. Le miel distilloit de ses lèvres ; l'air se calmoit autour de lui à mesure qu'il parloit. Ce qu'il faisoit éprouver n'étoit pas des transports, mais une succession de sentiments paisibles et ineffables : il y avoit dans son discours je ne sais quelle tranquille harmonie, je ne sais quelle douce lenteur, je ne sais quelle longueur de grâces, qu'aucune expression ne peut rendre. Saisi de respect et d'amour, je me jetai aux pieds de ce bon Génie.

« Mon père, lui dis-je, tu viens de faire de
» moi un nouvel homme. Les objets s'offrent à
» mes yeux sous des rapports qui m'étoient au-
» paravant inconnus. O le plus vénérable des
» Sachems, chaste et pure hermine des vieux
» chênes, que ne puis-je t'emmener dans mes
» forêts ! Mais je le sens, tu n'es pas fait pour
» habiter parmi des Sauvages ; ta place est chez
» un peuple où l'on peut admirer ton génie et

---

[1] J'avois pris autrefois quelque chose de ce dernier paragraphe, pour le transporter dans un morceau littéraire, que l'on peut voir dans les *Mélanges Littéraires*, tom. XXI, page 410 de cette édition complète. Je n'ai pas cru devoir retrancher cette vingtaine de lignes dans le récit de Chactas : elles se trouvent ici à leur véritable place.

» jouir de tes vertus. Je vais bientôt rentrer dans
» les déserts du Nouveau-Monde ; je vais re-
» prendre la vie errante de l'Indien ; après avoir
» conversé avec ce qu'il y a de plus sublime dans
» la société, je vais entendre les paroles de ce
» qu'il y a de plus simple dans la nature : mais
» quels que soient les lieux où le Grand Esprit
» conduise mes pas, sous l'arbre, au bord du
» fleuve, sur le rocher, je rappelerai tes leçons,
» et je tâcherai de devenir sage de ta sa-
» gesse. »

—« Mon fils, me répondit mon hôte en me re-
» levant, chaque homme se doit à sa patrie :
» mon devoir me retient sur ces bords pour y
» faire le peu de bien dont je suis capable, le
» vôtre est de retourner dans votre pays. Dieu
» se sert souvent de l'adversité comme d'un
» marchepied pour nous élever ; il a permis
» contre vous une injustice afin de vous rendre
» meilleur. Partez, Chactas ; allez retrouver votre
» cabane ; moins heureux que vous, je suis en-
» chaîné dans un palais. Si je vous ai inspiré
» quelqu'estime, répandez-la sur ma nation, de
» même que je chéris la vôtre ; devenez parmi
» vos compatriotes le protecteur des François.
» N'oubliez pas que, tous tant que nous sommes,
» nous méritons plus de pitié que de mépris :
» Dieu a fait l'homme comme un épi de blé ; sa

» tige est fragile et se tourmente au moindre
» souffle, mais son grain est excellent.

» Souvenez-vous enfin, Chactas, que si les ha-
» bitants de votre pays ne sont encore qu'à la
» base de l'échelle sociale, les François sont loin
» d'être arrivés au sommet : dans la progression
» des lumières croissantes, nous paroîtrons nous-
» mêmes des Barbares à nos arrière-neveux. Ne
» vous irritez donc point contre cette civilisa-
» tion qui appartient à notre nature, contre une
» civilisation qui peut-être un jour envahissant
» vos forêts, les remplira d'un peuple où la li-
» berté de l'homme policé s'unira à l'indépen-
» dance de l'homme sauvage. »

» Le chef de la prière se leva; nous marchâmes
lentement vers la porte. « Je ne suis pas ici
» chez moi, me dit-il; je retourne au palais
» d'un prince dont l'éducation me fut confiée.
» Si je puis vous être utile, ne craignez pas de
» vous adresser à mon zèle; mais vous autres
» Sauvages, vous avez peu de chose à demander
» aux Rois. »

» Je répondis : «Ta bonté m'enhardit; je
» laisse en France un père qui languit dans
» l'adversité. Demande son nom à toutes les in-
» fortunes soulagées, elles te diront qu'il s'appelle
» Lopez. »

» A ces paroles, que je prononçai d'une voix

altérée, un Génie porta les larmes que j'avois aux yeux dans ceux de mon hôte. Cet hôte plein de bonté m'apprit que le chef de la prière qui visitoit mes chaînes à Marseille, lui avoit raconté les traverses de mon ami, et les liens qui m'unissoient à cet Espagnol; que déjà Lopez étoit à l'abri de l'indigence, et qu'il retourneroit bientôt riche et heureux dans sa vieille patrie. On avoit même adouci le sort d'Honfroy, mon compagnon de boulet.

» Ces mots inondèrent mon cœur d'un torrent de joie, et la vivacité de ma reconnoissance m'ôta la force de l'exprimer. Cependant l'homme miséricordieux avoit tiré un cordon qui correspondoit à un écho d'airain; à la voix de cet écho, les esclaves accoururent, et nous conduisirent aux degrés de marbre. Là, je dis un dernier adieu au pasteur des peuples; je pleurois comme un Européen. Je brisai mon calumet en signe de deuil, et j'entonnai à demi-voix le chant de l'absence : « Bé-
» nissez cette cabane hospitalière, ô Génie des
» fleuves errants! que l'herbe ne couvre jamais le
» sentier qui mène à ses portes, jour et nuit
» ouvertes au voyageur! »

» Tandis que ma voix attendrie résonnoit sous le vestibule, le prêtre, les yeux levés vers le ciel, offroit à Dieu sa prière. Les serviteurs tombèrent à genoux, et reçurent la bénédiction que le sacrificateur pacifique répandit sur moi. Alors, dans un grand désordre, je descendis précipitamment les degrés. Parvenu au dernier marbre, je levai la tête et j'aperçus mon hôte[1] qui, penché sur les fleurs de bronze, me suivoit complaisamment de ses regards : bientôt il se retira comme s'il se sentoit trop ému. Je restai quelque temps immobile dans l'espérance de le revoir, mais le retentissement des portes que j'entendis se fermer, m'avertit qu'il étoit temps de m'arracher de ce lieu. Dans la cour, et sous les péristyles, une foule indigente attendoit les bienfaits du maître charitable : je joignis mes vœux à ceux que faisoient pour lui tant d'infortunés, et je sortis de cette cabane, plein de reconnoissance, d'admiration et d'amour.

» Ononthio reçut enfin l'ordre de son départ et du nôtre. Nous quittâmes Paris pour nous rendre à un golfe du lac sans rivages[2]. Comme notre traîneau passoit sur un pont d'où l'on découvroit la file prolongée des cabanes du grand village, je m'écriai : « Adieu terre des pa» lais et des arts ! adieu terre sacrée où j'aurois » voulu passer ma vie, si les tombeaux de mes » ancêtres ne s'élevoient loin d'ici ! »

» Je me laissai retomber au fond du traîneau.

---

[1] Fénélon. — [2] La mer.

Oui, mon fils, j'éprouvai de vifs regrets en quittant la France : il y a quelque chose dans l'air de ton pays que l'on ne sent point ailleurs, et qui feroit oublier à un Sauvage même ses foyers paternels.

» Nous fîmes un voyage charmant jusqu'au port où nous attendoient les vaisseaux. Nous roulâmes d'abord sur des chaussées bordées d'arbres à perte de vue; ensuite nous descendîmes au bord d'un fleuve [1] qui couloit dans un vallon enchanté. On ne voyoit que des laboureurs qui creusoient des sillons, ou des bergers qui paissoient des troupeaux. Là le vigneron effeuilloit le cep sur une colline pierreuse; ici, le cultivateur appuyoit les branches du pommier trop chargé; plus loin, des paysannes chassoient devant elles l'âne paresseux qui portoit le lait et les fruits à la ville, tandis que des barques, traînées par de forts chevaux, rebroussoient le cours du fleuve. Des étrangers, des gens de guerre, des commerçants, alloient et venoient sur toutes les voies publiques. Les coteaux étoient couronnés de riants villages ou de châteaux solitaires. Les tours des cités apparoissoient dans les lointains; des fumées s'élevoient du milieu des arbres : on voyoit se dé-

---

[1] La Loire.

rouler la brillante écharpe des campagnes, toute diaprée de l'azur des fleuves, de l'or des moissons, de la pourpre des vignes, et de la verdure des prés et des bois.

» Ononthio me disoit : « Tu vois ici, Chactas,
» l'excuse des fêtes de Versailles : dans toute l'éten-
» due de la France, c'est la même richesse ; les tra-
» vaux seulement et les paysages diffèrent, car ce
» royaume renferme dans son sein tout ce qui
» peut servir aux besoins ou aux délices de la
» vie. L'attention que l'œil du maître donne à
» l'agriculture, s'étend sur les autres parties de
» l'État : nous avons été chercher jusque dans
» les pays étrangers, les hommes qui pouvoient
» faire fleurir le commerce et les manufactures.
» Ce Roi qui t'a paru si superbe, si occupé de ses
» plaisirs, travaille laborieusement avec ses Sa-
» chems ; il entre jusque dans les moindres détails.
» Le plus petit citoyen lui peut soumettre des
» plans et obtenir audience de lui : de la même
» main qui protége les arts et fait céder l'Europe à
» nos armes, il corrige les lois et introduit l'unité
» dans nos coutumes.

» Il est trois choses que les ennemis de ce siè-
» cle lui reprochent : le faste des monuments et
» des fêtes, l'excès des impôts, l'injustice des
» guerres.

» Quant à nos fêtes, ce n'est pas aux François

» à en faire un crime à leur souverain : elles sont
» dans nos mœurs, et elles ont contribué à im-
» primer à notre âge cette grandeur que le temps
» n'effacera point. Nous sommes devenus la pre-
» mière nation du monde par nos édifices et par
» nos jeux, comme le furent jadis, par les mêmes
» pompes, les habitants d'un pays appelé la Grèce.

» Le reproche relatif à l'accroissement de l'im-
» pôt n'a aucun fondement raisonnable : nul
» royaume ne paye moins à son gouvernement
» en proportion de sa fertilité, que la France.

» Il est malheureux qu'on ne puisse aussi faci-
» lement nous justifier du reproche fait à no-
» tre ambition. Mais, belliqueux Sauvage, tu le
» sais, est-il beaucoup de guerres dont les motifs
» soient équitables? Louis a révélé à la France le
» secret de ses forces, il a prouvé qu'elle se
» peut rire des ligues de l'Europe jalouse. Après
» tout, les étrangers qui cherchent à rabaisser
» notre gloire, doivent cependant ce qu'ils sont
» à notre génie. Louis est moins le législateur de
» la France, que celui de l'Europe. Descendez
» sur les rivages d'Albion, pénétrez dans les fo-
» rêts de la Germanie, franchissez les Alpes ou
» les Pyrénées, partout vous reconnoîtrez qu'on a
» suivi nos édits pour la justice, nos règlements
» pour la marine, nos ordonnances pour l'armée,
» nos institutions pour la police des chemins et

LIVRE VII.   205

» des villes : jusqu'à nos mœurs et nos habits,
» tout a été servilement copié. Telle nation qui
» dans son orgueil se vante aujourd'hui de ses
» établissements publics, en a emprunté l'idée à
» notre nation. Vous ne pouvez faire un pas chez
» les étrangers, sans retrouver la France mutilée :
» Louis est venu après des siècles de barbarie, et
» il a créé le monde civilisé. »

» Après six jours de voyage nous arrivâmes
au bord de la grande eau salée. Nous passâmes
une lune entière à attendre des vents favorables.
Je contemplai avec étonnement ce port [1] qui venoit d'être construit dans le lac qui marche [2],
de même que j'avois vu cet autre [3] port du lac
immobile [4], auquel le Manitou de la nécessité m'avoit contraint de travailler. Je visitai les
arsenaux et les bassins ; je n'eus pas moins de
sujet d'admirer le génie de ta nation dans ces
arts nouveaux pour elle, que dans ceux où depuis
long-temps elle étoit exercée. Une activité générale régnoit dans le port et dans la ville : on voyoit
sortir des vaisseaux qui emportoient des colonies
aux extrémités du monde, en même temps que des
flottes rapportoient à la France les richesses des
terres les plus éloignées. Un matelot embrassoit sa

---

[1] Rochefort. — [2] L'Océan.
[3] Toulon. — [4] La Méditerranée.

mère sur la grève, au retour d'une longue course ; un autre recevoit en s'embarquant les adieux de sa femme. Onze mille guerriers des troupes d'Aréskoui [1], cent soixante-six mille enfants des mers, mille jeunes fils de vieux marins, instruits dans les hautes sciences de Michabou [2], cent quatre-vingt-dix-huit monstres nageants [3] qui vomissoient des feux par soixante bouches, trente galères dont je dois me souvenir, vous rendoient alors les dominateurs des flots, comme vous étiez les maîtres de la terre.

» Enfin le Grand Esprit envoya le vent du milieu du jour qui nous étoit favorable : l'ordre du départ est proclamé ; on s'embarque en tumulte. De petits canots nous portent aux grands navires ; nous arrivons sous leurs flancs ; nous y demeurons quelque temps balancés par la lame grossie : nous montons sur les machines flottantes à l'aide de cordes qu'on nous jette. A peine avons-nous atteint le bord que nos matelots, comme des oiseaux de la tempête, se répandent sur les vergues. La foudre [4], sortant du vaisseau d'Ononthio, donne le signal au reste de la flotte : tous les vaisseaux, avec de longs efforts, arrachent leur pied [5] d'airain des vases tenaces. La double serre ne

---

[1] Génie de la guerre. — [2] Génie de la mer.
[3] Vaisseaux de guerre. — [4] Le canon. — [5] L'ancre.

s'est pas plus tôt déprise de la chevelure de l'abîme, qu'un mouvement se fait sentir dans le corps entier du vaisseau. Les bâtiments se couvrent de leurs voiles : les plus basses, déployées dans toute leur largeur, s'arrondissent comme de vastes cylindres ; les plus élevées, comprimées dans leur milieu, ressemblent aux mamelles gonflées d'une jeune mère. Le pavillon sans tache de la France se déroule sur les haleines harmonieuses du matin. Alors de la flotte épandue s'élève un chœur qui salue par trois cris d'amour, les rivages de la patrie. A ce dernier signal, nos coursiers marins déploient leurs dernières ailes, s'animent d'un souffle plus impétueux, et, s'excitant mutuellement dans la carrière, ils labourent à grand bruit le champ des mers.

» Les transports de la joie ne descendirent point dans mon cœur à ce départ de la contrée des mille cabanes. J'avois perdu Atala ; je quittois Lopez ; le pays des belliqueuses nations du Canada n'étoit pas celui qui m'avoit vu naître : sorti presque enfant de la terre des sassafras, que retrouverois-je dans la hutte de mes aïeux, si jamais les Génies bienfaisants me permettoient de rentrer sous son écorce ?

» La scène imposante que j'avois sous les yeux, servoit à nourrir ma mélancolie : je ne pouvois me rassasier du spectacle de l'Océan. Ma retraite favorite, lorsque je voulois méditer durant le jour, étoit la cabane grillée ¹ du grand mât de notre navire, où je montois et m'asseyois, dominant les vagues au-dessous de moi. La nuit, renfermé dans ma couche étroite, je prêtois l'oreille au bruit de l'eau qui couloit le long du bord : je n'avois qu'à déployer le bras pour atteindre de mon lit à mon cercueil.

» Cependant le cristal des eaux que nous avoient donné les rochers de la France, commençoit à s'altérer. On résolut d'aborder aux îles non loin desquelles les vaisseaux se trouvoient alors. Nous saluons les génies de ces terres propices; nous laissons derrière nous Fayal enivrée de ses vins, Tercère aux moissons parfumées, Santa-Crux qui ignore les forêts, et Pico dont la tête porte une chevelure de feu. Comme une troupe de colombes passagères, notre flotte vient ployer ses ailes sous les rivages de la plus solitaire des filles de l'Océan.

» Quelques marins étant descendus à terre, je les suivis; tandis qu'ils s'arrêtoient au bord d'une source, je m'égarai sur les grèves et je parvins à l'entrée d'un bois de figuiers sauvages : la mer se brisoit en gémissant à leurs pieds, et dans leurs

---

² La hune.

cimes on entendoit le sifflement aride du vent du nord. Saisi de je ne sais quelle horreur, je pénètre dans l'épaisseur de ce bois, à travers les sables blancs et les joncs stériles. Arrivé à l'extrémité opposée, mes yeux découvrent une statue portée sur un cheval de bronze : de sa main droite, elle montroit les régions du couchant [1].

» J'approche de ce monument extraordinaire. Sur sa base baignée de l'écume des flots étoient gravés des caractères inconnus : la mousse et le salpêtre des mers rongeoient la surface du bronze antique; l'alcyon perché sur le casque du colosse y jetoit, par intervalles, des voix langoureuses; des coquillages se colloient aux flancs et aux crins du coursier, et lorsqu'on approchoit l'oreille de ses naseaux ouverts, on croyoit ouïr des rumeurs confuses. Je ne sais si jamais rien de plus étonnant s'est présenté à la vue et à l'imagination d'un mortel.

» Quel dieu ou quel homme éleva ce monument ? quel siècle, quelle nation le plaça sur ces rivages ? qu'enseigne-t-il par sa main déployée ? Veut-il prédire quelque grande révolution sur le globe, laquelle viendra de l'Occident ? Est-ce le Génie même de ces mers qui garde son empire et menace quiconque oseroit y pénétrer ?

[1] Tradition historique.

» A l'aspect de ce monument qui m'annonçoit un noir océan de siècles écoulés, je sentis l'impuissance et la rapidité des jours de l'homme. Tout nous échappe dans le passé et dans l'avenir; sortis du néant pour arriver au tombeau, à peine connoissons-nous le moment de notre existence.

» Je m'empressai de retourner aux vaisseaux, et de raconter à Ononthio la découverte que j'avois faite. Il se préparoit à visiter avec moi cette merveille, mais une tempête s'éleva, et la flotte fut obligée de gagner la haute mer.

» Bientôt cette flotte est dispersée. Demeuré seul et chassé par le souffle du midi, notre vaisseau, pendant douze nuits entières, vole sur les vagues troublées. Nous arrivons dans ces parages où Michabou fait paître ses innombrables troupeaux [1]. Une brume froide et humide enveloppe la mer et le ciel; les flots glapissent dans les ténèbres; un bourdonnement continu sort des cordages du vaisseau dont toutes les voiles sont ployées; la lame couvre et découvre sans cesse le pont inondé; des feux sinistres voltigent sur les vergues, et, en dépit de nos efforts, la houle qui grossit nous pousse sur l'île des Esquimaux [2].

» J'avois, ô mon fils, été coupable d'un souhait

---

[1] Le banc de Terre-Neuve. — [2] Terre-Neuve.

téméraire : j'avois appelé de mes vœux le spectacle d'une tempête. Qu'il est insensé celui qui désire être témoin de la colère des Génies ! Déjà nous avions été le jouet des mers, autant de jours qu'un étranger peut en passer dans une cabane, avant que son hôte lui demande le nom de ses aïeux : le soleil avoit disparu pour la sixième fois. La nuit étoit horrible : j'étois couché dans mon hamac agité ; je prêtois l'oreille aux coups des vagues qui ébranloient la structure du vaisseau : tout à coup j'entends courir sur le pont, et des paquets de cordages tomber ; j'éprouve en même temps le mouvement que l'on ressent lorsqu'un vaisseau vire de bord. Le couvercle de l'entre-pont s'ouvre et une voix appelle le capitaine. Cette voix solitaire au milieu de la nuit et de la tempête, avoit quelque chose qui faisoit frémir. Je me dresse sur ma couche ; il me semble ouïr des marins discutant le gisement d'une terre que l'on avoit en vue. Je monte sur le pont : Ononthio et les passagers s'y trouvoient déjà rassemblés.

» En mettant la tête hors de l'entre-pont, je fus frappé d'un spectacle affreux, mais sublime. A la lueur de la lune qui sortoit de temps en temps des nuages, on découvroit sur les deux bords du navire, à travers une brume jaune et immobile, des côtes sauvages. La mer élevoit ses flots comme des monts dans le canal où nous étions engouffrés. Tantôt les vagues se couvroient d'écume et d'étincelles; tantôt elles n'offroient plus qu'une surface huileuse, marbrée de taches noires, cuivrées ou verdâtres, selon la couleur des bas-fonds sur lesquels elles mugissoient : quelquefois une lame monstrueuse venoit roulant sur elle-même sans se briser, comme une mer qui envahiroit les flots d'une autre mer. Pendant un moment le bruit de l'abîme et celui des vents étoient confondus; le moment d'après, on distinguoit le fracas des courants, le sifflement des rescifs, la triste voix de la lame lointaine. De la concavité du bâtiment sortoient des bruits qui faisoient battre le cœur au plus intrépide. La proue du navire coupoit la masse épaisse des vagues avec un froissement affreux; et au gouvernail, des torrents d'eau s'écouloient en tourbillonnant comme au débouché d'une écluse. Au milieu de ce fracas, rien n'étoit peut-être plus alarmant qu'un murmure sourd, pareil à celui d'un vase qui se remplit.

» Cependant des cartes, des compas, des instruments de toutes les sortes, étoient étendus à nos pieds. Chacun parloit diversement de cette terre où étoit assis sur un écueil le Génie du naufrage. Le pilote déclara que le naufrage étoit inévitable. Alors l'aumônier du vaisseau lut à haute voix la prière qui porte, dans un tourbillon, l'âme du marin au Dieu des tempêtes. Je remarquai que des passagers alloient chercher ce qu'ils avoient de plus précieux, pour le sauver : l'espérance est comme la Montagne Bleue dans les Florides : de ses hauts sommets le chasseur découvre un pays enchanté, et il oublie les précipices qui l'en séparent. Moi et les autres chefs sauvages, nous prîmes un poignard pour nous défendre, et un fer tranchant pour couper un arc et tailler une flèche. Hors la vie qu'avions-nous à perdre? Le flot qui nous jetoit sur une côte inhabitée nous rendoit à notre bonheur : l'homme nu saluoit le désert et rentroit en possession de son empire.

» Il plut à la souveraine sagesse de sauver le vaisseau, mais la même vague qui le poussa hors des écueils, emporta l'un de ses mâts et me jeta dans l'abîme : j'y tombai comme un oiseau de mer qui se précipite sur sa proie. En un clin d'œil le vaisseau, chassé par les vents, parut à une immense distance de moi; il ne pouvoit s'arrêter sans s'exposer une seconde fois au naufrage, et il fut contraint de m'abandonner. Perdant tout espoir de le rejoindre, je commençai à nager vers la côte éloignée. »

LIVRE HUITIÈME.

Es premiers pas du matin s'étoient imprimés en taches rougeâtres dans les nuages de la tempête, lorsque couvert de l'écume des flots j'abordai au rivage. Courant sur les limons verdis, tout hérissés des pyramides de l'insecte des sables, je me dérobe à la fureur du Génie des eaux. A quelque distance s'offroit une grotte dont l'entrée étoit fermée par des framboisiers. J'écarte les broussailles et pénètre sous la voûte du rocher où je fus agréablement surpris d'entendre couler une fontaine. Je puisai de l'eau dans le creux de ma main, et faisant une libation : « Qui que tu sois, m'écriai-je, Manitou de cette

» grotte, ne repousse pas un suppliant que le
» Grand Esprit a jeté sur tes rivages ; que cette
» malédiction du ciel ne t'irrite pas contre un
» infortuné. Si jamais je revois la terre des sas-
» safras, je te sacrifierai deux jeunes corbeaux
» dont les ailes seront plus noires que celles
» de la nuit. »

» Après cette prière, je me couchai sur des branches de pin : épuisé de fatigue je m'endormis aux soupirs du Sommeil qui baignoit ses membres délicats dans l'eau de la fontaine.

» A l'heure où le fils des cités, couvert d'un riche manteau, se livre aux joies d'un festin servi par la main de l'abondance, je me réveillai dans ma grotte solitaire. En proie aux attaques de la faim, je me lève : comme un élan, échappé à la flèche du chasseur, croit bientôt retourner à ses forêts ; près de rentrer sous leur ombrage, il rencontre une autre troupe de guerriers qui l'écartent avec des cris et le poursuivent de nouveau sur les montagnes : ainsi j'étois éloigné de ma patrie par les traits de la fortune.

» A l'instant où je sortois de la grotte, un ours blanc se présente pour y entrer ; je recule quelques pas et tire mon poignard. Le monstre poussant un mugissement, me menace de ses serres énormes, de son museau noirci et de ses yeux sanglants : il se lève et me saisit dans ses bras

LIVRE VIII.

comme un lutteur qui cherche à renverser son adversaire. Son haleine me brûle le visage, la faim de ses dents est prête à se rassasier de ma chair ; il m'étouffe dans ses embrassemens ; aussi facilement qu'ils ouvrent un coquillage au bord de la mer, ses ongles vont séparer mes épaules. J'invoque le Manitou de mes pères; et, de la main qui me reste libre, je plonge mon poignard dans le cœur de mon ennemi. Les bras du monstre se relâchent; il abandonne sa proie, s'affaisse, roule à terre, expire.

» Plein de joie, j'assemble des mousses et des racines à l'entrée de ma grotte. Deux cailloux me donnent le feu; j'allume un bûcher dont la flamme et la fumée s'élèvent au-dessus des bois. Je dépouille la victime, je la mets en pièces, je brûle les filets de la langue et les portions consacrées aux Génies : je prends soin de ne point briser les os, et je fais rôtir les morceaux les plus succulents. Je m'assieds sur des pierres polies par la douce lime des eaux ; je commence un repas avec l'hostie de la destinée, avec des cressons piquants et des mousses de roches aussi tendres que les entrailles d'un jeune chevreuil. La solitude de la terre et de la mer étoit assise à ma table : Je découvrois à l'horizon, non sans une sorte d'agréable tristesse, les voiles du vaisseau où j'avois fait naufrage.

» L'abondance ayant chassé la faim, et la nuit étant revenue sur la terre, je me retirai de nouveau au fond de l'antre, avec la fourrure du monstre que j'avois terrassé. Je remerciai le Grand Esprit qui m'avoit fait Sauvage, et qui me donnoit dans ce moment tant d'avantages sur l'homme policé. Mes pieds étoient rapides, mon bras vigoureux, ma vie habituée aux déserts : un Génie ami des enfants, le Sommeil, fils de l'Innocence et de la Nuit, ferma mes yeux, et je bus le frais sumac du Meschacebé dans la coupe dorée des Songes.

» Les sifflements du courlis et le cri de la barnacle perchée sur les framboisiers de la grotte, m'annoncèrent le retour du matin : je sors. Je suspends par des racines de fraisiers, les restes de la victime à mes épaules ; j'arme mon bras d'une branche de pin ; je me fais une ceinture de joncs où je place mon poignard, et comme un lion marin je m'avance le long des flots.

» Pendant mon séjour chez les Cinq-Nations Iroquoises, le commerce et la guerre m'avoient conduit chez les Esquimaux, et j'avois appris quelque chose de la langue de ce peuple. Je savois que l'île [1] de mon naufrage s'approchoit,

[1] Terre-Neuve.

dans la région de l'étoile immobile [1], des côtes du Labrador : je cherchai donc à remonter vers ce détroit.

» Je marchai autant de nuits qu'une jeune femme, qui n'a point encore nourri de premier né, reste dans le doute sur le fruit que son sein a conçu : craignant de tromper son époux, elle ne confie ses tendres espérances qu'à sa mère ; mais aux défaillances de cette femme, annonces mystérieuses de l'homme, à son secret qui éclate dans ses regards, le père devine son bonheur, et tombant à genoux, offre au Grand Esprit son fils à naître.

» Je traversai des vallées de pierres revêtues de mousse, et au fond desquelles couloient des torrents d'eau demi-glacée : des bouquets de framboisiers, quelques bouleaux, une multitude d'étangs salés couverts de toutes sortes d'oiseaux de mer, varioient la tristesse de la scène. Ces oiseaux me procuroient une abondante nourriture, et des fraises, des oseilles, des racines, ajoutoient à la délicatesse de mes banquets.

» Déjà mes pas étoient arrivés au détroit des tempêtes. Les côtes du Labrador se montroient quelquefois par-delà les flots au coucher et au lever du soleil. Dans l'espoir de rencontrer

[1] Étoile polaire.

quelque navigateur, je cheminois le long des grèves; mais lorsque j'avois franchi des caps orageux, je n'apercevois qu'une suite de promontoires aussi solitaires que les premiers.

» Un jour j'étois assis sous un pin : les flots étoient devant moi; je m'entretenois avec les vents de la mer et les tombeaux de mes ancêtres. Une brise froide s'élève des régions du Nord, et un reflet lumineux voltige sous la voûte du ciel. Je découvre une montagne de glace flottante; poussée par le vent, elle s'approche de la rive. Manitou du foyer de ma cabane! dites quel fut mon étonnement lorsqu'une voix sortant de l'écueil mobile, vint frapper mon oreille. Cette voix chantoit ces paroles, dans la langue des Esquimaux :

« Salut, Esprit des tempêtes, salut, ô le plus
» beau des fils de l'Océan.

» Descends de ta colline où l'importun soleil
» ne luit jamais, descends, charmante Élina !
» Embarquons-nous sur cette glace. Les cou-
» rants nous emportent en pleine mer; les loups
» marins viennent se livrer à l'amour sur la
» même glace que nous.

» Sois-moi propice, Esprit des tempêtes,
» ô le plus beau des fils de l'Océan !

» Élina, je darderai pour toi la baleine; je te
» ferai un bandeau pour garantir tes beaux yeux

» de l'éclat des neiges; je te creuserai une de-
» meure sous la terre pour y habiter avec un feu
» de mousse; je te donnerai trente tuniques
» impénétrables aux eaux de la mer. Viens sur
» le sommet de notre rocher flottant. Nos
» amours y seront enchaînées par les vents, au
» milieu des nuages, et de l'écume des flots.

» Salut, Esprit des tempêtes, ô le plus beau
» des fils de l'Océan ! »

» Tel étoit ce chant extraordinaire. Couvrant mes yeux de ma main, et jetant dans les flots une partie de mon vêtement, je m'écriai : « Di-
» vinité de cette mer dont je viens d'entendre
» la voix, soyez-moi propice; favorisez mon re-
» tour. » Aucune réponse ne sortit de la moutagne qui vint s'échouer sur les sables à quelque distance du lieu où j'étois assis.

» J'en vis bientôt descendre un homme et une femme vêtus de peaux de loups marins. Aux caresses qu'ils prodiguoient à un enfant, je les reconnus pour mari et femme. Ainsi l'a voulu le Grand Esprit; le bonheur est de tous les peuples et de tous les climats : le misérable Esquimaux, sur son écueil de glace, est aussi heureux que le monarque européen sur son trône; c'est le même instinct qui fait palpiter le cœur des mères et des amantes dans les neiges du Labrador et sur le duvet des cygnes de la Seine.

» Je dirige mes pas vers la femme, dans l'espérance que l'homme accourroit au secours de son épouse et de son enfant. L'Esprit qui m'inspira cette pensée ne trompa point mon attente. Le guerrier s'avance vers moi avec fureur : il étoit armé d'un javelot surmonté d'une dent de vache marine : ses yeux sanglants étinceloient derrière ses ingénieuses lunettes ; sa barbe rousse se joignant à ses cheveux noirs lui donnoit un air affreux. J'évite les premiers coups de mon adversaire, et m'élançant sur lui, je le terrasse.

Élina, arrêtée à quelque distance, faisoit éclater les signes de la plus vive douleur ; ses genoux fléchirent ; elle tomba sur le rocher. Comme le pois fragile qui s'élève autour de la gerbe de maïs, sa fleur délicate se marie au blé robuste, et joint ainsi la grâce à la vie utile de son époux ; mais si la pierre tranchante de l'Indienne vient à moissonner l'épi, l'humble pois qu'une tige amie ne soutient plus, s'affaisse et couvre de ses grappes fanées le sol qui l'a vu naître : ainsi la jeune Sauvage étoit tombée sur la terre. Elle tenoit embrassé son fils, tendre fleur de son sein.

» Je rassure l'Esquimaux vaincu ; je le caresse en passant la main sur ses bras, comme un chasseur encourage l'animal fidèle qui le guide au fond des bois ; l'Esquimaux se relève à demi, et presse mes genoux, en signe de reconnoissance et de foiblesse. Dans cette attitude il n'avoit rien de rampant à la manière de l'Europe : c'étoit l'homme obéissant à la nécessité.

» La femme revient de son évanouissement. Je l'appelle. Elle fait un pas vers nous, fuit, revient, et toujours resserrant le cercle, s'approche de plus en plus de son maître et de son mari. Bientôt elle met les mains à terre et s'avance ainsi jusqu'à mes pieds. Je prends l'enfant qu'elle portoit sur son dos; je lui prodigue des caresses : ces caresses apprivoisèrent tellement la mère de l'enfant, qu'elle se mit à bondir de joie à mes côtés. Lorsqu'un guerrier emporte dans ses bras un chevreau qu'il a trouvé sur la montagne, la mère, traînant ses longues mamelles, et surmontant sa frayeur, suit avec de doux bêlements le ravisseur qu'elle semble craindre d'irriter contre le jeune hôte des forêts.

» Aussitôt que l'Esquimaux eut reconnu mon droit de force, il devint aussi soumis qu'il s'étoit montré intraitable. Je descendis la côte avec mes deux nouveaux sujets, et je leur fis entendre que je voulois passer au Labrador.

L'Esquimaux va prendre sur le rocher de glace des peaux de loup marin que je n'avois pas aperçues; il les étend avec des barbes de baleine; il en forme un long canot; il recouvre ce canot d'une peau élastique. Il se place au milieu de cette espèce d'outre, et m'y fait entrer avec sa femme et son enfant : refermant alors la peau autour de ses reins, semblable à Michabou lui-même, il gourmande les mers.

» Un traîneau parti du grand village de tes pères, au moment où nous quittâmes l'île du naufrage, n'auroit atteint le palais de tes Rois qu'après notre arrivée aux rivages du Labrador. C'étoit l'heure où les coquillages des grèves s'entr'ouvrent au soleil, et la saison où les cerfs commencent à changer de parure. Les Génies me préparoient encore une nouvelle destinée : je commandois; j'allois servir.

» Nous ne tardâmes pas à rencontrer un parti d'Esquimaux. Ces guerriers, sans s'informer des arbres de mon pays, ni du nom de ma mère, me chargèrent de l'attirail de leurs pêches, et me contraignirent d'entrer dans un grand canot. Ils armèrent mon bras d'une rame, comme si depuis long-temps leurs Manitous eussent été en alliance avec les miens, et nous remontâmes le long des rochers du Labrador.

» Les deux époux naguère mes esclaves s'étoient embarqués avec nous; ils ne me donnèrent pas la moindre marque de pitié ou de reconnoissance : ils avoient cédé à mon pouvoir; ils trouvoient tout simple que je subisse le leur : au plus fort l'empire, au plus foible l'obéissance.

» Je me résignai à mon sort.

» Nous arrivâmes à une contrée où le soleil ne se couchoit plus. Pâle et élargi, cet astre tournoit tristement autour d'un ciel glacé; de rares animaux erroient sur des montagnes inconnues. D'un côté s'étendoient des champs de glaces contre lesquels se brisoit une mer décolorée; de l'autre, s'élevoit une terre hâve et nue qui n'offroit qu'une morne succession de baies solitaires et de caps décharnés. Nous cherchions quelquefois un asile dans des trous de rochers, d'où les aigles marins s'envoloient avec de grands cris. J'écoutois alors le bruit des vents répétés par les échos de la caverne, et le gémissement des glaces qui se fendoient sur la rive.

» Et cependant, mon jeune ami, il est quelquefois un charme à ces régions désolées. Rien ne te peut donner une idée du moment où le soleil, touchant la terre, sembloit rester immobile, et remontoit ensuite dans le ciel, au lieu de descendre sous l'horizon. Les monts revêtus de neige, les vallées tapissées de la mousse blanche que broutent les rennes, les mers couvertes de baleines et semées de glaces flottantes, toute cette scène éclairée comme à la fois par les feux du couchant et par la lumière de l'aurore, brilloient des plus tendres et des plus riches couleurs : on ne savoit si on assistoit à la création ou à la fin du monde. Un petit oiseau, semblable à celui qui chante la nuit dans tes bois, faisoit entendre un ramage plaintif. L'amour amenoit alors le sauvage Esquimaux sur le rocher où l'attendoit sa compagne : ces noces de l'homme aux dernières bornes de la terre, n'étoient ni sans pompe ni sans félicité.

» Mais bientôt à une clarté perpétuelle succéda une nuit sans fin. Un soir le soleil se coucha et ne se leva plus. Une aurore stérile, qui n'enfanta point l'astre du jour, parut dans le septentrion. Nous marchions à la lueur du météore dont les flammes mouvantes et livides s'attachoient à la voûte du ciel comme à une surface onctueuse.

» Les neiges descendirent; les daims, les carribous, les oiseaux même disparurent : on voyoit tous ces animaux passer et retourner vers le midi ; rien n'étoit triste comme cette migration qui laissoit l'homme seul. Quelques coups de foudre qui se prolongeoient dans des solitudes où aucun être animé ne les pouvoit entendre, semblèrent séparer les deux scènes de la vie et de la mort. La mer fixa ses flots; tout mouvement cessa, et au bruit des glaces brisées succéda un silence universel.

» Aussitôt mes hôtes s'occupèrent à bâtir des cabanes de neige : elles se composoient de deux ou trois chambres qui communiquoient ensemble par des espèces de portes abaissées. Une lampe de pierre, remplie d'huile de baleine et dont la mèche étoit faite d'une mousse séchée, servoit à la fois à nous réchauffer et à cuire la chair des veaux marins. La voûte de ces grottes sans air, fondoit en gouttes glacées ; on ne pouvoit vivre qu'en se pressant les uns contre les autres, et en s'abstenant, pour ainsi dire, de respirer. Mais la faim nous forçoit encore de sortir de ces sépulcres de frimas : il falloit aller aux dernières limites de la mer gelée épier les troupeaux de Michabou.

» Mes hôtes avoient alors des joies si sauvages, que j'en étois moi-même épouvanté. Après une longue abstinence, avions-nous dardé un phoque ? on le traînoit sur la glace : la matrone la plus expérimentée montoit sur l'animal palpitant, lui ouvroit la poitrine, lui arrachoit le foie, et en buvoit l'huile avec avidité. Tous les hommes, tous les enfants se jetoient sur la proie, la déchiroient avec les dents, dévoroient les chairs crues ; les chiens, accourus au banquet, en partageoient les restes, et léchoient le visage ensanglanté des enfants. Le guerrier vainqueur du monstre recevoit une part de la victime plus grande que celle des autres ; et, lorsque, gonflé de nourriture, il ne se pouvoit plus repaître, sa femme, en signe d'amour, le forçoit encore d'avaler d'horribles lambeaux qu'elle lui enfonçoit dans la bouche. Il y avoit loin de là, René, à ma visite au palais de tes Rois, et au souper chez l'élégante Ikouessen.

» Un chef des Esquimaux vint à mourir ; on le laissa auprès de nous, dans une des chambres de la hutte où l'humidité causée par les lampes, amena la dissolution du corps. Les ossements humains, ceux des dogues et les débris des poissons, étoient jetés à la porte de nos cabanes ; l'été fondant le tombeau de glace qui croissoit autour de ces dépouilles, les laissoit pêle-mêle sur la terre.

» Un jour nous vîmes arriver sur un traîneau que tiroient six chiens à longs poils, une famille alliée à celle dont j'étois l'esclave. Cette famille retourna bientôt après aux lieux d'où elle étoit venue ; mon maître l'accompagna et m'ordonna de le suivre.

» La tribu d'Esquimaux chez laquelle nous arrivâmes n'habitoit point, comme la nôtre, dans des cabanes de neige ; elle s'étoit retirée dans une grotte dont on fermoit l'ouverture avec une pierre. Comme on voit, au commencement de la lune voyageuse, des corneilles se réunir en bataillons dans quelque vallée, ou comme des fourmis se retirent sous une racine de chêne, ainsi cette nombreuse tribu d'Esquimaux, étoit réfugiée dans le souterrain.

Je fis le tour de la salle, pour chercher quelques vieillards qui sont la mémoire des peuples : le Grand Esprit lui-même doit sa science à son éternité. Je remarquai un homme âgé, dont la tête étoit enveloppée dans la dépouille d'une bête sauvage. Je le saluai en lui disant : « Mon père! » Ensuite j'ajoutai : « Tu as beaucoup honoré tes parents, car je vois que » le Ciel t'a accordé une longue vie. En faveur » de mon respect pour tes aïeux, permets-moi » de m'asseoir sur la natte à tes côtés. Si je savois » où une douce mort a déposé les os de tes pères, » je te les aurois apportés pour te réjouir. »

» Le vieillard souleva son bonnet de peau d'ours, et me regarda quelque temps, en méditant sa réponse. Non, le bruit des ailes de la cicogne qui s'élève d'un bocage de magnolias dans le ciel des Florides, est moins délicieux à l'oreille d'une vierge, que ne le furent pour moi les paroles de cet homme, lorsque je retrouvai sur ses lèvres, dans l'antre des affreux Esquimaux, le langage du prêtre divin des bords de la Seine.

« Je suis fils de la France, me dit le vieillard :
» lorsque nous enlevâmes aux enfants d'Albion
» les forts bâtis aux confins du Labrador,
» je suivois le brave d'Iberville. Ma tendresse
» pour une jeune fille des mers me retint
» dans ces régions désolées, où j'ai adopté les
» mœurs et la vie des aïeux de celle que j'ai-
» mois. »

» Tels que dans les puits des savanes d'Atala, on voit sortir des canaux souterrains, l'habitant des ondes, brillant étranger que l'amour a égaré loin de sa patrie, ainsi, ô Grand Esprit! tu te plais à conduire les hommes par des chemins qui ne sont connus que de ta Providence. René, on trouve les guerriers de ton pays chez tous les peuples : les plus civilisés des hommes, ils en deviennent, quand ils le veulent, les plus barbares. Ils ne cherchent point à nous policer nous autres Sauvages; ils trouvent plus aisé de se faire Sauvages comme nous. La solitude n'a point de chasseurs plus adroits, de combattants plus intrépides; on les a vus supporter les tourments du cadre de feu[1] avec la fortitude des Indiens mêmes, et malheureusement devenir aussi cruels que leurs bourreaux. Seroit-ce que le dernier degré de la

[1] Les tourments que l'on fait subir aux prisonniers de guerre.

civilisation touche à la nature? Seroit-ce que le François possède une sorte de génie universel qui le rend propre à toutes les vies, à tous les climats? Voilà ce que pourroit seul décider la sagesse du Père Aubry, ou du chef de la prière [1] qui corrigea l'orgueil de mon ignorance.

» Je passai la saison des neiges dans la société du vieillard demi-sauvage, à m'instruire de tout ce qui regardoit les lois ou plutôt les mœurs des peuples au milieu desquels j'habitois.

» L'hiver finissoit ; la lune avoit regardé trois mois, du haut des airs, les flots fixes et muets qui ne réfléchissoient point son image. Une pâle aurore se glissa dans les régions du Midi, et s'évanouit : elle revint, s'agrandit et se colora. Un Esquimaux, envoyé à la découverte, nous apprit, un matin, que le soleil alloit paroître ; nous sortîmes en foule du souterrain, pour saluer le père de la vie. L'astre se montra un moment à l'horizon, mais il se replongea soudain dans la nuit, comme un juste qui élevant sa tête rayonnante du séjour des morts, se recoucheroit dans son tombeau à la vue de la désolation de la terre : nous poussâmes un cri de joie et de deuil.

» Le soleil parcourut peu à peu un plus long chemin dans le ciel. Des brouillards couvrirent

---

[1] Fénélon.

la terre et la mer. La surface solide des fleuves se détacha des rivages; on entendit pour premier bruit le cri d'un oiseau; ensuite quelques ruisseaux murmurèrent : les vents retrouvèrent la voix. Enfin les nuages amassés dans les airs crevèrent de toutes parts. Des cataractes d'une eau troublée se précipitèrent des montagnes; les monceaux de neiges tombèrent avec fracas des rocs escarpés : le vieil Océan réveillé au fond de ses abîmes, rompit ses chaînes, secoua sa tête hérissée de glaçons, et vomissant les flots renfermés dans sa vaste poitrine, répandit sur ses rivages les marées mugissantes.

» A ce signal les pêcheurs du Labrador quittèrent leur caverne et se dispersèrent : chaque couple retourna à sa solitude pour bâtir son nouveau nid et chanter ses nouvelles amours. Et moi, me dérobant par la fuite à mon maître, je m'avançai vers les régions du midi et du couchant, dans l'espoir de rencontrer les sources de mon fleuve natal.

» Après avoir traversé d'immenses déserts et vécu quelques années chez des hordes errantes, j'arrivai chez les Sioux, hommes chéris des Génies pour leur hospitalité, leur justice, leur piété et pour la douceur de leurs mœurs.

» Ces peuples habitent des prairies entre les eaux du Missouri et du Meschacebé, sans chef et sans loi; ils paissent de nombreux troupeaux dans les savanes...

» Aussitôt qu'ils apprirent l'arrivée d'un étranger, ils accoururent et se disputèrent le bonheur de me recevoir. Nadoué, qui comptoit six garçons et un grand nombre de gendres, obtint la préférence : on déclara qu'il la méritoit comme le plus juste des Sioux et le plus heureux par sa couche. Je fus introduit dans une tente de peaux de buffle, ouverte de tous côtés, supportée par quatre piquets, et dressée au bord d'un courant d'eau. Les autres tentes, sous lesquelles on apercevoit les joyeuses familles, étoient distribuées çà et là dans les plaines.

» Après que les femmes eurent lavé mes pieds, on me servit de la crème de noix et des gâteaux de malomines. Mon hôte ayant fait des libations de lait et d'eau de fontaine au paisible Tébée, Génie pastoral de ces peuples, conduisit mes pas à un lit d'herbe, recouvert de la toison d'une chèvre. Accablé de lassitude je m'endormis au bruit des vœux de la famille hospitalière, aux chants des pasteurs, et aux rayons du soleil couchant, qui passant horizontalement sous la tente, fermèrent avec leurs baguettes d'or mes paupières appesanties.

» Le lendemain je me préparai à quitter mes hôtes; mais il me fut impossible de m'arracher à leurs sollicitations. Chaque famille me voulut donner une fête. Il fallut raconter mon histoire que l'on ne se lassoit point d'entendre et de me faire répéter.

» De toutes les nations que j'ai visitées, celle-ci m'a paru la plus heureuse : ni misérable comme le pêcheur du Labrador, ni cruel comme le chasseur du Canada, ni esclave comme jadis le Natchez, ni corrompu comme l'Européen, le Sioux réunit tout ce qui est désirable chez l'homme sauvage et chez l'homme policé. Ses mœurs sont douces comme les plantes dont il se nourrit ; il fuit les hivers, et, s'attachant au printemps, il conduit ses troupeaux de prairie en prairie : ainsi la voyageuse des nuits, la lune, semble garder dans les plaines du ciel les nuages qu'elle mène avec elle ; ainsi l'hirondelle suit les fleurs et les beaux jours ; ainsi la jeune fille, dans ses gracieuses chimères, laisse errer ses pensées de rivages en rivages et de félicités en félicités.

» Je pressois mon hôte de me permettre de retourner à la cabane de mes aïeux. Un matin, au lever du soleil, je fus étonné de voir tous les pasteurs rassemblés. Nadoué se présente à moi avec deux de ses fils, et me conduit au milieu des anciens : ils étoient assis en cercle à l'ombre d'un petit bocage d'où l'on découvroit toute la plaine. Les jeunes gens se tenoient debout autour de leurs pères.

» Nadoué prit la parole et me dit : « Chac-
» tas, la sagesse de nos vieillards a examiné ce
» qu'il y avoit de mieux pour la nation des
» Sioux. Nous avons vu que le Manitou de nos
» foyers n'alloit point avec nous aux batailles, et
» qu'il nous livroit à l'ennemi, car nous ignorons
» les arts de la guerre. Or, vous avez le cœur
» droit ; l'expérience des hommes a rempli
» votre âme d'éxcellentes choses : soyez notre
» chef, défendez-nous ; régnez avec la justice.
» Nous quitterons pour vous les coutumes des
» anciens jours ; nous cesserons de former des
» familles isolées ; nous deviendrons un peuple :
» par-là vous acquerrez une gloire immortelle.

» Or voici ce que nous ferons : vous choisirez
» la plus belle des filles des Sioux. Chaque fa-
» mille vous offrira quatre génisses de trois ans
» avec un fort taureau, sept chèvres pleines, cin-
» quante autres donnant déjà une grande abon-
» dance de lait, et six chiens rapides qui pressent
» également les chevreuils, les cerfs et toutes les
» bêtes fauves. Nous joindrons à ces dons qua-
» rante toisons de buffles noirs pour couvrir
» votre tente. En voyant vos grandes richesses,
» nul ne pourra s'empêcher de vous réputer
» heureux. Que les Génies vous gardent de

» rejeter notre prière! Votre père n'est plus;
» votre mère dort avec lui. Vous ne serez qu'un
» étranger dans votre patrie. Si nous allions vous
» maudire dans notre douleur, vous savez que
» le Grand Esprit accomplit les malédictions
» prononcées par les hommes simples. Soyez
» donc touché de notre peine et entendez nos
» paroles. »

» Frappé des flèches invisibles d'un Génie,
je demeurai muet au milieu de l'assemblée.
Rompant enfin le silence, je répondis : « O Na-
» doué, que les peuples honorent! je vous
» dirai la vérité toute pure. Je prends à té-
» moin les Manitous hospitaliers du foyer où
» je reçus un asile, que la parole du mensonge
» n'a jamais souillé mes lèvres : vous voyez si
» je suis touché. Sioux des savanes! jamais
» l'accueil que j'ai reçu de vous ne sortira de
» ma mémoire. Les présents que vous m'offrez
» ne pourroient être rejetés par aucun homme
» qui auroit quelque sens; mais je suis un in-
» fortuné condamné à errer sur la terre. Quel
» charme la royauté m'offriroit-elle? Craignez
» d'ailleurs de vous donner un maître : un jour
» vous vous repentiriez d'avoir abandonné la
» liberté. Si d'injustes ennemis vous attaquent,
» implorez le ciel, il vous sauvera, car vos
» mœurs sont saintes.

» O Sioux ! puisqu'il est vrai que je vous ai
» inspiré quelque pitié, ne retenez plus mes pas;
» conduisez-moi aux rives du Meschacebé; don-
» nez-moi un canot de cyprès : que je descende
» à la terre des sassafras. Je ne suis point un
» méchant que les Génies ont puni pour ses
» crimes; vous n'avez point à craindre la colère
» du Grand Esprit en favorisant mon retour.
» Mes songes, mes veilles, mon repos, sont
» tout remplis des images d'une patrie que je
» pleure sans cesse. Je suis le plus misérable
» des chevreuils des bois; ne fermez pas l'oreille
» à mes plaintes. »

Les bergers furent attendris : le Grand Esprit les avoit faits compatissants. Quand le murmure de la foule eut cessé, Nadoué me dit :
« Les hommes sont touchés de vos paroles, et les
» Génies le sont aussi. Nous vous accordons la
» pirogue du retour. Mais contractons d'abord
» l'alliance : rassemblons des pierres pour en faire
» un haut lieu, et mangeons dessus. »

» Or cela fut fait comme il avoit été dit : le Manitou de Nadoué, celui des Sioux, celui des Natchez, reçurent le sacrifice. L'alliance accomplie et trouvée parfaitement belle par les pasteurs, je marchai avec eux pendant six jours pour arriver au Meschacebé; mon cœur tressailloit en approchant. Du plus loin que je découvris le fleuve, je me mis à courir vers lui ; je m'y élançai comme un poisson qui, échappé du filet, retombe plein de joie dans les flots. Je m'écriai en portant à ma bouche l'eau sacrée :

« Te voilà donc enfin, ô fleuve qui coules dans
» le pays de Chactas ! fleuve où mes parents me
» plongèrent en venant au monde ! fleuve où je
» me jouois dans mon enfance avec mes jeunes
» compagnons ! fleuve qui baignes la cabane de
» mon père et l'arbre sous lequel je fus nourri !
» Oui, je te reconnois ! Voilà les osiers pliants
» qui croissent dans ton lit aux Natchez, et que
» j'avois accoutumé de tresser en corbeilles ; voilà
» les roseaux dont les nœuds me servoient de
» coupe. C'est bien encore le goût et la douceur
» de ton onde, et cette couleur qui ressemble à
» celle du lait de nos troupeaux. »

» Ainsi je parlois dans mon transport, et les délices de la patrie couloient déjà dans mon cœur. Les Sioux, doués de simplicité et de justice, se réjouissoient de mon bonheur. J'embrassai Nadoué et ses fils ; je souhaitai toutes sortes de dons à mes hôtes, et, entrant dans ma pirogue chargée de présents, je m'abandonnai au cours du Meschacebé. Les Sioux rangés sur la rive me saluoient du geste et de la voix ; moi-même je les regardois en faisant des signes d'adieu, et priant les

Génies d'accorder leur faveur à cette nation innocente. Nous continuâmes de nous donner des marques d'amour jusqu'au détour d'un promontoire qui me déroba la vue des pasteurs; mais j'entendois encore le son de leurs voix affoiblies, que les brises dispersoient sur les eaux, le long des rivages du fleuve.

» Maintenant chaque heure me rapprochoit de ce champ paternel dont j'étois absent depuis tant de neiges. J'en étois sorti sans expérience, dans ma dix-septième lune des fleurs; j'allois y rentrer dans ma trente-troisième feuille tombée, et plein de la triste connoissance des hommes. Que d'aventures éprouvées! que de régions parcourues! que de peuples les pas de mes malheurs avoient visités! Ces réflexions rouloient dans mon esprit, et le courant entraînoit ma nacelle.

» Je franchis l'embouchure du Missouri. Je vis à l'orient le désert des Casquias et des Tamarouas qui vivent dans des républiques unies; au confluent de l'Ohio, fils de la montagne Allegany et du fleuve Monhougohalla, j'aperçus le pays des Chéroquois qui sèment comme l'Européen, et des Wabaches, toujours en guerre avec les Illinois. Plus loin je passai la rivière Blanche fréquentée des crocodiles, et l'Akensas qui se joint au Meschacebé par la rive occidentale. Je remarquai à ma gauche la contrée des Chicassas venus du midi, et celle des Yazous coureurs des montagnes; à ma droite je laissai les Sélonis et les Panimas qui boivent les eaux du ciel et vivent sous des Jataniers. Enfin je découvris la cime des hauts magnolias qui couronnent le village des Natchez. Mes yeux se troublèrent, mon cœur flotta dans mon sein : je tombai sans mouvement au fond de ma pirogue qui, poussée par la main du Fleuve, alla s'échouer sur la rive.

» Bocages de la Mort, qui couvrirez bientôt de votre ombre les cendres du vieux Chactas! Chênes antiques, mes contemporains de solitude! vous savez quelles furent mes pensées, quand revenu de l'atteinte du Génie de la Patrie, je me trouvai assis au pied d'un arbre et livré à une foule curieuse qui s'empressoit autour de moi. Je regardois le ciel, la terre, le fleuve, les Sauvages, sans pouvoir ni parler, ni déclarer les transports de mon âme. Mais lorsqu'un des inconnus vint à prononcer quelques mots en natchez, alors soulagé et tout en pleurs, je serre dans mes bras ma terre natale; j'y colle mes lèvres comme un amant à celles d'une amante; puis me relevant :

« Ce sont donc là les Natchez! Manitou de mes
» malheurs, ne me trompez-vous point encore?
» Est-ce la langue de mon pays que je viens d'en-

LIVRE VIII.

» tendre ? Mon oreille ne m'a-t-elle point
» déçu ? »

» Je touchois les mains, le visage, le vêtement de mes frères. Je dis à la troupe étonnée :
« Mes amis, mes chers amis, parlez, répétez
» ces mots que je n'ai point oubliés ! Parlez,
» que je retrouve dans votre bouche les doux
» accents de la patrie ! O langage chéri des
» Génies ! langage dans lequel j'appris à pro-
» noncer le nom de mon père, et que j'enten-
» dois lorsque je reposois encore dans le sein
» maternel ! »

» Les Natchez ne pouvoient revenir de leur
surprise : au désordre de mes sens, ils se persuadèrent que j'étois un homme possédé d'Athaënsic pour quelque crime commis dans un pays lointain ; ils songeoient déjà à m'écarter, comme un sacrilége, du bois du Temple et des Bocages de la Mort.

» La foule grossissoit. Tout à coup un cri s'élève ; je pousse moi-même un cri en reconnoissant les chefs compagnons de mon esclavage dans ta patrie, et en m'élançant dans leurs bras : nous mêlons nos pleurs d'amitié et de joie.... « Chac-
» tas ! Chactas ! » C'est tout ce qu'ils peuvent dire dans leur attendrissement. Mille voix répètent : « Chactas ! Chactas ! Génies immortels,
» est-ce là le fils d'Outalissi, ce Chactas que nous

» n'avons point connu, et qu'on disoit enseveli
» au sein des flots! »

» Telles étoient les acclamations. On entendoit un bruit confus semblable aux échos des vagues dans les rochers. Mes amis m'apprirent qu'arrivés à Québec sur le vaisseau, après mon naufrage, ils retournèrent d'abord chez les Iroquois d'où ils vinrent, après trois ans, conter mes malheurs à mes parents et à mon pays. Leur récit achevé, ils me conduisirent au temple du Soleil, où je suspendis mes vêtements en offrande. De là, après m'être purifié et avant d'avoir pris aucune nourriture, je me rendis au Bocage de la Mort pour saluer les cendres de mes aïeux. Les vieillards m'y vinrent trouver, car la nouvelle de mon retour avoit déjà volé de cabane en cabane. Plusieurs d'entre eux me reconnurent à ma ressemblance avec mon père. L'un disoit : « Voilà les cheveux » d'Outalissi. » Un autre : « C'est son regard » et sa voix. » Un troisième : « C'est sa dé-» marche, mais il diffère de son aïeul par sa » taille qui est plus élevée. »

» Les hommes de mon âge accouroient aussi et à l'aide de circonstances reproduites à ma mémoire, ils me rappeloient les jours de notre jeunesse; alors je retrouvois sur leur visage des traits qui ne m'étoient point inconnus. Les matrones et les jeunes femmes ne pouvoient rassasier leur curiosité : elles m'apportoient toutes sortes de présents.

» La sœur de ma mère existoit encore, mais elle étoit mourante : mes amis me conduisirent auprès d'elle. Lorsqu'elle entendit prononcer mon nom, elle fit un effort pour me regarder; elle me reconnut, me tendit la main, leva les yeux au ciel avec un sourire, et accomplit sa destinée. Je me retirai l'âme en proie aux plus tristes pressentiments en voyant mon retour marqué par la mort du dernier parent que j'eusse au monde.

» Mes compagnons d'esclavage me menèrent à leur hutte d'écorce; j'y passai la nuit avec eux. Nous y racontâmes sur la peau d'ours beaucoup de choses tirées du fond du cœur, de ces choses que l'on dit à un ami échappé d'un grand danger.

» Le lendemain, après avoir salué la lumière, les arbres, les rochers, le fleuve et toute la patrie, je désirai rentrer dans la cabane de mon père. Je la trouvai telle que l'avoient mise la solitude et les années : un magnolia s'élevoit au milieu, et ses branches passoient à travers le toit; les murs crevassés étoient recouverts de mousse, et un lierre embrassoit le contour de la porte de ses mains noires et chevelues.

» Je m'assis au pied du magnolia, et je m'entretins avec la foule de mes souvenirs. « Peut-être, me disois-je, selon ma reli- » gion du désert, est-ce ma mère elle-même » qui est revenue dans sa cabane, sous la forme » de ce bel arbre! » Ensuite je caressois le tronc de ce suppliant réfugié au foyer de mes ancêtres, et qui s'en étoit fait le Génie domestique, pendant l'ingrate absence des amis de ma famille. J'aimois à retrouver pour successeur sous mon toit héréditaire, non les fils indifférents des hommes, mais une paisible génération d'arbres et de fleurs : la conformité des destinées, qui sembloit exister entre moi et le magnolia demeuré seul debout parmi ces ruines, m'attendrissoit. N'étoit-ce pas aussi une rose de magnolia que j'avois donnée à la fille de Lopez, et qu'elle emporta dans la tombe?

» Plein de ces pensées qui font le charme intérieur de l'âme, je songeois à rétablir ma hutte, à consacrer le magnolia à la mémoire d'Atala, lorsque j'entendis quelque bruit. Un Sachem, aussi vieux que la terre, se présente sous les lierres de la porte : une barbe épaisse ombrageoit son menton; sa poitrine étoit hérissée d'un long poil semblable aux herbes qui croissent dans le lit des fleuves; il s'appuyoit sur un roseau; une ceinture de joncs pressoit ses reins ; une couronne de fleurs de marais ornoit sa tête, un manteau de loutre et de castor flottoit suspendu à ses épaules; il paroissoit sortir du fleuve, car l'eau ruisseloit de ses vêtements, de sa barbe et de ses cheveux.

» Je n'ai jamais su si ce vieillard étoit en effet quelque antique Sachem, quelque prêtre instruit de l'avenir et habitant une île du Meschacebé, ou si ce n'étoit pas l'ancêtre des fleuves, le Meschacebé lui-même. « Chactas, » me dit-il, d'un son de voix semblable au bruit de la chute d'une onde, « cesse de méditer le
» rétablissement de cette cabane. En disputeras-
» tu la possession contre un Génie, ô le plus im-
» prudent des hommes ? Crois-tu donc être
» arrivé à la fin de tes travaux, et qu'il ne te
» reste plus qu'à t'asseoir sur la natte de tes
» pères ? Un jour viendra que le sang des
» Natchez......»

» Il s'interrompt, agite le roseau qu'il tenoit à la main, me lance des regards prophétiques, tandis que, baissant et relevant la tête, sa barbe limoneuse frappe sa poitrine. Je me prosterne aux pieds du vieillard, mais lui, s'élançant dans le fleuve, disparoît au milieu des vagues bouillonnantes.

» Je n'osai violer les ordres de cet homme ou de ce Génie, et j'allai bâtir ma nouvelle demeure sur la colline où tu la vois aujourd'hui. Adario revint du pays des Iroquois; je travaillai avec lui et le vieux Soleil à l'amélioration des lois de la patrie. Pour un peu de bien que j'ai fait, on m'a rendu beaucoup d'amour.

» J'avance à grands pas vers le terme de ma carrière; je prie le ciel de détourner les orages dont il a menacé les Natchez, ou de me recevoir en sacrifice. A cette fin je tâche de sanctifier mes jours, pour que la pureté de la victime soit agréable aux Génies : c'est la seule précaution que j'aie prise contre l'avenir. Je n'ai point interrogé les jongleurs : nous devons remplir les devoirs que nous enseigne la vertu, sans rechercher curieusement les secrets de la Providence. Il est une sorte de sagesse inquiète et de prudence coupable que le ciel punit. Telle est, ô mon fils! la trop longue histoire du vieux Chactas. »

LIVRE NEUVIÈME.

LE récit de Chactas avoit conduit les Natchez jusqu'aux vallées fréquentées par les castors, dans le pays des Illinois. Ces paisibles et merveilleux animaux furent attaqués et détruits dans leurs retraites. Après des holocaustes offerts à Michabou, Génie des eaux, les Indiens, au jour marqué par le jongleur, commencèrent à dépouiller, tous ensemble, leurs victimes. A peine le fer avoit-il entr'ouvert les peaux moelleuses, qu'un cri s'élève : « Une femelle de castor ! » Les guerriers les plus fermes laissent échapper leur proie; Chactas lui-même paroît troublé.

Trois causes de guerre existent entre les Sauvages : l'invasion des terres, l'enlèvement d'une famille, la destruction des femelles de castor. Ignorant du droit public des Indiens, et n'ayant point encore l'expérience des chasseurs, René avoit tué des femelles de castor. On délibère en tumulte : Ondouré veut qu'on abandonne le coupable aux Illinois pour éviter une guerre sanglante. Le frère d'Amélie est le premier à se présenter en expiation. « Je traîne partout » mes infortunes, dit-il à Chactas; délivrez- » vous d'un homme qui pèse sur la terre. »

Outougamiz soutint que le guerrier blanc dont il portoit le Manitou d'or, gage de l'amitié jurée, n'avoit péché que par ignorance : « Ceux » qui ont une si grande terreur des Illinois, s'écria- » t-il, peuvent les aller supplier de leur accorder » la paix. Quant à moi, je sais un moyen plus sûr » de l'obtenir, c'est la victoire. L'homme blanc » est mon ami, quiconque est son ennemi est le » mien. » En prononçant ces paroles, le jeune Sauvage laissoit tomber sur Ondouré des regards terribles.

Outougamiz étoit renommé chez les Natchez pour sa candeur autant que pour son courage : ils l'avoient surnommé Outougamiz le Simple. Jamais il ne prenoit la parole dans un conseil, et ses vertus ne se manifestoient que par des actions. Les chasseurs furent étonnés de la hardiesse avec laquelle il s'exprima et de la soudaine éloquence que l'amitié avoit placée sur ses lèvres : ainsi la fleur de l'hémerocale, qui referme son calice pendant la nuit, ne répand ses parfums qu'aux premiers rayons de la lumière. La jeunesse, généreuse et guerrière, applaudit aux sentiments d'Outougamiz. René lui-même avoit pris sur ses compagnons sauvages l'empire qu'il exerçoit involontairement sur les esprits : l'avis d'Ondouré fut rejeté ; on conjura les mânes des femelles des castors ; Chactas recommanda le secret ; mais le rival du frère d'Amélie s'étoit déjà promis de rompre le silence.

Cependant on crut devoir abréger le temps des chasses : le retour précipité des guerriers étonna les Natchez. Bientôt on murmura tout bas la cause secrète de ce retour. Repoussé de plus en plus de Céluta, Ondouré se rapprocha de son ancienne amante, et chercha dans l'ambition des consolations et des vengeances à l'amour.

Durant l'absence des chasseurs, les habitants de la colonie s'étoient répandus dans les villages indiens : des aventuriers sans mœurs, des soldats dans l'ivresse, avoient insulté les femmes. Fébriano, digne ami d'Ondouré, avoit tourmenté Céluta, et d'Artaguette l'avoit protégée. Au retour d'Outougamiz, l'orpheline raconta à son frère les persécutions par elle éprouvées ; Outougamiz les redit à René, qui, déjà défendu dans le conseil par le généreux capitaine, l'alla remercier au fort Rosalie. Un attachement, fondé sur l'estime, commença entre ces deux nobles François. Trop touché de la beauté de Céluta, d'Artaguette cédoit au penchant qui l'entraînoit vers l'homme aimé de la vertueuse Indienne. Ainsi se formoient de toutes parts des liens que le ciel vouloit briser, et des haines que le temps devoit accroître. Un événement développa tout à coup ces germes de malheurs.

Une nuit, Chactas au milieu de sa famille, veilloit sur sa natte : la flamme du foyer éclairoit l'intérieur de la cabane. Une hache teinte de sang tombe aux pieds du vieillard : sur le manche de cette hache étoient gravés l'image de deux femelles de castors, et le symbole de la nation des Illinois. Dans les cabanes des différents Sachems de pareilles armes furent jetées, et les hérauts Illinois, qui étoient ainsi venus déclarer la guerre, avoient disparu dans les ténèbres.

Ondouré, dans l'espoir de perdre celui qui lui enlevoit le cœur de Céluta, avoit fait avertir secrètement les Illinois de l'accident de la chasse. Peu importoit à ce chef de plonger son pays dans un abîme de maux, s'il pouvoit à la fois rendre son rival odieux à la nation, et atteindre peut-être par la chance des armes à la puissance absolue. Il avoit prévu que le vieux Soleil seroit obligé de marcher à l'ennemi : au défaut de la flèche des Illinois, Ondouré ne pourroit-il pas employer la sienne pour se débarrasser d'un chef importun? Akansie, mère du jeune Soleil, disposeroit alors du pouvoir souverain, et par elle l'homme qu'elle adoroit parviendroit facilement à la dignité d'édile, dignité qui le rendroit tuteur du nouveau prince. Enfin Ondouré, qui détestoit les François, mais qui les servoit pour se faire appuyer d'eux, ne trouveroit-il pas quelque moyen de les chasser de la Louisiane, lorsqu'il seroit revêtu de l'autorité suprême? Maître alors de la fortune, il immoleroit le frère d'Amélie, et soumettroit Céluta à son amour.

Tels étoient les desseins qu'Ondouré rouloit vaguement dans son âme. Il connoissoit Akansie; il savoit qu'elle se prêteroit à tous ses forfaits, s'il la persuadoit de son repentir, si elle se pouvoit croire aimée. Il affecte donc pour cette femme une ardeur qu'il ne ressent pas; il promet de sacrifier Céluta, exigeant à son tour d'Akansie qu'elle serve une ambition dont elle recueillera les fruits. La crédule amante consent à des crimes pour une caresse...

La passion de Céluta s'augmentoit en silence. René étoit devenu l'ami d'Outougamiz. Ne seroit-il pas possible à Céluta d'obtenir la main de René? Les murmures que l'on commençoit à élever de toutes parts contre le guerrier blanc, ne faisoient qu'attacher davantage l'Indienne à ce guerrier : l'amour se plaît au dévouement et aux sacrifices. Les prêtres ne cessoient de répéter que des signes s'étoient montrés dans les airs, la nuit de la convocation du conseil; que le Serpent sacré avoit disparu le jour d'une adoption funeste; que les femelles de castor avoient été tuées; que le salut de la nation se trouvoit exposé par la présence d'un étranger sacrilége : il falloit des expiations. Redits autour d'elle, ces propos troubloient Céluta : l'injustice de l'accusation la révoltoit, et le sentiment de cette injustice fortifioit son amour, désormais irrésistible.

Mais René ne partageoit point ce penchant; il n'avoit point changé de nature; il accomplissoit son sort dans toute sa rigueur; déjà la distraction qu'un long voyage et des objets nouveaux avoient produite dans son âme, commençoit à perdre sa puissance : les tristesses du frère d'Amélie revenoient, et le souvenir de ses chagrins, au lieu de s'affoiblir par le temps, sembloit s'accroître. Les déserts n'avoient pas plus satisfait René que le monde, et dans l'insatiabilité de ses vagues désirs, il avoit déjà tari la solitude, comme il avoit épuisé la société. Personnage immobile au milieu de tant de personnages en mouvement ; centre de mille passions qu'il ne partageoit point ; objet de toutes les pensées par des raisons diverses ; le frère d'Amélie devenoit la cause invisible de tout : aimer et souffrir étoit la double fatalité qu'il imposoit à quiconque s'approchoit de sa personne. Jeté dans le monde comme un grand malheur, sa pernicieuse influence s'étendoit aux êtres environnants : c'est ainsi qu'il y a de beaux arbres sous lesquels on ne peut s'asseoir ou respirer sans mourir.

Toutefois René ne se voyoit pas sans une douleur amère, tout innocent qu'il étoit, la cause de la guerre entre les Illinois et les Natchez. « Quoi ! se disoit-il, pour prix de l'hospitalité que j'ai reçue, je livre à la désolation les cabanes de mes hôtes ! Qu'avois-je besoin d'apporter à ces Sauvages le trouble et les misères de ma vie ? Je répondrai à chaque famille du sang qui sera versé. Ah ! qu'on accepte plutôt en réparation le sacrifice de mes jours ! »

Ce sacrifice n'étoit plus possible que sur le

champ de bataille : la guerre étoit déclarée, et il ne restoit aux Natchez qu'à la soutenir avec courage. Le Soleil prit le commandement de la tribu de l'Aigle, avec laquelle il fut résolu qu'il envahiroit les terres des Illinois. Adario demeura aux Natchez avec la tribu de la Tortue et du Serpent, pour défendre la patrie. Outougamiz fut nommé chef des jeunes guerriers qui devoient garder les cabanes. René, adopté dans la tribu de l'Aigle, devoit être de l'expédition commandée par le vieux Soleil.

Le jour du départ étant fixé, Outougamiz dit au frère d'Amélie : « Tu me quittes; les Sa-
» chems m'obligent à demeurer ici; tu vas mar-
» cher au combat sans ton compagnon d'armes:
» c'est bien mal à moi de te laisser seul ainsi.
» Si tu meurs, comment ferai-je pour t'aller re-
» joindre? Souviens-toi de nos Manitous dans
» la bataille. Voici la chaîne d'or de notre ami-
» tié, qui m'avertira de tout ce que tu feras.
» J'aurois voulu au moins que tu eusses été mon
» frère avant de me quitter. Ma sœur t'aime;
» tout le monde le dit; il n'y a que toi qui
» l'ignores. Tu ne lui parles jamais d'amour.
» Comment ne la trouves-tu pas belle? Ton âme
» est-elle engagée ailleurs? Je suis Outouga-
» miz, qu'on appelle le Simple, parce que je
» n'ai point d'esprit; mais je serai toujours heu-

» reux de t'aimer, soit que je devienne malheu-
» reux ou heureux par toi. » Ainsi parla le
Sauvage : René le pressa sur son sein, et des
pleurs d'attendrissement mouillèrent ses yeux.

Bientôt la tribu se mit en marche, ayant le
Soleil à sa tête; toutes les familles étoient accou-
rues sur son passage : les femmes et les enfants
pleuroient. Céluta pouvoit à peine contenir les
mouvements de sa douleur, et suivoit des regards
le frère d'Amélie. Chactas bénit en passant son
fils adoptif, et regretta de ne le pouvoir suivre.
La petite Mila, à moitié confuse, cria à René :
« Ne va pas mourir! » et rentra, toute rou-
gissante, dans la foule. Le capitaine d'Artaguette salua le frère d'Amélie lorsqu'il passa
devant lui, en l'invitant à se souvenir de la
gloire de la France. Ondouré fermoit la marche :
il devoit commander la tribu, dans le cas où le
vieux Soleil succomberoit aux fatigues de la
marche ou sous les coups de l'ennemi.

A peine la tribu de l'Aigle s'étoit éloignée des
Natchez, que des inquiétudes se répandirent
parmi les habitants du fort Rosalie. Les colons
découvrirent les traces d'un complot parmi les
noirs, et l'on disoit qu'il avoit des ramifications
chez les Sauvages. En effet, Ondouré entretenoit
depuis long-temps des intelligences avec les esclaves des blancs : il avoit fait entendre à leur

oreille le doux nom de liberté, pour se servir d'eux, si jamais ils pouvoient devenir utiles à son ambition. Un jeune nègre, nommé Imley, chef de cette association mystérieuse, cultivoit une Concession voisine de la cabane de Céluta et d'Outougamiz.

Ces récits sont portés à Fébriano. Le renégat, que la soif de l'or dévore, voit, dans les circonstances où se trouvent les Natchez, une possibilité de destruction dont profiteroient à la fois son avarice et sa lubricité. Fébriano recevoit des présents d'Ondouré, et l'instruisoit de tout ce qui se passoit au conseil des François; mais, dans l'absence de ce chef, n'ayant plus de guide, il crut trouver l'occasion de s'enrichir de la dépouille des Sauvages.

Comme un dogue que son gardien réveille, Fébriano se lève aux dénonciations de ses agents secrets : il se prépare au dessein qu'il médite par l'accomplissement des rites de son culte abominable.

Enfermé dans sa demeure, il commence, demi-nu, une danse magique représentant le cours des astres. Il fait ensuite sa prière, le visage tourné vers le temple de l'Arabie, et il lave son corps dans des eaux immondes. Ces cérémonies achevées, le moine mahométan redevient guerrier chrétien : il enveloppe ses jambes grêles du drap funèbre des combats; il endosse l'habit blanc des soldats de la France. Une touffe de franges d'or, semblables à celle qui pendoit au bouclier de Pallas, embrasse, comme une main, l'épaule gauche de Fébriano : il place sur sa poitrine un croissant d'où jaillissent des éclairs; il suspend à son baudrier une épée à la poignée d'argent, à la lame azurée qui enfonce une triple blessure dans le flanc de l'ennemi : abaissant sur ses sourcils le chapeau de Mars, le renégat sort et va trouver Chépar.

Pareil à la tunique dévorante qui sur le mont OEta fit périr Hercule, l'habit du grenadier françois se colle aux os du fils des Maures, et fait couler dans ses veines les poisons enflammés de Bellone. Le commandant n'a pas plus tôt aperçu Fébriano, qu'il se sent lui-même possédé de la fureur guerrière comme si le démon des combats secouoit, par sa crinière de couleuvres, la tête d'une des trois Gorgones.

« Illustre chef, s'écrie Fébriano, c'est avec
» raison qu'on vous donne les louanges de pru-
» dence et de courage; vous savez saisir l'oc-
» casion, et tandis que les plus braves d'entre
» nos ennemis sont partis pour une guerre loin-
» taine, vous jugez qu'il est à propos de se saisir
» des terres des rebelles. Les trêves sont au mo-
» ment d'expirer, et vous ne prétendez pas qu'on

» les renouvelle. Vous savez de quels dangers
» la colonie est menacée : on soulève les escla-
» ves : c'est un misérable nègre, voisin de l'ha-
» bitation du conspirateur Adario, et de la
» demeure du François adopté par Chactas,
» c'est Imley que l'on désigne comme le chef
» de ce complot. J'apprends avec joie que vous
» avez donné des ordres, que tout est en mou-
» vement dans le camp, et que si les factieux
» refusent les concessions demandées, les cada-
» vres des ennemis du Roi deviendront la proie
» des vautours. »

Par ce discours plein de ruse, Fébriano évite de blesser l'orgueil de Chépar, toujours prêt à se révolter contre un conseil direct. Charmé de voir attribuer à sa prudence des choses auxquelles il n'avoit pas songé, le commandant répond à Fébriano : « Vous m'avez toujours
» paru doué de pénétration. Oui : je connoissois
» depuis long-temps les machinations des traî-
» tres. Les dernières instructions de la Nouvelle-
» Orléans me laissent libre : je pense qu'il est
» temps d'en finir. Allez déclarer aux Sauvages
» qu'ils aient à céder les terres, ou qu'ils se dis-
» posent à me recevoir avec les troupes de mon
» maître. »

Fébriano, dérobant au commandant un sourire ironique, se hâte d'aller porter aux Natchez la décision de Chépar. Le père Souël, retiré à la mission des Yazous, n'étoit plus au fort Rosalie pour plaider la cause de la justice, et d'Artaguette reçut l'ordre de se préparer aux combats et non aux discours.

Le conseil des Sachems se rassemble : on écoute les paroles et les menaces du messager françois.

« Ainsi, lui répond Chactas, vous profitez de
» l'absence de nos guerriers pour refuser le
» renouvellement des traités : cela est-il digne
» du courage de la noble nation dont vous vous
» dites l'interprète? Qu'il soit fait selon la vo-
» lonté du Grand Esprit! Nous désirions vivre
» en paix, mais nous saurons nous immoler à la
» patrie. »

Dernier essai de la modération et de la prudence! Chactas veut aller lui-même présenter encore le calumet au fort Rosalie : les Sachems comptoient sur l'autorité de ses années; ils y comptoient vainement. Les habitants de la colonie poussoient le commandant à la violence; Fébriano l'obsédoit par le récit de divers complots : dans un camp on désire la guerre, et le soldat est plus sensible à la gloire qu'à la justice. Tout précipitoit donc les partis vers une première action. Non-seulement Chépar refusa la paix, mais, à l'instigation de Fébriano il

retint Chactas au fort Rosalie. « Plus ce vieil-
» lard est renommé, dit le commandant, plus il
» est utile de priver les rebelles de leur meilleur
» guide. J'estime Chactas, à qui le grand Roi
» offrit autrefois un rang dans notre armée : on
» ne lui fera aucun mal; il sera traité ici avec
» toutes sortes d'égards, mais il n'ira pas don-
» ner à des factieux le moyen d'échapper au
» châtiment. »

— « François, dit Chactas, vous étiez destinés
» à violer deux fois dans ma personne le droit
» des nations ! Quand je fus arrêté au Cana-
» da, on pouvoit au moins dire que ma main
» manioit la hache; mais que craignez-vous au-
» jourd'hui d'un vieillard aveugle? » — « Ce ne
» sont pas tes coups que nous craignons, s'é-
» crièrent à la fois les colons, mais tes con-
» seils. »

Chépar avoit espéré que la captivité de leur premier Sachem, répandant la consternation parmi les Natchez, les amèneroit à se soumettre au partage des terres : il en fut autrement. La rage s'empare de tous les cœurs ; on s'assemble en tumulte; on délibère à la hâte. L'Enfer, qui voit ses desseins près d'être renversés, songe à sauver le culte du soleil de l'attaque imprévue des François. Satan appelle à lui les esprits de ténèbres; il leur ordonne de soutenir les Natchez par tous les moyens dont il a plu à Dieu de laisser la puissance au Génie du mal. Afin de donner aux Indiens le temps de se préparer, le Prince des démons déchaîne un ouragan dans les airs, soulève le Meschacebé, et rend pendant quelques jours les chemins impraticables. Profitant de cette trêve de la tempête, les Natchez envoient des messagers aux nations voisines : la jeunesse s'empresse d'accourir.

Chépar n'attendoit que la fin de l'orage pour marcher au grand village des Natchez. La sixième aurore ramena la sérénité, et vit les soldats françois porter en avant leurs drapeaux, mais l'inondation de la plaine contraignit l'armée à faire un long détour.

Aussitôt que la Renommée eut annoncé aux Natchez la nouvelle de l'approche de l'ennemi, l'air retentit de gémissements : les femmes fuient emportant leurs enfants sur leurs épaules, et laissant les Manitous suspendus aux portes des cabanes abandonnées. On voit s'agiter les guerriers qui n'ont eu le temps de se préparer au combat, ni par les jeûnes, ni par les potions sacrées, ni par l'étude des songes. Le cri de guerre, la chanson de mort, le son de la danse d'Areskoui, se mêlent de toutes parts. Le bataillon des Amis, la troupe des jeunes gens se dispose à descendre à la contrée des âmes : Outougamiz est à la tête de ce bataillon sacré. Outougamiz seul est triste : il n'a point son compagnon, le guerrier blanc, à ses côtés.

Céluta vient trouver son frère ; elle le serre dans ses bras, elle le prie de ménager ses jours. » Songe, lui dit-elle, ô mon aigle protec- » teur ! que je suis née avec toi dans le nid de » notre mère. Le cygne que tu as choisi pour » ami, a volé aux rivières lointaines ; Chac- » tas est prisonnier ; Adario va peut-être re- » cevoir la mort ; d'Artaguette est dans les rangs » de l'ennemi : que me restera-t-il si je te » perds ? »

— « Fille de Tabamica, répond Outougamiz, » souviens-toi du repas funèbre ; si l'homme » blanc étoit ici, le soin lui en appartiendroit ; » mais voilà son Manitou d'or sur mon cœur ; » il me préservera de tout péril, car il m'a » parlé ce matin, et m'a dit des choses secrè- » tes. Rassure-toi donc : invoquons l'amitié et » les Génies qui punissent les oppresseurs. Ne » crois pas que les François soient les plus nom- » breux ; en combattant pour les os de nos pères, » nos pères combattront pour nous. Ne les vois- » tu pas ces aïeux qui sortent des bocages funè- » bres ? « Courage ! nous crient-ils, courage ! Ne » souffrez pas que l'étranger viole nos cendres ; » nous accourons à votre secours avec les puis-

» sances de la nuit et de la tombe! » Crois-tu,
» Céluta, que les ennemis puissent résister à
» cette pâle milice? Entends-tu la Mort qui
» marche à la tête des squelettes, armée d'une
» massue de fer? O Mort! nous ne redoutons
» point ta présence : tu n'es pour nos cœurs in-
» nocents qu'un Génie paisible. »

Ainsi parle Outougamiz dans l'exaltation de son âme. Céluta est entraînée dans les bois par Mila et les matrones.

Toute la force des Natchez est dans la troupe de jeunes hommes, que les Sachems ont placée autour des Bocages de la Mort. Les Sachems eux-mêmes forment entre eux un bataillon qui s'assemble dans le bois, à l'entrée du temple du soleil : la nation, ainsi divisée, s'étoit mise sous la protection des tombeaux et des autels. Une admiration profonde saisissoit le cœur à l'aspect des vieillards armés : on voyoit se mouvoir dans l'obscurité du bois, leurs têtes chauves ou blanchies, comme les ondes argentées d'un fleuve, sous la voûte des chênes. Adario qui commande les Sachems, et qui s'élève au-dessus d'eux de toute la hauteur du front, ressemble à l'antique étendard de cette troupe paternelle. Non loin, sur un bûcher, le Grand-Prêtre fait des sacrifices, consulte les Esprits, et ne promet que des malheurs. Ainsi, aux approches des tempêtes de l'hiver, quand la brise du soir apporte l'odeur des feuilles séchées ; la corneille, perchée sur un arbre dépouillé, prononce des paroles sinistres.

Bientôt, aux yeux éblouis des Natchez, sort du fond d'une vallée la pompe des troupes françoises, semblable au feu annuel dont les Sauvages consument les herbages et qui s'étend comme un lac de feu. Indiens, à ce spectacle vous sentîtes une sorte d'étonnement furieux ; la patrie enchantant vos âmes les défendoit de la terreur, mais non de la surprise. Vous contempliez les ondulations régulières, les mouvements mesurés, la superbe ordonnance de ces soldats. Au-dessus des flots de l'armée se hérissoient les baïonnettes, telles que ces lances du roseau, qui tremblent dans le courant d'un fleuve.

Un vieillard se présente seul devant les guerriers de la France. D'une main il tient le calumet de paix, de l'autre il lève une hache dégouttante de sang : il chante et danse à la fois, et ses chants et ses pas sont mêlés de mouvements tumultueux et paisibles. Tour à tour il invoque la fureur des jeux d'Areskoui et l'ardeur des luttes de l'amour, la terreur de la bataille des héros et le charme du combat des grâces et de la lyre. Tantôt il tourne sur lui-même en poussant des cris, et lançant le tomahawk; tantôt il imite le ton d'un Augure qui préside à la fête des moissons. Le visage de ce vieillard est rigide, son regard impérieux, son front d'airain; tout son air décèle le père de la patrie et l'enthousiaste de la liberté. On mène l'envoyé des Natchez à Chépar.

Debout au milieu d'une foule de capitaines, sans s'incliner, sans fléchir le genou, il parle ainsi au commandant des François :

« Mon nom est Adario : de père en fils, tous
» mes ancêtres sont morts pour la défense de
» leur terre natale. Je te viens, de la part des
» Sachems, redemander Chactas et te proposer
» une dernière fois la paix. Si j'avois été le chef
» de ma nation, tu ne m'eusses vu que la hache
» à la main. Que veux-tu ? Quels sont tes desseins ? Que t'avons-nous fait ?

» Prétends-tu nous massacrer dans les cabanes
» où nous avons donné l'hospitalité à tes pères,
» lorsque, foibles et étrangers, ils n'avoient ni
» huttes pour se garantir des frimas, ni maïs
» pour apaiser leur faim ?

» Si tu persistes à nous opprimer, sache qu'a-
» vant que nous te cédions les tombeaux de nos
» ancêtres, le soleil se lèvera où il se couche,
» les chênes porteront les fruits du noyer, et le
» vautour nourrira les petits de la colombe.

» Tu as violé la foi publique en arrêtant Chac-
» tas. Je n'ai pourtant pas craint de me pré-
» senter devant toi : ou ton cœur sera rappelé
» à des sentiments d'équité, ou tu commettras
» une nouvelle injustice ; dans le premier cas,
» nous aurons la paix ; dans le second tu com-
» bleras la mesure. Le Grand Esprit se char-
» gera de notre vengeance.

» Choisis : voilà le calumet de paix, fume;
» voici la hache de sang, frappe. »

Tel qu'un fer présenté à la forge se pénètre d'une pourpre brûlante, ainsi le visage de Chépar s'allume des feux de la colère au discours du Sauvage. L'indomptable vieillard levoit sa tête au-dessus de l'assemblée émue, comme un chêne américain qui, laissé debout sur son sol natal, domine de sa tige inflexible les moissons de l'Europe flottantes à ses pieds. Alors Chépar :

« Rebelle, ce pays appartient au Roi mon
» maître ; si tu oses t'opposer au partage des
» terres que j'ai distribuées aux habitants de
» la colonie, je ferai de ta nation un exemple
» épouvantable. Retire-toi, de peur que je ne
» te fasse éprouver le châtiment épargné à
» Chactas. »

— « Et moi, s'écrie Adario, brisant le calumet
» de paix, je te déclare, au nom des Natchez,

» guerre éternelle ; je te dévoue toi et les tiens
» à l'implacable Athaënsic. Viens faire un pain
» digne de tes soldats avec le sang de nos vieil-
» lards, le lait de nos jeunes épouses, et les cen-
» dres de nos pères ! Puissent mes membres,
» quand ton fer les aura séparés de mon corps,
» se ranimer pour la vengeance, mes pieds mar-
» cher seuls contre toi, ma main coupée lancer
» la hache, ma poitrine éteinte pousser le cri de
» guerre, et jusqu'à mes cheveux, réseau funeste,
» tendre autour de ton armée les inévitables
» filets de la mort ! Génies qui m'écoutez ! que
» les os des oppresseurs soient réduits en pou-
» dre, comme les débris du calumet écrasés
» sous mes pieds ! que jamais l'arbre de la paix
» n'étende ses rameaux sur les Natchez et sur
» les François, tant qu'il existera un seul
» guerrier des deux nations, tant que les
» mères continueront d'être fécondes chez ces
» peuples ! »

Il dit : les Démons exaucent sa prière : ils sortent de l'abîme et remplissent les cœurs d'une rage infernale. Le jour se voile, le tonnerre gronde, les mânes hurlent dans les forêts, et les femmes indiennes entendent leur fruit se plaindre dans leur sein. Adario jette la hache au milieu des guerriers : la terre s'entr'ouvre et la dévore ; on l'entend tomber dans de noires profondeurs. Les capitaines françois ne se peuvent empêcher d'admirer le courage du vieillard qui, retourné au milieu des siens, leur adresse ce discours :

« Natchez, aux armes ! Assez long-temps
» nous sommes restés assis sur la natte ! Jeu-
» nesse, que l'huile coule sur vos cheveux,
» que vos visages se peignent, que vos carquois
» se remplissent, que vos chants ébranlent les
» forêts. Désennuyons nos morts !

» Il vit infâme celui qui fuit : les femmes
» lui présentent la pagne qui voile la pudeur;
» il siége au conseil parmi les matrones. Mais
» celui qui meurt pour son pays, oh ! comme
» il est honoré ! Ses os sont recueillis dans des
» peaux de castor, et déposés au tombeau des
» aïeux ; son souvenir se mêle à celui de la re-
» ligion protégée, de la liberté défendue, des
» moissons recueillies. Les vierges disent à l'é-
» poux de leur choix sur la montagne : « Assu-
» re-moi que tu seras semblable à ce héros. »
» Son nom devient la garantie de la publique
» félicité, le signal des joies secrètes des fa-
» milles.

» Sois-nous favorable, Areskoui ! ton casse-tête
» est armé de dents de crocodiles; le couteau
» d'escalpe est à ta ceinture : ton haleine exhale,
» comme celle des loups, l'odeur du carnage;

» tu bois le bouillon de la chair des morts
» dans le crâne du guerrier. Donne à nos jeu-
» nes fils une envie irrésistible de mourir
» pour la patrie : qu'ils sentent une grande
» joie, lorsque le fer de l'ennemi leur percera
» le cœur ! »

Ainsi parle ou plutôt ainsi chante Adario, et les Sauvages lui répondent par des hurlements. Chacun prend son rang et attend l'ordre de la marche. Le Grand-Prêtre saisit une torche et se place à quelques pas en avant. Sa tunique, tachée du sang des victimes, claque dans l'air ; des serpents, qu'il a le pouvoir de charmer, sortent en sifflant de sa poitrine et s'entrelacent autour du simulacre de l'oiseau de la nuit qui surmonte sa chevelure : telle les poëtes ont peint la Discorde, entre les bataillons des Grecs et des Troyens. Le jongleur entonne la chanson de la guerre que répète le bataillon des Amis : ainsi, sur les ondes de l'Eurotas, les cygnes d'Apollon chantoient leur dernier hymne, en se préparant à rejoindre les dieux.

Alors le Prince des ténèbres appelle le Temps et lui dit : « Puissance dévorante que j'ai en-
» fantée, toi qui te nourris de siècles, de tom-
» beaux et de ruines, rival de l'Éternité assise
» au ciel et dans l'enfer, ô Temps, mon fils !

» si je t'ai préparé aujourd'hui une ample pâ-
» ture, seconde les efforts de ton père. Tu vois
» la foiblesse de nos enfants ; leur petite troupe
» est exposée à une destruction qui renverseroit
» nos projets : vole sur les deux flancs de l'armée
» indienne, coupe les bois antiques, pour en
» faire un rempart aux Natchez; rends inutile
» la supériorité du nombre chez les adorateurs
» de notre implacable ennemi. »

Le Temps obéit ; il s'abat dans la forêt, avec le bruit d'un aigle qui engage ses ailes dans les branches des arbres : les deux armées ouïrent sa chute et tournèrent les yeux de ce côté. Aussitôt on entend retentir, dans la profondeur du désert, les coups de la hache de ce Bûcheron qui sape également les monuments de la nature et ceux des hommes. Le père et le destructeur des siècles renverse les pins, les chênes, les cyprès qui expirent avec de sourds mugissements : les solitudes de la terre et du ciel demeurent nues, en perdant les colonnes qui les unissent.

Le prodige étonne les deux armées : les François le prennent pour le ravage d'un nouvel ouragan, les Natchez y voient la protection de leurs Génies. Adario s'écrie : « Les
» Manitous se déclarent pour les opprimés,
marchons. » Tout s'ébranle. Les François formés

en bataille, s'émerveillent de voir ces hommes demi-nus qui s'avancent en chantant contre le canon et l'étincelante baïonnette. Quel courage n'inspires-tu point, sublime amour de la patrie!

LIVRE DIXIÈME.

Déjà les Natchez s'approchoient de l'ennemi. Chépar fait un signe : le centre de l'armée se replie et démasque les foudres; à chaque bronze se tient un guerrier avec une mèche enflammée. L'infanterie exécute un mouvement rapide : les grenadiers du premier rang tombent un genou en terre; les deux autres rangs tournent obliquement et présentent, par les brisures de la ligne, le flanc et les armes aux Indiens. A ce mouvement, les Natchez s'arrêtent et retiennent toutes leurs voix; un silence et une immobilité formidable règnent des deux côtés : on n'entend que le bruit des ailes de la Mort qui plane sur les bataillons.

Lorsque l'ardente canicule engendre dans les mers du Mexique le vent pestilentiel du midi, ce vent destructeur pousse, en haletant, une haleine humide et brûlante. La nature se voile; les paysages s'agrandissent; la lumière scarlatine des tropiques se répand sur les eaux, les bois et les plaines; des nuages pendent en énormes fragments aux deux horizons du ciel; un midi dévorant semble être levé pour toujours sur le monde; on croit toucher à ces temps annoncés de l'embrasement de l'univers : ainsi paroissent les armées arrêtées l'une devant l'autre, et prêtes à se charger avec furie. Mais l'épée de Chépar a brillé...... Muse, soutiens ma voix, et tire de l'oubli les noms de ces guerriers dignes d'être connus de l'avenir!

Une fumée blanche, d'où s'échappent à chaque instant des feux, enveloppe d'abord les deux armées. Une odeur de salpêtre, qui irrite le courage, s'exhale de toutes parts. On entend le cri des Indiens, la voix des chefs françois, le hennissement des chevaux, le sifflement de la balle, du boulet et des bombes qui montent avec une lumière dans le ciel.

Tant que les Natchez conservent du plomb et des poudres, leurs tubes empruntés à l'Europe, ne cessent de brûler dans la main de leurs chasseurs : tous les coups que dirige un œil exercé portent le deuil dans le sein de quelque famille. Les traits des François sont moins sûrs : les bombes se croisent sans effet dans les airs, comme l'orbe empenné que des enfants se renvoient sur la raquette. Folard est surpris de l'inutilité de son art, et Chépar de la résistance des Sauvages. Mais lorsque ceux-ci ont épuisé les semences de feu qu'ils avoient obtenues des peuples d'Albion, Adario élève la voix :

« Jeunes guerriers des tribus du Serpent et » du Castor, suivez vos pères, ils vont vous » ouvrir le chemin. » Il dit et fond à la tête des Sachems sur les enfants des Gaules. Outougamiz l'entendit, et se tournant vers ses compagnons: « Amis, imitons nos pères! » Suivi de toute la jeunesse, il se précipite dans les rangs des François.

Comme deux torrents formés par le même orage, descendent parallèlement le flanc d'une montagne, et menacent la mer de leur égale fureur; ainsi les deux troupes des Sachems et des jeunes guerriers attaquent à la fois les ennemis; et comme la mer repousse ces torrents, ainsi l'armée françoise oppose sa barrière à l'assaut des deux bataillons. Alors commence un combat étrange. D'un côté, tout l'art

18.

de la moderne Bellone, telle qu'elle parut aux plaines de Lens, de Rocroy et de Fleurus; de l'autre, toute la simplicité de l'antique Mars, tel qu'on le vit marcher sur la colline des Figuiers et aux bords du Simoïs. Un vent rapide balaie la fumée, et le champ de bataille se découvre. La difficulté du terrain, encombré par les forêts abattues, rend l'habileté vaine et remet la victoire à la seule valeur; les chevaux engagés entre les troncs des arbres déchirent leurs flancs ou brisent leurs pieds; la pesante artillerie s'ensevelit dans des marais; plus loin, les lignes de l'infanterie, rompues par l'impétuosité des Sauvages, ne peuvent se reformer sur un terrain inégal, et l'on combat partout homme à homme.

Maintenant, ô Calliope, quel fut le premier Natchez qui signala sa valeur dans cette mêlée sanglante?

Ce fut vous, fils magnanime du grand Siphane, indomptable et terrible Adario.

Les Sauvages ont raconté que sous les ombrages de la Floride, dans une île au milieu d'un lac qui étend ses ondes comme un voile de gaze, coule une mystérieuse fontaine. Les eaux de cette fontaine peuvent redresser les membres pliés par les ans[1], et rebrunir, au feu des

[1] Tradition historique.

passions, la chèvelure sur la tête blanchie des vieillards. Un éternel printemps habite au bord de cette source : là, les ormeaux n'entretiennent avec le lierre que des amitiés nouvelles; là, les chênes sont étonnés de ne compter leurs années que par l'âge des roses. Les illusions de la vie, les songes du bel âge, habitent avec les zéphyrs les feuilles de lianes qui projettent sur le cristal de la fontaine un réseau d'ombre. Les vapeurs qui s'exhalent des bois d'alentour sont les parfums de la jeunesse ; les colombes qui boivent l'eau de la source, les fleurs qu'elle arrose dans son cours, ont sans cesse des œufs dans leur nid, des boutons sur leur tige. Jamais l'astre de la lumière ne se couche sur ces bords enchantés, et le ciel y est toujours entr'ouvert par le sourire de l'Aurore.

Ce fut à cette fontaine, dont la renommée attira les premiers Européens dans la Floride, que le Génie de la patrie alla, d'après le récit des Natchez, puiser un peu d'eau : il verse, au milieu de la bataille, quelques gouttes de cette eau sur la tête du fils de Siphane. Le Sachem sent rentrer dans ses veines le sang de sa première jeunesse : ses pas deviennent rapides ; son bras s'étend et s'assouplit; sa main reprend la fermeté de son cœur.

Il y avoit, dans l'armée françoise, un jeune

homme nommé Sylvestre, que le chagrin d'un amour sans espérance, avoit amené sur ces rives lointaines pour y chercher la gloire ou la mort. Le riche et inflexible Aranville n'avoit jamais voulu consentir à l'hymen de son fils avec l'indigente Isabelle. Adario aperçut Sylvestre au moment où il essayoit de dégager ses pieds d'une vigne rampante; le Sachem, levant sa massue, en décharge un coup sur la tête de l'héritier d'Aranville : la tête se brise comme la calebasse sous le pied de la mule rétive. La cervelle de l'infortuné fume en se répandant à terre. Adario insulte par ses paroles à son ennemi ;

« En vérité, c'est dommage que ta mère ne
» soit pas ici ! elle baigneroit ton front dans
» l'eau d'esquine ! Moi qui ne suis qu'un bar-
» bare, j'ai grossièrement lavé tes cheveux dans
» ton sang ! Mais j'espère que tu pardon-
» neras à ma débile vieillesse, car je te pro-
» mets un tombeau...... dans le sein des vau-
» tours. »

En achevant ces mots, Adario se jette sur Lesbin ; il lui enfonce son poignard entre la troisième et la quatrième côte à l'endroit du cœur : Lesbin s'abat comme un taureau que le stylet a frappé. Le Sachem lui appuie un pied sur le cou; d'une main, il saisit et tire

LIVRE X.

à lui la chevelure du guerrier, de l'autre il la découpe avec une partie du crâne, et, suspendant l'horrible trophée à sa ceinture, il assaillit le brave Hubert qui l'attendoit. D'un coup de son fort genou Adario lui meurtrit le flanc, et, tandis qu'Hubert se roule sur la poussière, du tranchant de sa hache, l'Indien lui abat les deux bras, et le laisse expirer rugissant.

Comme un loup qui, ayant dévoré un agneau, ne respire plus que le meurtre, le Sachem vise l'enseigne Gédoin et d'une flèche lui attache la main au bâton du drapeau françois. Il blesse ensuite Adémar, le fils de Charles : habitant des rives de la Dordogne, Adémar avoit été élevé avec toute sorte de tendresse par un vieux père dont il étoit le seul appui, et qu'il nourrissoit de l'honorable prix donné à ses armes. Mais Charles ne devoit jamais presser son fils dans ses bras, au retour des pays lointains : la hache du Sachem, atteignant Adémar au visage, lui enleva une partie du front, du nez et des lèvres. Le soldat reste quelque temps debout, objet affreux, au milieu de ses compagnons épouvantés : tel se montre un bouleau dont les Sauvages ont enlevé l'écorce au printemps; le tronc mis à nu, et teint d'une séve rougie, se fait apercevoir de loin parmi les arbres de la forêt. Adémar tombe sur son visage mutilé, et la nuit éternelle l'environne.

Comme une laie de Cilicie, ou comme un tigre du désert de Sahara, qui défend ses petits, Adario, redoublant de fureur à la vue de ses propres exploits, s'écrie : « Voilà comme » vous périrez tous, vils étrangers ! tel est le » sort que vous réservent les Natchez ! » En même temps il arrache un mousquet à Kerbon, et lui plonge dans la bouche la baïonnette ; le triple glaive perce le palais et sort par le haut du crâne de la pâle victime, dont les yeux s'ouvrent et se ferment avec effort. Adario abandonne l'arme avec le cadavre qui demeurent écartés et debout, comme les deux branches d'un compas.

Soulevant une pierre énorme, telle que deux Européens la porteroient à peine pour marquer la borne de quelques jeux dans une fête publique, le Sachem la lance aussi légèrement qu'une flèche contre le fils de Malherbe. La pierre roule et fracasse les jambes du soldat : il frappe le sol de son front, et, dans sa douleur, mord les ronces ensanglantées. O Malherbe ! la faux de la mort te moissonne au milieu de tes belles années ! Mais tant que les Muses conserveront le pouvoir d'enchanter les peuples, ton nom vivra comme ceux des François auxquels ton illustre aïeul donna l'immortalité !

Partout Adario se fait jour avec la hache, la massue, le poignard ou les flèches. Geblin, qu'enivre la gloire, d'Assas au nom héroïque, l'imprudent d'Estaing qui eût osé défier Mars lui-même, Marigni, Comines, Saint-Alban, cèdent au fils de Siphane. Animés par son exemple, les Natchez viennent mugissant comme des taureaux sauvages, bondissant comme des léopards. La terre se pèle et s'écorche sous les pas redoublés et furieux des guerriers ; des tourbillons de poussière répandent de nouveau la nuit sur le champ de bataille ; les visages sont noircis, les armes brisées, les vêtements déchirés, et la sueur coule en torrents du front des soldats.

Alors le ciel envoya l'épouvante aux François. Fébriano, qui combattoit devant le Sachem, fut le premier à prendre la fuite, et les soldats, abandonnés de leur chef, ouvrent leurs rangs.

Adario et les Sachems y pénètrent avec un bruit semblable à celui des flots qui jaillissent contre les épieux noircis, plantés devant les murs d'une cité maritime. Chépar, du haut d'une colline, voit la défaite de l'aile gauche de son armée ; il ordonne à d'Artaguette de faire avancer ses grenadiers. En même temps Folard, parvenu à sauver quelques bronzes, les place sur un tertre découvert, et commence à foudroyer les Sachems.

Vous prévîtes le dessein du commandant des François, vaillant frère de Céluta! et pour sauver vos pères, vous vous élançâtes, soutenu des jeunes Indiens, contre la troupe choisie. Trois fois les compagnons d'Outougamiz s'efforcent de rompre le bataillon des grenadiers, trois fois ils se viennent briser contre la masse impénétrable.

L'ami de René s'adressant au Ciel : « O Gé-
» nies ! si vous nous refusez la victoire, accor-
» dez-nous donc la mort. » Et il attaque d'Artaguette.

Deux coursiers, fils des vents, et amants d'une cavale, fille d'Éole, du plus loin qu'ils s'aperçoivent dans la plaine, courent l'un à l'autre avec des hennissements. Aussitôt que leurs haleines enflammées se mêlent, ils se dressent sur leurs jarrets, s'embrassent, couvrent d'écume et de sang leur crinière, et cherchent mutuellement à se dévorer ; puis tout à coup se quittant pour se charger de nouveau, tournant la croupe, dressant leurs queues hérissées, ils heurtent leurs soles dans les airs : des étincelles jaillissent du demi-cercle d'airain qui couvre leurs pieds homicides. Ainsi combattoient d'Artaguette et Outougamiz; tels étoient les éclairs qui partoient de l'acier de leurs glaives. La foudre dirigée par Folard les oblige à se séparer et répand le désordre dans les rangs des jeunes Natchez.

« Tribus du Serpent et de la Tortue, s'écrie
» le frère de Céluta, soutenez l'assaut d'Arta-
» guette tandis que je vais, avec les alliés, m'em-
» parer des tonnerres ! »

Il dit : les guerriers alliés marchent derrière lui deux à deux, et s'avancent vers la colline où les attend Folard. Intrépides Sauvages, si mes chants se font entendre dans l'avenir, si j'ai reçu quelque étincelle du feu de Prométhée, votre gloire s'étendra parmi les hommes aussi long-temps que le Louvre dominera les flots de la Seine, aussi long-temps que le peuple de Clovis continuera d'être le premier peuple du monde, aussi long-temps que vivra la mémoire de ces laboureurs qui viennent de renouveler le miracle de votre audace dans les champs de la Vendée [1].

Outougamiz commence à gravir la colline : bientôt il disparoît dans un torrent de feu et de

---

[1] On voit par ce passage à quelle époque ce livre a été écrit.

fumée : tel Hercule s'élevoit vers l'Olympe, dans les flammes de son bûcher ; tel sur la voie d'Airain, et près du temple des Euménides, un orage ravit OEdipe au séjour des Dieux. Rien n'arrête les Indiens dont le péril s'accroît à mesure qu'ils approchent des bouches dévorantes. A chaque pas, la mort enlève quelques-uns des assaillants. Tansou qui se plaît à porter un arc de cédre, reçoit un boulet au milieu du corps ; il se sépare en deux comme un épi rompu par la main d'un enfant. Kiousse, qui, prêt à s'engager dans les chaînes de l'hymen, avoit déjà éteint le flambeau dans la cabane de sa maîtresse, voit ses pieds rapides soudainement écrasés ; il tombe du haut d'un roc dans une terre limoneuse où il demeure enfoncé jusqu'à la ceinture ; Tani est frappé d'un globe d'airain à la tête ; son crâne emporté se va suspendre par la chevelure à la branche fleurie d'un érable.

De tous ces guerriers, Sépine suivoit Outougamiz avec le plus d'ardeur : ce héros descendoit d'OEkala qui avoit régné sur les Siminoles. OEkala eut trois fils : Nape, qui devançoit les chevreuils à la course ; Téran, qui épousa Nitianis dont les Esprits stériles fermèrent le sein, et Scoute qui fut le dernier des trois enfants d'OEkala. Scoute eut de la chaste Nibila la charmante Élisoë et le fier Alisinape, père de Sépine. Cet ardent Sauvage avoit promis à sa mère de lui apporter la chevelure du commandant des François; mais il avoit négligé de faire des sacrifices aux Génies, et il ne devoit plus rentrer dans la cabane de ses pères. Un boulet l'atteignit dans les parties inférieures du corps : renversé sur la terre, il se roule dans ses entrailles. Son ami, Télaza, lui tend la main pour l'aider à se relever; mais un second boulet arrache le bras secourable qui va frapper Outougamiz.

Déjà il ne restoit plus que soixante guerriers de la troupe qui escaladoit la colline des foudres : ils arrivent au sommet. Outougamiz, perçant à travers les baïonnettes que Folard oppose à ses efforts, s'élance le premier sur un canon, abat la tête du Cyclope qui alloit y porter la mèche, embrasse le tube, et appelle à lui les Sauvages. Là se fait un carnage épouvantable des François et des Indiens. Folard crie aux premiers : « Quelle » honte pour vous, si vous étiez vaincus!» Outougamiz crie aux seconds : « Encore un mo- » ment de courage, et à nous la victoire!»

On entend le frémissement du sang qui se dessèche et s'évapore en tombant sur la machine rougie, pour la possession de laquelle on combat. Les décharges des mousquets et des batteries font de la colline un effroyable chaos. Tels sont les mugissements, les ténèbres et les lueurs de l'Etna, lorsque le volcan se réveille : un ciel d'airain d'où tombe une pluie de cendre, s'abaisse sur les campagnes obscurcies, au milieu desquelles la montagne brûle comme un funèbre flambeau; des fleuves d'un feu violet sillonnent les plaines mouvantes; les hommes, les cités, les monuments disparoissent, et Vulcain, vainqueur de Neptune, fait bouillonner les mers sur ses fourneaux embrasés.

Toutes les fureurs de la guerre se rassemblent autour du bronze qu'a saisi le frère de Céluta. Les Indiens tachent d'ébranler la lourde masse, et de la précipiter du haut du coteau : les uns l'embrassent par sa bouche béante; les autres poussent avec effort les roues qui laissent dans le sol de profondes traces; ceux-ci tournent contre les François les armes qu'ils leur ont arrachées; ceux-là se font massacrer sur le canon que souillent la moelle éparse, les cervelles fumantes, les lambeaux de chair, les fragments d'os. Chaque soldat, noirci par le salpêtre, est couvert du sang de ses amis et de ses ennemis. On se saisit par les cheveux; on s'attaque avec les pieds et les mains : tel a perdu les bras qui se sert de ses dents pour combattre : c'est comme un festin de la mort. Déjà Folard est blessé; déjà l'héroïsme de quelques Sauvages l'emporte sur tout l'art européen, lorsqu'un grenadier parvient à mettre le feu au tube. Aussitôt la couleuvre de bronze dégorge ses entrailles avec un dernier rugissement : sa destinée étant accomplie, elle éclate, mutile, renverse, tue la plus grande partie des guerriers qui l'environnent. L'on n'entend qu'un cri, suivi d'un silence formidable.

Comme deux flottes puissantes, se disputant l'empire de Neptune, se rencontrent à l'embouchure de l'antique Égyptus; le combat s'engage à l'entrée de la nuit. Bientôt un vaisseau s'enflamme par sa poupe pétillante : à la lueur du mouvant incendie, on distingue la mer semblable à du sang et couverte de débris : la terre est bordée des nations du désert; les navires, ou démâtés, ou rasés au niveau des vagues, dérivent en brûlant. Tout à coup le vaisseau en feu mugit; son énorme carcasse crève, et lance jusqu'au ciel les tubes d'airain, les pins embrasés et les cadavres des matelots : la nuit et le silence s'étendent sur les ondes. Outougamiz reste seul de toute sa troupe, après l'explosion du foudre. Il se vouloit jeter parmi les François; mais le Génie de l'amitié lui fait au fond du cœur cette réprimande : « Où cours-tu, insensé? de quel

» fruit ta mort peut-elle être maintenant à ta
» patrie ? Réserve ce sacrifice pour une occasion
» plus favorable, et souviens-toi que tu as un
» ami. » Ému par ces tendres sentiments, le fils de Tabamica bondit du haut de la colline, va se plonger dans le fleuve; et ranimé par la fraîcheur de l'onde, il rejoint les guerriers qui n'avoient cessé de combattre contre d'Artaguette.

Les Sachems, aussi prudents qu'intrépides, craignant d'être coupés dans leur retraite, s'étoient réunis aux bataillons de leurs fils. Tous ensemble soutenoient à peine les efforts de Beaumanoir, qui, du côté des François, obtenoit l'honneur de la journée. Beaumanoir avoit pour ancêtre ce fameux chevalier breton qui but son sang au combat des Trente. Douze générations séparoient Beaumanoir de cette source illustre : Étienne, Matthieu, Charles, Robert, Geofroy, le second Étienne, Paul, François, qui mourut à Jarnac, George le Balafré, Thomas, François deuxième du nom, et Jean le Solitaire, qui habitoit le donjon d'où l'on découvre la colline isolée[1] que couronnent les ruines d'un temple druidique.

Armé d'un casse-tête à l'instar de l'ennemi,

---

[1] Le Mont-Dol.

Beaumanoir ravage les rangs des Natchez : Adario soutient à peine sa furie. Déjà le vieux Nabal, le riche Lipoé qui possédoit deux cents peaux de castor, trente arcs de bois de merisier et trois cabanes; Ouzao, de la tribu du Serpent; Arimat qui portoit un aigle d'azur sur son sein, une perle à sa lèvre, et une couronne de plumes sur sa tête, tous ces guerriers avoient péri sous les ongles de ce fier lion, Beaumanoir.

On remarquoit dans l'armée des Natchez un Sachem redouté, le robuste Nipane; trois fils secondoient son courage : Tanitien aux oreilles découpées, Masinaïke, favori de sa mère, et le grand Ossani. Les trois Nipanides, s'avançant à la tête des Sauvages, lançoient leurs flèches contre les François et se retiroient ensuite à l'abri de la valeur de leur père. Comme un serpent à la peau changeante, à la queue sonore, reposant aux ardeurs du soleil, veille sur ses enfants qui se jouent autour de lui; si quelque bruit vient à se faire entendre, les jeunes reptiles se réfugient dans la bouche de leur mère; l'amour les renferme de nouveau dans le sein dont l'amour les fit sortir; tel étoit Nipane et ses fils.

Au moment où les trois frères alloient attaquer Beaumanoir, Beaumanoir fond sur eux comme le milan sur des colombes. Nipane, qui observe le mouvement du guerrier françois, s'avance pour secourir les objets de sa vigilante tendresse. Privé d'une victoire qu'il regardoit comme assurée, le soldat breton se tourne vers le Sachem, et l'abat d'un coup de massue.

A la vue de Nipane terrassé, les Natchez poussent un cri : Tanitien, Masinaïke et Ossani lancent à la fois leurs flèches contre le meurtrier de leur père. Beaumanoir se baisse pour éviter la mort, et se jetant sur les trois jeunes Sauvages, il les immole.

Nipane, revenu de son évanouissement, mais répandant le sang par les yeux et par les narines, ne peut, heureux dans son infortune, apercevoir ses fils étendus à ses côtés. « O mes fils ! dit-il
» d'une voix mourante, sauvez mon corps de
» la rage des François. Est-il rien de plus pi-
» toyable qu'un Sachem renversé par Areskoui ?
» Les ennemis comptent ses cheveux blancs et
» insultent à son cadavre : « Insensé, disent-ils,
» pourquoi quittois-tu le bâton de chêne ? » Ils
» le dépouillent et plaisantent entre eux sur les
» restes inanimés du vieillard. » Nipane expire, parlant en vain à ses fils, et, arrivé chez les morts, il gémit de retrouver ces mêmes fils qui l'ont précédé dans la tombe.

Le Grand-Prêtre, armé d'une torche ardente, rallie les Sauvages autour du corps de Nipane.

Adario et Outougamiz enlèvent le cadavre ; mais Beaumanoir saisit d'une main le Sachem, l'oblige à lâcher sa proie, tandis que de l'autre main il lève la massue. Adario recule et détourne le coup. Alors le Ciel marque à la fois la fin de la gloire et de la vie de Beaumanoir. D'un revers de sa hache, Adario fend le côté de son ennemi : le Breton sent l'air entrer dans sa poitrine par un chemin inconnu, et son cœur palpiter à découvert. Ses yeux deviennent blancs ; il tord les lèvres ; ses dents craquent ; la massue échappe à sa main ; il tombe : la vie l'abandonne ; ses membres se roidissent dans la mort.

Adario s'élançant sur Beaumanoir pour lui enlever la chevelure : « A moi, Natchez ! s'écrie-t-il, Nipane est vengé ! » Les Sauvages jettent de grandes clameurs, et reviennent à l'attaque. Du côté des François, les tambours battent la charge, la musique et les clairons retentissent : d'Artaguette, faisant baisser la baïonnette à ses grenadiers, s'avance pour protéger le corps de son loyal compagnon d'armes. La mêlée devient horrible : Lameck reçoit au-dessous des côtes un coup d'épée, comme il saisissoit par les pieds le cadavre de Beaumanoir. La membrane qui soutenoit les entrailles de Lameck est rompue ; elles s'affaissent dans les aines lesquelles se gonflent comme une outre. L'Indien se pâme avec d'accablantes douleurs, et un dur sommeil ferme ses yeux.

Le sort du noble Yatzi ne fut pas moins déplorable : ce guerrier descendoit des rois Yendats, qui avaient régné sur les grands lacs. Lorsque les Iroquois envahirent la contrée de ses pères, sa mère le sauva dans une peau d'ours, et, l'emportant à travers les montagnes, elle devint suppliante aux foyers des Natchez. Élevé sur ces bords étrangers, Yatzi déploya au sortir de l'enfance la générosité d'un roi et la vaillance de ses ancêtres. Sa hutte étoit ouverte à tous les infortunés, car il l'avoit été lui-même : la solitude n'avoit point de cœur plus hospitalier.

Yatzi voit dans les rangs ennemis un François qu'il avoit reçu jadis sur la natte : le fils de l'exil prenant à sa ceinture un calumet de paix, s'avance pour renouveler l'alliance de la cabane; mais le François qui ne le reconnoît pas, lui appuie un pistolet sur la poitrine : le coup part; la balle fracasse la moelle épinière; Yatzi, enveloppé d'une nuit soudaine, roule aux pieds de son hôte. Son âme, égarée sur ses lèvres, est prête à s'envoler vers celui qui reçoit le voyageur fatigué.

Transporté de colère, Siégo, autre banni des bois canadien, Siégo qui étoit né sous un savanier (car sa mère fut surprise des douleurs de l'enfantement en allant à la fontaine), Siégo prétend tirer une vengeance éclatante du sort que vient d'éprouver son ami. Insensé qui couroit lui-même à sa perte! une balle lancée au hasard lui crève le réservoir du fiel. Le guerrier sent aussitôt sur sa langue une grande amertume; son haleine expirante fait monter, comme par le jeu d'une pompe, le sang qui vient bouillonner à ses lèvres. Ses genoux chancèlent; il s'affaisse doucement sur l'infortuné Yatzi qui, d'un dernier mouvement convulsif, le serre dans ses bras : ainsi l'abeille se repose dans le calice de la miraculeuse Dionée, mais la fleur se referme sur la fille du Ciel, et l'étouffe dans un voile parfumé.

Les Indiens à leur tour arrachent à la vie une foule de François, et sarclent le champ de bataille. A la supériorité de l'art, ils opposent les avantages de la nature : leurs coups sont moins nombreux, mais ils portent plus juste. Le climat ne leur est point un fardeau; les lieux où ils combattent sont ceux où ils s'exercèrent aux jeux de leur enfance : tout leur est arme, rempart, ou appui; ils nagent dans les eaux, ils glissent ou ils volent sur la terre. Tantôt cachés dans les herbes, tantôt montés sur les chênes, ils rient du boulet qui passe sur leur tête ou sous leurs pieds. Leurs cris, leurs chants, le bruit de leurs chichikoués et de leurs fifres, annoncent un autre Mars, mais un Mars non moins redoutable que celui des François. Les cheveux rasés ou retroussés des Indiens, les plumes et les ornements qui les décorent, les couleurs qui peignent le visage du Natchez, les ceintures où brille la hache, où pend le casse-tête et le couteau d'escalpe, contrastent avec la pompe guerrière européenne. Quelquefois les Sauvages attaquent tous ensemble, remplissant l'espace qui les sépare des ennemis, de gestes et de danses héroïques; quelquefois ils viennent un à un combattre un adversaire qu'ils ont remarqué comme étant le plus digne d'éprouver leur valeur.

Outougamiz se distingue de nouveau dans cette lutte renaissante. On le prendroit pour un guerrier échappé récemment au repos de ses foyers, tant il déploie de force et d'ardeur. Le tranchant de sa hache étoit fait d'un marbre aiguisé avec beaucoup de soin par Akomanda, aïeul du jeune héros. Ce marbre avoit ensuite été inserré, comme une greffe, dans la tige fendue d'un plant de cormier : l'arbuste en croissant s'étoit refermé sur la pierre ; et, coupé à une longueur de flèche, il étoit devenu un instrument de mort dans la main des guerriers.

Outougamiz fait tourner l'arme héréditaire autour de sa tête, et, la laissant échapper, elle va, d'un vol impétueux, frapper Valbel au-dessous de l'oreille gauche : la vertèbre est coupée. Le soldat ami de la joie penche la tête sur l'épaule droite, tandis que son sang rougit son bras et sa poitrine : on diroit qu'il s'endort au milieu des coupes de vin répandues, comme il vouloit faire dans les orgies d'un festin.

Le rapide Sauvage suit la hache qu'il a lancée, la reprend, et en décharge un coup effroyable sur Bois-Robert, dont la poitrine s'ouvre comme celle d'une blanche victime sous le couteau du sacrificateur. Bois-Robert avoit pour aïeul ce guerrier qui escalada les rochers de Fécamp. Il comptoit à peine dix-sept années: sa mère, assise sur le rivage de la France, avoit long-temps regardé, en répandant des pleurs, le vaisseau qui emportoit le fils de son amour. Outougamiz est tout à coup frappé de la pâleur du jeune homme, de la grâce de cette chevelure blonde qui ombrage un front décoloré, et descend, second voile, sur des yeux déjà recouverts de leurs longues paupières.

« Pauvre nonpareille, lui dit-il, qui te revê-
» tois à peine d'un léger duvet, te voilà tombée
» de ton nid ! Tu ne chanteras plus sur la bran-
» che ! Puisse ta mère, si tu as une mère,
» pardonner à Outougamiz ! Les douleurs d'une
» mère sont bien grandes. Hélas ! tu étois à peu
» près de mon âge ! Et moi aussi, il me faudra
» mourir ; mais les Esprits sont témoins que
» je n'avois aucune haine contre toi ; je n'ai
» fait ce mal qu'en défendant la tombe de ma
» mère. » Ainsi, vous parliez, naïf et tendre
Sauvage ; les larmes rouloient dans vos yeux.
Bois-Robert entendit votre simple éloge funèbre, et il sourit en exhalant son dernier
soupir.

Tandis que vaincus et vainqueurs les François et les Natchez continuent de toute part le
combat, Chépar ordonne aux légers dragons
de mettre pied à terre, d'écarter les arbres et
les morts pour ouvrir un passage à la pesante
cavalerie et au bataillon helvétique. L'ordre est
exécuté. On roule avec effort, on soulève avec
des leviers faits à la hâte, le tronc des chênes,
les débris des canons et des chars : un écoulement
est ouvert aux eaux dont le fleuve a inondé la
plaine.

De paisibles castors, dans des vallons solitaires, s'empressent à finir un commun ou-

vrage : les uns scient des bouleaux et les abattent sur le courant d'une onde, afin d'en former une digue; les autres traînent sur leur queue les matériaux destinés aux architectes; les palais de la Venise du désert s'élèvent; des artisans de luxe en tapissent les planchers avec une fraîche verdure, et préparent les salles du bain, tandis que des constructeurs bâtissent plus loin, au bord du lac, les agréables châteaux de la campagne. Cependant de vieux castors, pleins d'expérience, dirigent les travaux de la république, font préparer les magasins de vivres, placent des sentinelles avancées pour la sûreté du peuple, récompensent les citoyens diligents, et exilent les paresseux; ainsi l'on voyoit travailler les François sur le champ des combats. Partout se forment des pyramides où les guerriers moissonnés par le fer, sont entassés au hasard : les uns ont le visage tourné vers la terre qu'ils pressent de leurs bras roidis; les autres laissent flotter leurs chevelures sanglantes du haut des pyramides funèbres, comme les plantes humides de rosée pendent du flanc des roches; ceux-ci sont tournés sur le côté; ceux-là semblent regarder le ciel de leurs yeux hagards; et sur leurs traits immobiles, la mort a fixé les convulsions de la vie fugitive. Des têtes séparées du tronc, des membres mutilés remplissent les vides de ces trophées ; du sang épaissi cimente ces épouvantables monuments de la rage des hommes et de la colère du Ciel. Bien différents, s'élèvent dans une riante prairie, au milieu des ruisseaux et des doux ombrages, ces monceaux d'herbes et de fleurs tombées sous la faux de l'homme champêtre : Flore, un râteau à la main, invite les bergers à danser à la fête printanière ; et les jeunes filles, avec leurs compagnes, se laissent rouler en folâtrant du sommet de la meule embaumée.

La trompette sonne, et la cavalerie se précipite dans les chemins qui lui sont ouverts. Un bruit sourd s'élève de la terre que l'on sent trembler sous ses pas. Des batteries soudainement démasquées mugissent à la fois. Les échos des forêts multiplient la voix de ces tonnerres, et le Meschacebé y répond en battant ses rives. Satan mêle à ce tumulte des rumeurs surnaturelles qui glaceroient d'effroi les cœurs les plus intrépides. Jamais tel bruit n'avoit été ouï, depuis le jour où le Chaos, forcé de fuir devant le Créateur, se précipita aux confins des mondes arrachés de ses entrailles ; un fracas plus affreux ne se fera point entendre, lorsque la trompette de l'Ange, réveillant les morts dans leur poussière, tous les tombeaux s'ouvriront à la fois, et reproduiront la race pâlissante des hommes. Les légions infernales répandues dans les airs obscurcissent le soleil ; les Indiens crurent qu'il s'alloit éteindre. Tremblante sur leurs bases, les Andes secouèrent leurs glaçons, et les deux Océans soulevés menacèrent de rompre l'isthme qui joint l'une et l'autre Amérique.

Suivi de ses centaures, Causans plonge dans les rangs des Natchez. Comme, dans une colonie naissante, un laboureur, empruntant de son voisin des poulains et des cavales, les fait entrer dans une grange où les gerbes de froment sont régulièrement étendues ; des enfants, placés au centre de l'aire, contraignent par leurs cris joyeux les paisibles animaux à fouler les richesses rustiques ; une charmante harmonie règne entre la candeur des enfants, l'innocence des dons de Cérès, et la légèreté des jeunes poulains qui bondissent sur les épis, en suivant leurs mères : Causans et ses chevaux homicides broient sous leurs pas une moisson de héros. Et, comme des abeilles, dont un ours a découvert les trésors dans le creux d'un chêne, se jettent sur le ravisseur et le percent de leur aiguillon ; ainsi, ô Natchez, le poignard à la main, vous résistez aux cavaliers et à leur chef, fils du brave Henri et de l'aimable Laure.

Les chevaux percés de flèches bondissent, se cabrent, secouent leur crinière, frottent leur bouche écumante contre leur pied roidi, ou lèvent leur naseaux sanglants vers le ciel; superbes encore dans leur douleur guerrière, soit qu'ils aient renversé leurs maîtres, soit qu'ils les emportent à travers le champ de bataille.

Peut-être, dans l'ardeur dont les combattants étoient animés, tous les François et tous les Indiens alloient périr, si, des bords entr'ouverts du firmament, Catherine des Bois, qui voyoit ce massacre, n'eût levé les mains vers le trône du Tout-Puissant. Une voix divine se fit entendre: « Vierge compatissante, cessez vos » douleurs; ma miséricorde viendra après ma » justice. Mais bientôt l'auteur de tous ces » maux va suspendre lui-même, afin de mieux » favoriser ses projets, la fureur des guer- » riers. »

Ainsi retentirent dans l'éternité ces paroles qui tombèrent de soleil en soleil, et descendirent, comme une chaîne d'or, jusqu'aux abîmes de la terre.

En même temps le Roi des Enfers, jugeant le combat arrivé au point nécessaire pour l'accomplissement de ses desseins, songe à séparer les combattants.

Il vole à la grotte où le Démon de la nuit se

cache pendant que le soleil anime la nature. La Reine des ténèbres étoit alors occupée à se parer. Les Songes plaçoient des diamants dans sa chevelure azurée; les Mystères couvroient son front d'un bandeau, et les Amours, nouant autour d'elle les crêpes de son écharpe, ne laissoient paroître qu'une de ses mamelles semblable au globe de la lune : pour sceptre, elle tenoit à la main un bouquet de pavots. Tantôt elle sourioit dans un profond silence, tantôt elle faisoit entendre des chants comme ceux du rossignol; la volupté rouvroit sans cesse ses yeux qu'un doux sommeil fermoit sans cesse; le bruit de ses ailes imitoit le murmure d'une source ou le frémissement du feuillage ; les zéphyrs naissoient de son haleine. Ce Démon de la nuit avoit toutes les grâces de l'Ange de la Nuit; mais, comme celui-ci, il ne présidoit point au repos de la vertu, et ne pouvoit inspirer que des plaisirs ou des crimes.

Jamais le Monarque des ombres n'avoit vu sa fille aussi charmante. « Ange ravissant,
» lui dit-il, il n'est pas temps de vous parer :
» quittez ces brillants atours, et prenez votre
» robe des tempêtes. Vous savez ce que vous
» me devez : vous n'étiez pas avant la chute
» de l'homme, et vous avez pris naissance dans
» mes ténèbres. »

La Nuit, fille obéissante, arrache ses ornements : elle se revêt de vapeurs et de nuages, comme lorsqu'elle veut favoriser des amours funestes, ou les noirs complots de l'assassin. Elle attèle à son char deux hiboux qui poussent des cris dolents et lamentables : conduite par le Prince des Enfers, elle arrive sur le champ de bataille.

Soudain les guerriers cessent de se voir, et ne portent plus dans l'ombre que des coups inutiles. Le ciel ouvre ses cataractes ; un déluge, se précipitant des nues, éteint les salpêtres de Mars. Les vents agitent les forêts ; mais cet orage est sans tonnerre, car Jéhova s'est réservé les trésors de la grêle et de la foudre.

Le combat cesse : Chépar fait sonner la retraite ; l'armée françoise se replie confusément dans l'obscurité, et rétrograde vers ses retranchements. Chaque chef suit avec sa troupe le chemin qu'il croit le plus court, tandis que des soldats égarés tombent dans les précipices, ou se noient dans les torrents.

Alors la Nuit, déchirant ses voiles et calmant ses souffles, laisse descendre une lueur incertaine sur le champ du combat où les Indiens étoient demeurés épars. Aux reflets de la lune, on apercevoit des arbres brisés par les bombes et les boulets, des cadavres flottants dans le débordement du Meschacebé, des chevaux abattus ou errant à l'aventure, des caissons, des affuts et des canons renversés, des armes et des drapeaux abandonnés, des groupes de jeunes Sauvages immobiles, et quelques Sachems isolés, dont la tête chauve et mouillée jetoit une pâle lumière. Ainsi, du haut de la forteresse de Memphis, quand le Nil a surmonté ses rivages, on découvre, au milieu des plaines inondées, quelques palmiers à demi déracinés, des ruines qui sortent du sein des flots, et le sommet grisâtre des pyramides.

Bientôt ce qui reste des tribus se retire vers les Bocages de la Mort. Outougamiz, en pénétrant dans l'enceinte sacrée, entrevoit, assis sur un tombeau, un guerrier couvert de sang. Le frère de Céluta s'arrête : « Qui es-tu? dit-il : » es-tu l'âme de quelque guerrier tombé au- » jourd'hui sous le tomahawk d'Areskoui, en dé- » fendant les foyers de nos pères. »

L'ombre inclinée ne répond point; le Grand-Prêtre survient, et s'avance vers le fantôme avec des évocations. Les Sauvages le suivent. Soudain un cri : « Un homme blanc ! un homme blanc ! »

D'Artaguette, blessé dans le combat et perdu dans la nuit, s'étoit réfugié aux tombeaux des

Sauvages. Outougamiz reconnoît le François contre lequel il a combattu, le François protecteur de Céluta, le François ami de René. Touché des malheurs de d'Artaguette, et désirant le sauver, il le réclame comme son prisonnier. « Je ne souffrirai point, s'écrie-t-il, que l'on
» brûle ce suppliant. Quoi ! il auroit vainement
» demandé l'hospitalité aux tombeaux de nos
» aïeux ? il auroit en vain cherché la paix dans
» le lieu où toutes les guerres finissent ? Et,
» que diroit René du pays de l'aurore, le fils
» adoptif du sage Chactas, cet ami qui m'a
» donné la chaîne d'or ? « Va, me diroit-il,
» homme cruel, cherche un autre compagnon
» pour errer dans les vallées ; je ne veux point
» de commerce avec les vautours qui déchirent
» les infortunés. » Non ! non ! je ne descendrai
» point chez les morts avec un pareil grain noir
» dans le collier de ma vie. »

Ainsi parloit le frère de Céluta. L'inexorable Adario ordonne que l'on saisisse le guerrier blanc, et qu'il soit réservé au supplice du feu. Chactas avoit fait abolir cet affreux usage, mais le vénérable Sachem étoit prisonnier au fort Rosalie, et les Indiens irrités n'écoutoient que la vengeance. Les femmes qui avoient perdu leurs fils dans le combat entouroient l'étranger, en poussant des hurlements : telles les ombres se pressoient autour d'Ulysse, dans les ténèbres Cymmériennes, pour boire le sang des victimes ; tels les Grecs chantoient autour du bûcher la fille d'Hécube, immolée aux mânes de l'impitoyable Achille.

LIVRE ONZIÈME.

Sur une colline, à quelque distance du champ de bataille, s'élevoit un sycomore dont la cime étoit couronnée : tous les soirs des milliers de colombes se venoient percher sur ses rameaux desséchés. Ce fut au pied de cet arbre que le commandant de l'armée françoise résolut de passer la nuit, et d'assembler le conseil des officiers, pour délibérer sur le parti qui restoit à prendre.

Le bûcher du bivouac est allumé; des sentinelles sont placées à diverses distances, et les chefs arrivent aux ordres de Chépar. Ils forment un cercle autour du foyer des veilles. On voyoit à la lueur des flammes les visages fatigués et poudreux, les habits déchirés et sanglants, les armes demi-brisées, les casques fracassés, les chapeaux percés de balles, et tout le noble désordre de ces vaillants capitaines, tandis que les colombes, fidèles à leur retraite accoutumée, loin de fuir les feux, se venoient reposer avec les guerriers.

La résistance inattendue des Sauvages avoit effrayé le commandant du fort Rosalie : il commençoit à craindre de s'être laissé trop emporter à l'humeur intéressée des colons. Il avoit livré le combat sans en avoir reçu l'ordre précis du gouverneur de la Louisiane, et avant l'arrivée des troupes annoncées d'Europe. Un nombre assez considérable de soldats et plusieurs officiers étoient restés sur le champ de bataille : l'absence du capitaine d'Artaguette alarmoit.

L'opinion des chefs, rassemblés autour de Chépar, étoit partagée : les uns vouloient continuer le combat au lever du jour ; les autres prétendoient que le châtiment infligé aux Sauvages étoit assez sévère : il s'agissoit moins, disoient-ils, d'exterminer ces peuples, que de les soumettre ; sans doute les Indiens seroient disposés à un arrangement, et dans tous les cas la suspension des hostilités donneroit aux François le temps de recevoir des secours.

Fébriano ne parut point à ce conseil : sa conduite, sur le champ de bataille, lui fit craindre la présence de ses valeureux compagnons d'armes : c'étoit dans de secrètes communications avec Chépar que le renégat espéroit reprendre son influence et son crédit.

Le feu du bivouac ne jetoit plus que des fumées; l'aube blanchissoit l'orient ; les oiseaux commençoient à chanter ; le conseil n'avoit point encore fixé ses résolutions. Tout à coup retentit l'appel d'une sentinelle avancée; on voit courir des officiers : la grand'-garde fait le premier temps des feux. Un parti de jeunes Indiens, commandé par cet Outougamiz, dont l'armée françoise avoit admiré la valeur, se présentoit au poste. Ces guerriers s'arrêtent à quelque distance ; de leurs rangs sort un jeune homme pâle, la tête nue, portant un uniforme françois taché de sang ; c'étoit d'Artaguette. Il s'appuyoit sur le bras d'une négresse qui allaitoit un enfant : on le reçut à l'avant-garde ; les Indiens se retirèrent.

Conduit au général, d'Artaguette parla de la sorte devant le conseil :

« Blessé vers la fin du combat, le brave gre-
» nadier Jacques me porta hors de la mêlée.
» Jacques étoit blessé lui-même; je le forçai de
» se retirer : il obéit à mes ordres, mais dans
» le dessein de m'aller chercher des secours. La

» nuit ayant fait cesser le combat, je parvins
» à me traîner à ce cimetière des Indiens, qu'ils
» appellent les Bocages de la Mort : là je fus
» trouvé par le jongleur; on me condamna au
» supplice des prisonniers de guerre. Outou-
» gamiz me voulut en vain sauver : sa sœur,
» non moins généreuse, fit ce qu'il n'avoit pu
» faire. La loi indienne permet à une femme
» de délivrer un prisonnier, en l'adoptant ou
» pour frère ou pour mari. Céluta a rompu mes
» liens; elle a déclaré que j'étois son frère : elle
» réserve sans doute l'autre titre à un homme
» plus digne que moi de le porter.

» Les Indiens, dont je suis devenu le fils
» adoptif, m'ont chargé de paroles de paix. Ou-
» tougamiz, mon frère sauvage, m'a escorté jus-
» qu'à l'avant-garde de notre armée; une né-
» gresse appelée Glazirne, que j'avois connue
» au fort Rosalie et qui se trouvoit aux Natchez,
» m'a prêté l'appui de son bras pour arriver au
» milieu de vous. Je ne dirai point au général
» que j'étois opposé à la guerre : il a dû, dans
» son autorité et dans sa sagesse, décider ce qui
» convenoit le mieux au service du Roi; mais
» je pense que les Natchez étant aujourd'hui les
» premiers à parler de paix, l'honneur de la
» France est à couvert. Les Indiens m'ont ac-
» cordé la vie et rendu la liberté. Chactas peut

» être échangé contre moi : je serai glorieux
» d'avoir servi de rançon à ce vieillard illus-
» tre. »

Le sang et le courage du capitaine d'Artaguette étoient encore plus éloquents que ses paroles : un murmure flatteur d'applaudissements se répandit dans le conseil. Chépar vit un moyen de se tirer avec honneur du pas dangereux où il s'étoit engagé : il déclara que, puisque les Sauvages imploroient une trêve, il consentoit à la leur accorder, leur voulant apprendre qu'on n'avoit jamais recours en vain à sa clémence. Chactas, qu'on envoya chercher au fort Rosalie, conclut une suspension d'armes qui devoit durer un an, et dans le cours de laquelle des Sachems expérimentés et de notables François s'occuperoient à régler le partage des terres.

Quelques jours suffirent pour donner la sépulture aux morts; une nature vierge et vigougoureuse eut bientôt fait disparoître dans les bois les traces de la fureur des hommes; mais les haines et les divisions ne firent que s'accroître. Tous ceux qui avoient perdu des parents ou des amis sur le champ de bataille respiroient la vengeance : les Indiens, rendus plus fiers par leur résistance, étoient impatients de redevenir entièrement libres; les habitants de la colonie, trompés dans leur premier espoir, convoitoient plus que jamais les concessions dont ils se voyoient privés; et Chépar, humilié d'avoir été arrêté par des Sauvages, se promettoit, quand il auroit réuni de nouveaux soldats, de faire oublier le mauvais succès d'une démarche précipitée.

Cependant on ne recevoit aux Natchez aucune nouvelle du Soleil et de son armée; les messagers envoyés au Grand Chef pour l'instruire de l'attaque des François, n'étoient point revenus. L'inquiétude commençoit à se répandre, et l'on remarquoit dans Akansie une agitation extraordinaire.

Toute la tendresse de Céluta, qui n'étoit plus alarmée pour Outougamiz sorti du combat couvert de gloire, s'étoit portée sur le frère d'Amélie. Outougamiz auroit déjà volé vers René, s'il n'eût été occupé, par ordre des Sachems, à donner les fêtes de l'hospitalité aux guerriers des tribus alliées, qui s'étoient trouvés au combat. Outougamiz disoit à sa sœur : « Sois tranquille; mon ami » aura triomphé comme moi : c'est à son Ma» nitou que je dois la victoire; le mien l'aura sauvé de tous les périls. »

Outougamiz jugeoit par la force de son amitié de la puissance de son Génie tutélaire : il jugeoit mal.

Une nuit, un Indien détaché du camp du

Soleil, annonça le retour de la tribu de l'Aigle. La nouvelle se répand dans les cabanes ; les familles s'assemblent sous un arbre, à la lueur des flambeaux pour écouter les cris d'arrivée : Outougamiz et Céluta sont les premiers au rendez-vous.

On entend d'abord le cri d'avertissement de l'approche des guerriers : toutes les oreilles s'inclinent, toutes les têtes se penchent en avant, toutes les bouches s'entr'ouvrent, tous les yeux se fixent, tous les visages expriment le sentiment confus de la crainte et de l'espérance.

Après le cri d'avertissement commencent les cris de mort. Chactas comptoit à haute voix ces cris, répétés autant de fois qu'il y avoit de guerriers perdus : la nation répondit par une exclamation de douleur. Chaque famille se demande si elle n'a point fourni quelque victime au sacrifice, si un père, un frère, un fils, un mari, un amant, ne sont point descendus à la contrée des âmes : Céluta trembloit, et Outougamiz paroissoit pétrifié.

Les cris de guerre succédèrent aux cris de mort ; ils annonçoient la quantité de chevelures enlevées à l'ennemi et le nombre des prisonniers faits sur lui. Ces cris de guerre excédant les cris de mort, une exclamation de triomphe se prolongea dans les forêts.

La tribu de l'Aigle parut alors et défila entre deux rangs de flambeaux. Les spectateurs cherchoient à découvrir leur bonheur ou leur infortune : on vit tout d'abord que le vieux Soleil manquoit, et Outougamiz et sa sœur n'aperçurent point le frère d'Amélie. Céluta, défaillante, fut à peine soutenue dans les bras d'Outougamiz aussi consterné qu'elle. Mila se cacha, en disant : « Je lui avois recommandé de » ne pas mourir ! »

Ondouré, qui remplaçoit le Soleil dans le commandement des guerriers, marchoit d'un air victorieux. Il salua la Femme-Chef qui, au lieu de jouir de l'avénement de son fils au pouvoir suprême, sembloit troublée par quelque remords. Averti de ce qui se passoit, Chactas gardoit une contenance douloureuse et sévère.

A mesure que la troupe s'avançoit vers le grand village, les chefs adressoient quelques mots aux diverses familles : « Ton fils s'est » conduit dans la bataille comme un buffle indompté, » disoit un guerrier à un père, et le père répondoit : « C'est bien. » — « Ton fils » est mort, » disoit un autre guerrier à une mère, et la mère répondoit, en pleurant : « C'est » égal. »

Le Conseil des Sachems s'assemble : Ondouré, appelé devant ce conseil, fait le récit de l'expédition. Selon ce récit, les Natchez avoient trouvé les Illinois venant eux-mêmes attaquer les Natchez : dans le combat produit par cette rencontre, la victoire s'étoit déclarée en faveur des premiers, mais malheureusement le Soleil étoit tombé mort, percé d'une flèche. « Quant au » coupable auteur de cette guerre, ajouta Ondouré, resté au pouvoir de l'ennemi, il expie » à présent même, dans le cadre de feu, le châtiment dû à son sacrilége. »

Ondouré auroit bien voulu accuser de lâcheté son rival, mais René, blessé trois fois en défendant le Soleil, avoit fait si publiquement éclater sa valeur aux yeux des Sauvages, qu'Ondouré même fut obligé de rendre témoignage à cette valeur.

« Devenu Chef des guerriers, reprit-il, j'au» rois poursuivi ma victoire, si l'un de vos mes» sagers ne m'eût apporté la nouvelle de l'attaque » des François : j'ai commandé la retraite, et » suis accouru à la défense de nos foyers. »

Pendant le récit d'Ondouré, la Femme-Chef avoit donné des signes d'un trouble extraordinaire : on la vit rougir et pâlir. D'après quelques mots échappés à son coupable amant, lorsqu'il marcha aux Illinois, Akansie ne douta point que la flèche lancée contre le vieux Soleil ne fût partie de la main d'Ondouré. Le criminel lui-même se vint bientôt vanter, auprès de la jalouse Indienne, d'avoir fait commencer le règne du jeune Soleil. « Ma passion » pour vous, dit-il, m'a emporté trop loin » peut-être; disposez de moi et ne songez qu'à » établir votre puissance. » Ondouré espéroit se faire nommer édile par le crédit de la Femme-Chef, et gouverner la nation comme tuteur du souverain adolescent.

La mort du vieux Soleil opéroit une révolution dans l'État : en lui expiroit un des trois vieillards qui avoient aboli la tyrannie des anciens despotes des Natchez. Il ne restoit plus que Chactas et Adario, tous deux au moment de disparoître.

Chactas conçut des soupçons sur le genre de mort de son ami : on ne disoit point de quel côté la flèche avoit frappé le chef centenaire; on ne rapportoit point le corps de ce vénérable chef, bien qu'on eût obtenu la victoire. Un bruit couroit parmi les guerriers de la tribu de l'Aigle, que le Soleil avoit été blessé par derrière, qu'il étoit tombé sur le visage, et que, long-temps défendu à terre par le guerrier blanc, l'un et l'autre, indignement abandonnés, étoient demeurés vivants aux mains de l'ennemi.

Ce bruit n'avoit que trop de fondement; telle étoit l'affreuse vérité ; René et le Soleil avoient été faits prisonniers. Les Illinois se consolèrent de leur défaite, en se voyant maîtres du Grand Chef des Natchez : non poursuivis dans leur retraite, ils emmenèrent paisiblement leurs victimes.

Après un mois de marche, de repos et de chasse, ils arrivèrent à leur grand village : là, les prisonniers devoient être exécutés. Par un raffinement de barbarie, on avoit pris soin de panser les blessures du frère d'Amélie et du Soleil : les captifs étoient gardés jour et nuit, avec les précautions que le Démon de la cruauté inspire aux peuples de l'Amérique.

Lorsque les Illinois découvrirent leur grand village, ils s'arrêtèrent pour préparer une entrée triomphante. Le chef de la troupe s'avança le premier en jetant les cris de mort. Les guerriers venoient ensuite rangés deux à deux : ils tenoient, par l'extrémité d'une corde, René et le chef des Natchez, à moitié nus, les bras liés au-dessus du coude.

Le cortége parvint ainsi sur la place du village : une foule curieuse s'y trouvoit déjà assemblée. Cette foule se pressoit, s'agitoit, dansoit autour du vieux Soleil et de son compagnon : telles, dans un soir d'automne, d'innombrables hirondelles, voltigent autour de quelques ruines solitaires; tels les habitants des eaux se jouent dans un rayon d'or qui pénètre les vagues du Meschacebé, tandis que les fleurs des magnolias, détachées par le souffle de la brise, tombent en pluie sur la surface de l'onde.

Lorsque l'armée et tous les Sauvages furent réunis dans le lieu de douleur, le Grand-Prêtre donna le signal du prélude des supplices, appelé, par l'horrible Athaënsic [1], *les caresses aux prisonniers.*

Aussitôt les Indiens, rangés sur deux lignes, frappent avec des bâtons de cèdre le chef des Natchez : celui-ci, sans hâter sa marche, passe entre ses bourreaux, comme un fleuve qui roule la lenteur de ses flots entre deux rives verdoyantes. René s'attendoit à voir tomber la victime; il ignoroit que ces maîtres en supplice évitoient de porter les coups aux parties mortelles, afin de prolonger leurs plaisirs. « Véné-
» rable Sachem, s'écrioit le frère d'Amélie,
» quelle destinée! Moi, je suis jeune; je puis
» souffrir; mais vous! »

Le Soleil répondit : « Pourquoi me plains-
» tu ? je n'ai pas besoin de ta pitié. Songe à
» toi; rappelle tes forces. L'épreuve du feu com-
» mencera par moi, parce que je suis un chêne

---

[1] La Vengeance.

» desséché sur ma tige, et propre à m'embraser
» rapidement. J'espère jeter une flamme dont
» la lumière éclairera ma patrie et réchauffera
» ton courage. »

Après ces traitements faits à la vieillesse, le jeune François eut à supporter les mêmes barbaries ; ensuite les deux prisonniers furent conduits dans une cabane, où on leur prodigua tous les secours et tous les plaisirs : l'oiseau de Minerve canadienne brise le pied de ses victimes, et les engraisse dans son aire durant les beaux jours, pour les dévorer dans la saison des frimas.

La nuit vint : René, couvert de blessures, étoit couché sur une natte à l'une des extrémités de la cabane. Des gardes veilloient à la porte. Une femme vêtue de blanc, une couronne de jasmin jaune sur la tête, s'avance dans l'ombre ; on entendoit couler ses larmes. « Qui es-tu ? » dit René, en se soulevant avec peine. — « Je suis
» la *Vierge des dernières amours* [1], » répondit l'Indienne. « Mes parents ont demandé pour
» moi la préférence ; car ils haïssent Venclao que
» j'aime. Voilà pourquoi je pleure à ton che-
» vet : je m'appelle Nélida. »

---

[1] Voyez, pour l'explication de cet usage, l'épisode d'*Atala*.

René répondit dans la langue des Sauvages : « Les baisers d'une bouche qui n'est point
» aimée sont des épines qui percent les lè-
» vres. Nélida, va retrouver Venclao ; dis-lui
» que l'étranger des Sassafras a respecté ton
» amour et ton malheur. » A ces mots, la
fille des Illinois s'écria : « Manitou des infor-
» tunés, écoute ma prière ! Fais que ce pri-
» sonnier échappe au sort qu'on lui réserve !
» Il n'a point flétri mon sein ! Puisse sa bien-
» aimée lui être attachée comme l'épouse de
» l'alcyon, qui porte aux rayons du soleil
» son époux languissant sous le poids des an-
» nées ! »

En achevant ces paroles, *la Vierge des dernières amours* prit les fleurs de jasmin qui couvroient ses cheveux, et les déposa sur le front de René : mœurs extraordinaires dont la trame semble être tissue par les Muses et par les Furies.

« Couronné de ta main, » dit le jeune homme à Nélida, « la victime sera plus agréable au Grand
» Esprit. » René depuis long-temps avoit assez de la vie; content de mourir, il offroit au ciel les tourments qu'il alloit endurer pour l'expiation de ceux d'Amélie.

Dans ce moment les gardes entrèrent, et la fille des Illinois se retira.

Elle vint l'heure des supplices : les Indiens racontèrent que l'astre de la lumière épouvanté ne sortit point ce jour-là du sein des mers, et qu'Athaënsic, déesse des vengeances, éclaira seule la nature. Les prisonniers furent conduits au lieu de l'exécution.

Le chef des Natchez est attaché à un poteau, au pied duquel s'élevoit un amas d'écorce et de feuilles séchées : le frère d'Amélie est réservé pour la dernière victime. Le Grand-Prêtre paroît au milieu du cercle que formoit la foule autour du poteau : il tient à la main une torche, qu'il secoue en dansant. Bientôt il communique le feu au bûcher : on eût cru voir un de ces sacrifices offerts par les anciens Grecs sur les bords de l'Hellespont : le mont Ida, le Xante et le Simoïs pleuroient Astyanax et les ruines fumantes d'Ilion.

On brûle d'abord les pieds du vieillard, aussi tranquille au feu du bûcher que s'il eût été assis, aux rayons du matin, à la porte de sa cabane. Le Sachem chante au milieu des tourments qui le conduisent à la tombe, comme l'époux répète le cri d'hyménée, en s'approchant du lit nuptial. Les bourreaux irrités épuisent la fécondité de leur infernal génie. Ils enfoncent dans les plaies de l'ami de Chactas des éclisses de pin enflammées, et lui crient : « Éclaire-nous

» donc, maintenant, ô bel astre[1]. » Tel un soleil, couronnant son front du feu le plus doux, se couche au milieu du concert de la nature : ainsi parut aux Illinois la victime rayonnante.

Athaënsic souffle sa rage dans les cœurs : un jongleur, qu'une louve avoit nourri dans un antre du Niagara, se précipite sur le Sachem, lui arrache la peau de la tête, et répand des cendres rougies sur le crâne découvert du vieillard. La douleur abat le Chef des Natchez aux pieds de ses ennemis.

Bientôt réveillé d'un évanouissement dont il s'indigne, il saisit un tison, appelle et défie ses persécuteurs : cantonné au milieu de son bûcher, il est un moment la terreur de toute une armée. Un faux pas le livre de nouveau aux inventeurs des tortures : ils se jettent sur le vieillard : la hache coupe ces pieds qui visitoient la cabane des infortunés, ces mains qui pansoient les blessures. On roule un tronc encore vivant sur la braise dont la violence sert de remède aux plaies de la victime et les cicatrise, tandis que le sang fume sur les charbons, comme l'encens dans un sacrifice.

Le Chef n'a pas succombé ; il écarte encore de ses regards les guerriers les plus proches,

---

[1] Historique.

et fait reculer les bourreaux. Moins effrayant est le serpent dont le voyageur a séparé les anneaux avec un glaive : le dragon mutilé s'agite aux pieds de son ennemi, soufflant sur lui ses poisons, le menaçant de ses ardentes prunelles, de sa triple langue, et de ses longs sifflements.

« René ! » s'écrie enfin le vieillard, d'une voix qui semble avoir redoublé de force, » je vais » rejoindre mes pères ! Je ne me suis livré à ces » actions qu'afin de t'encourager à mourir, et » de te montrer ce que peut un homme, lors- » qu'il veut exercer toute la puissance de son » âme. Pour l'honneur de ta nouvelle patrie, » imite mon exemple. »

Il expire. Il avoit accompli un siècle : sa vertu antique, cultivée si long-temps sur la terre, s'épanouit aux rayons de l'éternité, comme l'aloës américain qui, au bout de cent printemps, ouvre sa fleur aux regards de l'aurore.

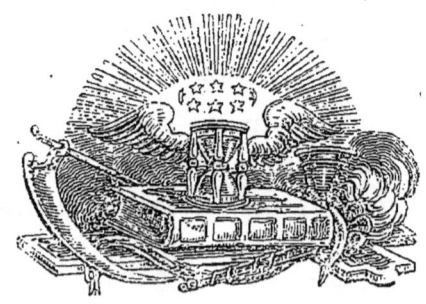

LIVRE DOUZIÈME.

L E courage du Chef des Natchez avoit exalté la fureur des Illinois. Ils s'é-crioient pleins de rage : « Si nous
» n'avons pu tirer un mugissement de ce vieux
» buffle, voici un jeune cerf qui nous dédom-
» magera de nos peines. » Femmes, enfants,
Sachems, tous s'empressent au nouveau sacrifice :
le Génie des vengeances sourit aux tourments
et aux larmes qu'il prépare.

Sur une habitation américaine que gouverne
un maître humain et généreux, de nombreux esclaves s'empressent à recueillir la ce-
rise du café : les enfants la précipitent dans
des bassins d'une eau pure ; les jeunes Afri-

caines l'agitent avec un râteau pour détacher la pulpe vermeille du noyau précieux, ou étendent sur des claies, la récolte opulente. Cependant le maître se promène sous des orangers, promettant des amours et du repos à ses esclaves qui font retentir l'air des chansons de leur pays : ainsi les Illinois s'empressent, sous les regards d'Athaënsic, à recueillir une nouvelle moisson de douleurs. En peu de temps l'ouvrage se consomme, et le frère d'Amélie, dépouillé par les sacrificateurs, est attaché au pilier du sacrifice.

Au moment où le flambeau abaissoit sa chevelure de feu pour la répandre sur les écorces, des tourbillons de fumée s'élèvent des cabanes voisines : parmi des clameurs confuses on entend retentir le cri des Natchez; un parti de cette nation portoit la flamme chez les Illinois. L'épouvante et la confusion se mettent dans la foule assemblée autour du frère d'Amélie ; les jongleurs prennent la fuite ; les femmes et les enfants les suivent : on se disperse sans écouter la voix des chefs, sans se réunir pour se défendre. Dans la terreur dont les esprits sont frappés, la petite troupe des Natchez pénètre jusqu'au lieu du sang. Un jeune chef, la hache à la main, devance ses compagnons. Qui déjà ne l'a nommé? C'est Outougamiz. Il est au bûcher; il a coupé les liens funestes !

LIVRE XII.

Toutes les paroles de tendresse et de pitié prêtes à s'échapper de son âme, par lui sont étouffées. Rien n'est fait encore : René n'est pas sauvé; un seul instant de retard le peut perdre. Revenus de leur première frayeur, les Illinois se sont aperçus du petit nombre des Natchez; ils se rassemblent avec des cris, et entourent la troupe libératrice. Les efforts de cette troupe lui ouvrent un chemin; mais que peuvent douze guerriers contre tant d'ennemis? En vain les Natchez ont placé au milieu d'eux le frère d'Amélie : ses blessures le rendent boiteux et pesant ; sa main percée d'une flèche ne peut lever la hache, et presque à chaque pas il va mesurer la terre.

Outougamiz charge le frère d'Amélie sur ses épaules : le fardeau sacré semble lui avoir donné des ailes : le frère de Céluta glisse sur la pointe des herbes; on n'entend ni le bruit de ses pas, ni le murmure de son haleine. D'une main il retient son ami, de l'autre il frappe et combat. A mesure qu'il s'avance vers la forêt voisine, ses compagnons tombent un à un à ses côtés : quand il pénétra avec René dans la forêt, il restoit seul.

Déjà la nuit étoit descendue ; déjà Outougamiz s'étoit enfoncé dans l'épaisseur des taillis où déposant René parmi de longues herbes, il s'étoit couché près de lui : bientôt il entend des pas. Les Illinois allument des flambeaux qui éclairent les plus sombres détours du bois.

René veut adresser les paroles de sa tendre admiration au jeune Sauvage, mais celui-ci lui ferme la bouche : il connoissoit l'oreille subtile des Indiens. Il se lève, trouve avec joie que le frère d'Amélie a repris quelque force, lui ceint les reins d'une corde, et l'entraîne au bas d'une colline qui domine un marais.

Les deux infortunés cherchent un asile au fond de ce marais : tantôt ils plongent dans le limon qui bouillonne autour de leur ceinture; tantôt ils montrent à peine la tête au-dessus des eaux. Ils se fraient une route à travers les herbes aquatiques qui entravent leurs pieds comme des liens, et parviennent ainsi à de hauts cyprès, sur les genoux [1] desquels ils se reposent.

Des voix errantes s'élèvent autour du marais. Des guerriers se disoient les uns aux autres : « Il s'est échappé. » Plusieurs soutenoient qu'un Génie l'avoit délivré. Les jeunes Illinois se faisoient de mutuels reproches, tandis que des Sa-

---

[1] On appelle *genoux* du cyprès chauve, les grosses racines qui sortent de terre.

chems assuroient qu'on retrouveroit le prisonnier, puisqu'on étoit sur ses traces; et ils poussoient des dogues dans les roseaux. Les voix se firent entendre ainsi quelque temps : par degré elles s'éloignèrent, et se perdirent enfin dans la profondeur des forêts.

Le souffle refroidi de l'aube engourdit les membres de René; ses plaies étoient déchirées par les buissons et les ronces; et de la nudité de son corps découloit une eau glacée : la fièvre vint habiter ses os; et ses dents commencèrent à se choquer avec un bruit sinistre. Outougamiz saisit René de nouveau, le réchauffa sur son cœur, et quand la lumière du soleil eut pénétré sous la voûte des cyprès, elle trouva le Sauvage tenant encore son ami dans ses bras.

Mère des actions sublimes! toi qui depuis que la Grèce n'est plus, as établi ta demeure sur les tombeaux indiens, dans les solitudes du Nouveau-Monde! toi qui parmi ces déserts est pleine de grandeur parce que tu es pleine d'innocence! Amitié sainte! prête-moi tes paroles les plus fortes et les plus naïves, ta voix la plus mélodieuse et la plus touchante, tes sentiments exaltés, tes feux immortels, et toutes les choses ineffables qui sortent de ton cœur, pour chanter les sacrifices que tu inspires! Oh! qui me conduira aux champs des Rutules, à la tombe d'Euryale et de Nisus, où la Muse console encore des mânes fidèles! Tendre divinité de Virgile, tu n'eus à soupirer que la mort de deux amis : moi j'ai à peindre leur vie infortunée.

Qui dira les douces larmes du frère d'Amélie, qui fera voir ses lèvres tremblantes où son âme venoit errer; qui pourra représenter sous l'abri d'un cyprès, parmi des roseaux, Outougamiz, sa chaîne d'or, Manitou de l'amitié, serrée à triple nœud sur sa poitrine, Outougamiz soutenant dans ses bras l'ami qu'il a délivré, cet ami couvert de fange et de sang, et dévoré d'une fièvre ardente ? Que celui qui le peut exprimer nous rende le regard de ces deux hommes, quand, se contemplant l'un l'autre en silence, les sentiments du Ciel et du malheur rayonnoient et se confondoient sur leur front. Amitié! que sont les empires, les amours, la gloire, toutes les joies de la terre, auprès d'un seul instant de ce douloureux bonheur?

Outougamiz, par cet instinct de la vertu qui fait deviner le crime, avoit ajouté peu de foi au récit d'Ondouré; ce qu'il recueillit de la bouche de divers guerriers, augmenta ses doutes. Dans tous les cas, René étoit mort ou pris, et il falloit ou lui donner la sépulture ou le délivrer des flammes.

Outougamiz cache ses desseins à Céluta ; il n'avertit qu'une troupe de jeunes Natchez qui consentent à le suivre. Il se dépouille de tout vêtement, et ne garde qu'une ceinture pour être plus léger; il peint son corps de la couleur des ombres ceint le poignard, s'arme du tomahawk [1] ; attache sur son cœur la chaîne d'or, suspend de petits pains de maïs à son côté, jette l'arc sur son épaule, et rejoint dans la forêt ses compagnons. Il se glisse avec eux dans les ténèbres : arrivé au Bayouc des Pierres, il le traverse, aborde la rive opposée, pousse le cri du castor qui a perdu ses petits, bondit, et il disparoît dans le désert.

Huit jours entiers il marche, ou plutôt il vole ; pour lui plus de sommeil, pour lui plus de repos. Ah ! le moment où il fermeroit la paupière, ne pourroit-il pas être le moment même qui lui raviroit son ami ? Montagnes, précipices, rivières, tout est franchi : on diroit un aimant qui cherche à se réunir à l'objet qui l'attire à travers les corps qui s'opposent à son passage. Si l'excès de la fatigue arrête le frère de Céluta, s'il sent, malgré lui, ses yeux s'appesantir, il croit entendre une voix qui lui crie

[1] Hache.

du milieu des flammes : « Outougamiz! Outou-
» gamiz! où est le Manitou que je t'ai donné? »
A cette voix intérieure, il tressaille, se lève,
baise la chaîne d'or, et reprend sa course.

La lenteur avec laquelle les Illinois retournèrent à leurs villages, donna le temps à Outougamiz d'arriver avant la consomption de l'holocauste. Ce Sauvage n'est plus le simple, le crédule Outougamiz : à sa résolution, à son adresse, à la manière dont il a tout prévu, tout calculé, on prendroit ce soldat pour un chef expérimenté. Il sauve René, mais en perdant ses nobles compagnons, troupe d'amis qui offre à l'amitié ce magnanime sacrifice ! il sauve René, l'entraîne dans le marais, mais que de périls il reste encore à surmonter!

Le lieu où les deux amis se reposèrent d'abord étant trop voisin du rivage, Outougamiz résolut de se réfugier sous d'autres cyprès qui croissoient au milieu des eaux : lorsqu'il voulut exécuter son dessein, il sentit toute sa détresse. Un peu de pain de maïs n'avoit pu rendre les forces à René; ses douleurs s'étoient augmentées, ses plaies s'étoient rouvertes; une fièvre pesante l'accabloit, et l'on ne s'apercevoit de sa vie qu'à ses souffrances.

Accablé par ses chagrins et ses travaux, affoibli par la privation presque totale de nourriture, le frère de Céluta eût eu besoin pour lui-même des soins qu'il prodiguoit à son ami. Mais il ne s'abandonna point au désespoir; son âme, s'agrandissant avec les périls, s'élève comme un chêne qui semble croître à l'œil, à mesure que les tempêtes du ciel s'amoncèlent autour de sa tête. Plus ingénieux dans son amitié qu'une mère indienne qui ramasse de la mousse pour en faire un berceau à son fils, Outougamiz coupe des joncs avec son poignard, en forme une sorte de nacelle, parvient à y coucher le frère d'Amélie, et, se jetant à la nage, traîne après lui, le fragile vaisseau qui porte le trésor de l'amitié.

Outougamiz avoit été au moment d'expirer de douleur; il se sentit près de mourir de joie, lorsqu'il aborda la cyprière. « Oh ! » s'écria-t-il, en rompant alors pour la première fois le silence, « il est sauvé ! Délicieuse nécessité de
» mon cœur ! pauvre colombe fugitive ! te
» voilà donc à l'abri des chasseurs ! Mais, René,
» je crains que tu ne me veuilles pas pardonner,
» car c'est moi qui suis la cause de tout ceci,
» puisque je n'étois point auprès de toi dans la
» bataille. Comment ai-je pu quitter mon ami
» qui m'avoit donné un Manitou sur mon ber-
» ceau ? C'est fort mal, fort mal à toi, Outou-
» gamiz ! »

Ainsi parloit le Sauvage : la simplicité de ses propos en contraste avec la sublimité de ses actions, firent sortir un moment René de l'accablement de la douleur : levant une main débile et des yeux éteints, il ne put prononcer que ces mots : « Te pardonner! »

Outougamiz entre sous les cyprès : il coupe les rameaux trop abaissés ; il écarte des genoux de ces arbres les débris des branches : il y fait un doux lit avec des cimes de joncs pleins d'une moelle légère; puis, attirant son ami sur ce lit, il le recouvre de feuilles séchées : ainsi, un castor, dont les eaux ont inondé les premiers travaux, prend son nourrisson et le transporte dans la chambre la plus élevée de son palais.

Le second soin du frère de Céluta fut de panser les plaies du frère d'Amélie. Il sépare deux nœuds de roseaux, puise un peu d'eau du marais, verse cette eau d'une coupe dans l'autre pour l'épurer, et lave les blessures, dont il a sucé d'abord le venin. La main d'un fils d'Esculape, armée des instruments les plus ingénieux, n'auroit été ni plus douce, ni plus salutaire que la main de cet ami. René ne pouvoit exprimer sa reconnoissance que par le mouvement de ses lèvres. De temps en temps l'Indien lui disoit, avec inquiétude : « Te fais-je mal ? te trouves-
» tu un peu soulagé ? » René répondoit par un

signe qu'il se sentoit soulagé, et Outougamiz continuoit son opération avec délices.

Le Sauvage ne songeoit point à lui : il avoit encore quelque reste de maïs, il le réservoit pour René. Outougamiz ne faisoit qu'obéir à un instinct sublime, et les plus belles actions n'étoient chez lui que l'accomplissement des facultés de sa vie. Comme un charmant olivier nourri parmi les ruisseaux et les ombrages, laisse tomber, sans s'en apercevoir, au gré des brises, ses fruits mûrs sur les gazons fleuris; ainsi l'enfant des forêts américaines semoit, au souffle de l'amitié, ses vertus sur la terre, sans se douter des merveilleux présents qu'il faisoit aux hommes.

Rafraîchi et calmé par les soins de son libérateur, René sentit ses paupières se fermer, et Outougamiz tomba lui-même dans un profond sommeil à ses côtés : les Anges veillèrent sur le repos de ces deux hommes qui avoient trouvé grâce auprès de celui qui dormit dans le sein de Jean.

Outougamiz eut un songe. Une jeune femme lui apparut : elle s'appuyoit en marchant sur un arc détendu, entouré de lierre comme un thyrse; un chien la suivoit. Ses yeux étoient bleus; un sourire sincère entr'ouvroit ses lèvres de roses : son air étoit un mélange de force et de grâce. Presque nue, elle ne portoit qu'une ceinture plus belle que celle de Vénus. Outougamiz se figuroit lui tenir ce discours :

« Étrangère, j'avois planté un érable sur le
» sol de la hutte où je suis né : voilà que, pen-
» dant mon absence, de méchants Manitous ont
» blessé son écorce et ont fait couler sa séve. Je
» cherche des simples dans ces marais pour les
» appliquer sur les plaies de mon érable. Dis-
» moi où je trouverai la feuille du savinier. »

D'une voix paisible l'Indienne paroissoit répondre à Outougamiz : « En vérité, je dis qu'il
» connoîtra toutes les ruses de la sagesse,
» l'homme qui pourra pénétrer celle de votre
» amitié. Ne craignez rien ; j'ai dans le jardin
» de mon père des simples pour guérir tous les
» arbres, et en particulier les érables blessés. »

En prononçant ces paroles, qu'Outougamiz croyoit entendre, l'Indienne fille du songe prit un air de majesté : sa tête se couronna de rayons ; deux ailes blanches bordées d'or ombragèrent ses épaules divines. L'extrémité d'un de ses pieds touchoit légèrement la terre, tandis que son corps flottoit déjà dans l'air diaphane.

— « Outougamiz, sembloit dire le brillant fan-
» tôme, élève-toi par l'adversité. Que les ver-
» tus de la nature te servent d'échelons, pour
» atteindre aux vertus plus sublimes de la reli-

» gion de cet homme à qui tu as dévoué ta
» vie : alors je reviendrai vers toi, et tu pour-
» ras compter sur les secours de l'Ange de
» l'Amitié. »

Ainsi parle la vision au jeune Natchez plongé dans le sommeil. Un parfum d'ambroisie, embaumant les lieux d'alentour, répand la force dans l'âme du frère de Céluta, comme l'huile sacrée qui fait les rois, ou prépare l'âme du mourant aux béatitudes célestes.

En même temps le rêve devient magnifique : le Séraphin dont il produit l'image, poussant la terre de son pied comme un plongeur qui remonte du fond de l'abîme, s'élève dans les airs. Cette Vertu calme ne se meut point avec la rapidité des messagers qui portent les ordres redoutables du Tout-Puissant ; son assomption vers la région de l'éternelle paix, est mesurée, grave et majestueuse. Aux champs de l'Europe un globe lumineux, arrondi par la main d'un enfant des Gaules, perce lentement la voûte du ciel; aux champs de l'Inde l'oiseau du paradis flotte sur un nuage d'or, dans le fluide azuré du firmament.

Outougamiz se réveille ; la voix du héron annonçoit le retour de l'aurore : le frère de Céluta se sentoit tout fortifié par son rêve et par son sommeil. Après quelques moments employés à rassembler ses idées, l'Indien, rappelant et les périls passés et les dangers à venir, se lève pour commencer sa journée. Il visite d'abord les blessures de René, frotte les membres engourdis du malade avec un bouquet d'herbes aromatiques, partage avec lui quelques morceaux de maïs, change les joncs de la couche, renouvelle l'air en agitant les branches des cyprès, et replace son ami sur de frais roseaux ; on eût dit d'une matrone laborieuse qui arrange au matin sa cabane, ou d'une mère qui donne de tendres soins à son fils.

Ces choses de l'amitié étant faites, Outougamiz songe à se parer, avant d'accomplir les desseins qu'il méditoit. Il se mire dans les eaux, peigne sa chevelure, et ranime ses joues décolorées avec la pourpre d'une craie précieuse. Ce Sauvage avoit tout oublié dans son héroïque entreprise, hors le vermillon des fêtes, mêlant ainsi l'homme et l'enfant, portant la gravité du premier dans les frivolités du second, et la simplicité du second dans les occupations du premier : sur l'arbre d'Atalante, le bouton parfumé qui sert d'ornement à la jeune fille, grossit auprès de la pomme d'or qui rafraîchit la bouche du voyageur fatigué.

La nature avoit placé dans le cœur d'Outougamiz l'intelligence qu'elle a mise dans la tête des autres hommes : le souffle divin donnoit à la Pythie des vues de l'avenir moins claires et moins pénétrantes, que l'Esprit dont il étoit animé ne découvroit au frère de Céluta les malheurs qui pouvoient menacer son ami. Saisissant le Temps corps à corps, l'Amitié forçoit ce mystérieux Protée à lui révéler ses secrets.

Outougamiz, ayant pris ses armes, dit au nouveau Philoctète couché dans son antre, mais que l'amitié des déserts, plus fidèle que celle des palais, n'avoit point trahi : « Je vais chercher les » dons du Grand Esprit, car il faut bien que tu » vives, et il faut aussi que je vive. Si je ne man- » geois pas, j'aurois faim, et mon âme s'en iroit » dans le pays des âmes. Et comment ferois-tu » alors? Je vois bien tes pieds, mais ils sont im- » mobiles ; je vois bien tes mains, mais elles » sont froides et ne peuvent serrer les miennes. » Tu es loin de ta forêt, et de ta retraite : » qui donneroit la pâture à l'hermine blessée, si » le castor qui l'accompagne alloit mourir? Elle » baisseroit la tête, ses yeux se fermeroient, elle » tomberoit en défaillance : les chasseurs la trou- » veroient expirante, et diroient : voyez l'her- » mine blessée loin de sa forêt et de sa re- » traite. »

A ces mots, l'Indien s'enfonça dans la cy-

prière, mais non sans tourner plusieurs fois la tête vers le lieu où reposoit la vie de sa vie. Il se parloit incessamment, et se disoit : « Outou-
» gamiz ! tu es un chevreuil sans esprit; tu ne
» connois point les plantes, tu ne fais rien pour
» sauver ton frère. » Et il versoit des larmes sur son peu d'expérience, et il se reprochoit d'être inutile à son ami !

Il chercha long-temps dans les détours du marais des herbes salutaires : il cueillit des cressons, et tua quelques oiseaux. En revenant à l'asile consacré par son amitié, il aperçut de loin les joncs bouleversés et épars. Il approche, appelle, touche à la couche, soulève les roseaux : le frère d'Amélie n'y étoit plus !

Le désespoir s'empare d'Outougamiz : prêt à se briser la tête contre le tronc des cyprès, il s'écrie : « Où es-tu ? m'as-tu fui comme un faux
» ami ? Mais qui t'a donné des pieds ou des ailes ?
» Est-ce la Mort qui t'a enlevé ?... »

Tandis que le Sauvage s'abandonne à ses transports, il croit entendre un bruit à quelque distance : il se tait, retient son haleine, écoute : puis soudain se plonge dans l'onde, bondit, nage, bondit encore, et bientôt découvre René qui se débat expirant contre un Illinois.

Outougamiz pousse le cri de mort : l'effort

qu'il fait en s'élançant est si prodigieux, que ses pieds s'élèvent au-dessus de la surface de l'eau. Il est déjà sur l'ennemi, le renverse, se roule avec lui parmi les limons et les roseaux. Comme lorsque deux taureaux viennent à se rencontrer dans un marais où il ne se trouve qu'un seul lieu pour désaltérer leur soif, ils baissent leurs dards recourbés; leurs queues hérissées se nouent en cercle, ils se heurtent du front, des mugissements sortent de leur poitrine, l'onde jaillit sous leurs pieds, la sueur coule autour de leurs cornes et sur le poil de leurs flancs. Outougamiz est vainqueur; il lie fortement avec des racines tressées son prisonnier, au pied d'un arbre, et étend à l'ombre sous le même arbre l'ami qu'il vient encore de sauver.

Par les violentes secousses que le frère d'Amélie avoit éprouvées, ses plaies s'étoient rouvertes. Le Natchez, dans le premier moment de sa vengeance, fut près d'immoler l'Illinois.

« Comment, lui dit-il, as-tu pu être assez
» cruel pour entraîner ce cerf affoibli? S'il
» eût été dans sa force, lâche ennemi, d'un
» seul coup de tête il eût brisé ton bouclier. Tu
» mériterois bien que cette main t'enlevât ta
» chevelure. »

Outougamiz s'arrêtant comme frappé d'une

pensée : « As-tu un ami ? » dit-il à l'Illinois ?. — « Oui, » répondit le prisonnier.

— « Tu as un ami ! » reprit le frère de Céluta, s'approchant de lui et le mesurant des yeux ; « ne va pas faire un mensonge. »

— « Je dis la vérité, » reprit l'Illinois !

— « Eh bien ! » s'écria Outougamiz tirant son poignard, après avoir approché de son oreille la petite chaîne d'or ; « eh bien ! rends grâce à ce
» Manitou qui vient de me défendre de te tuer :
» il ne sera pas dit qu'Outougamiz le Natchez, de
» la tribu du Serpent, ait jamais séparé deux
» amis. Que seroit-ce de moi, si tu m'avois privé
» de René ! Ah ! je ne serois plus qu'un chevreuil
» solitaire ! Tu vois, ô Illinois, ce que tu allois
» faire ! et ton ami seroit ainsi ? et il iroit seul
» murmurant ton nom dans le désert ? Non ! il
» seroit trop infortuné ! et ce seroit moi !... »

Le Sauvage coupe aussitôt les liens de l'Illinois. « Sois libre, lui dit-il ; retourne à l'autre
» moitié de ton âme qui te cherche peut-
» être, comme je cherchois à l'instant ma cou-
» ronne de fleurs, lorsque tu étois assez inhumain
» pour la dérober à ma chevelure. Mais je compte
» sur ta foi : tu ne découvriras point mon lieu à
» tes compatriotes. Tu ne leur diras point :
« Sous le cyprès de l'amitié, Outougamiz le
» Simple a caché la chair de sa chair. » Jure par

» ton ami, que tes lèvres resteront fermées,
» comme les deux coupes d'une noix que la
» lune des moissons n'a point achevé de mû-
» rir. »

— « Moi, Nassoute, » reprit l'étranger, « je
» jure par mon ami, qui est pour moi comme
» un baume lorsque j'ai des peines dans le cœur,
» je jure que je ne découvrirai point ton lieu
» et que mes lèvres resteront fermées, comme
» les deux coupes d'une noix que la lune des
» moissons n'a point achevé de mûrir. »

A ces mots, Nassoute alloit s'éloigner, lorsque Outougamiz l'arrêta et lui dit : « Où sont les
» guerriers illinois ? » — « Crois-tu, » répliqua
l'étranger, « que je sois assez lâche pour te l'ap-
» prendre ? » Frère de Céluta, vous répondîtes :
— « Va retrouver ton ami : je te tendois un piège;
» si tu avois trahi ta patrie, je n'eusse point cru
» à ton serment, et tu tombois sous mes coups. »

Nassoute s'éloigne : Outougamiz vient donner ses soins au frère d'Amélie, comme s'il ne
s'étoit rien passé et comme s'il n'y eût aucun
lieu de douter de la foi de l'Illinois, puisqu'il
avoit fait le serment de l'amitié.

Quelques jours s'écoulèrent : les blessures de
René commençoient à se cicatriser; les meurtrissures étoient moins douloureuses; la fièvre
se calmoit. Le frère d'Amélie seroit revenu plus

promptement à la vie, si une nourriture abondante avoit pu rétablir ses forces; mais Outougamiz trouvoit à peine quelques baies sauvages; elles manquèrent enfin : il ne resta plus au frère de Céluta qu'à tenter les derniers efforts de l'amitié.

Une nuit, il sort furtivement du marais, cachant son entreprise à René, et laissant çà et là des paquets flottants de roseaux pour reconnoître la route, si les Génies lui permettoient le retour. Il monte à travers le bois de la colline; il découvre le camp des Illinois où il étoit résolu de pénétrer.

Des feux étoient encore allumés : la plupart des familles dormoient étendues autour de ces feux. Le jeune Natchez, après avoir noué sa chevelure à la manière des guerriers ennemis, s'avance vers l'un des foyers. Il aperçoit un cerf à demi dépouillé, dont les chairs n'avoient point encore petillé sur la braise. Outougamiz en dépèce avec son poignard les parties les plus tendres, aussi tranquillement que s'il eût préparé un festin dans la cabane de ses pères. Cependant on voyoit çà et là quelques Illinois éveillés qui rioient et chantoient. La matrone du foyer où le frère de Céluta déroboit une part de la victime, ouvrit elle-même les yeux, mais elle prit l'étranger pour le jeune fils de ses entrailles, et se replongea dans le sommeil. Des chasseurs passent auprès de l'ami de René, lui souhaitent un ciel bleu, un manteau de castor et l'espérance. Outougamiz leur rend à demi-voix le salut de l'hospitalité.

Un d'entre eux s'arrêtant, lui dit : « Il a sin-
» gulièrement échappé » — « Un Génie sans
» doute l'a ravi, » répond le frère de Céluta.
L'Illinois repartit : « Il est caché dans le ma-
» rais; il ne se peut sauver, car il est envi-
» ronné de toutes parts : nous boirons dans
» son crâne. »

Tandis qu'Outougamiz se trouvoit engagé dans cette conversation périlleuse, la voix d'une femme se fit entendre à quelque distance; elle chantoit : « Je suis l'épouse de Venclao. Mon
» sein, avec son bouton de rose, est comme le
» duvet d'un cygne que la flèche du chasseur
» a taché d'une goutte de sang au milieu. Oui,
» mon sein est blessé, car je ne puis secourir
» l'étranger qui respecta la vierge des dernières
» amours. Puissé-je du moins sauver son ami! »
L'Indienne se tut, puis, s'approchant du Natchez dans les ombres, elle continua de la sorte :

« La nompareille des Florides croyoit que
» l'hiver avoit changé sa parure, et qu'elle ne
» seroit point reconnue parmi les aigles des
» rochers chez lesquels elle cherchoit la pâ-

» ture; mais la colombe fidèle le découvrit, et
» lui dit : « Fuis, imprudent oiseau ; la douceur
» de ton chant t'a trahi. »

Ces paroles frappèrent le frère de Céluta; il lève les yeux et remarque les pleurs de la jeune femme ; il entrevoit en même temps des guerriers armés qui s'avancent. Il charge sur ses épaules une partie de la dépouille du cerf, s'enfonce dans les ombres, franchit le bois, rentre dans les détours du marais, et après quelques heures de fatigue et de périls se retrouve auprès de son ami.

Un ingénieux mensonge lui servit à cacher à René sa dangereuse aventure ; mais il falloit préparer le banquet : le jour on en pouvoit voir la fumée ; la nuit on en pouvoit découvrir les feux; Outougamiz préféra pourtant la nuit : il espéra trouver un moyen de masquer la lueur de la flamme.

Lorsque le soleil fut descendu sous l'horizon et que les dernières teintes du jour se furent évanouies, l'Indien tira une étincelle de deux branches de cyprès en les frottant l'une contre l'autre, et en embrasa quelques feuilles. Tout réussit d'abord ; mais des roseaux secs placés trop près du foyer prennent feu, et jettent une grande lumière. Outougamiz les veut précipiter dans l'eau, et ne fait qu'étendre la flamme. Il s'élance sur le monceau ardent et cherche à l'écraser sous ses pieds. René épuise ses forces renaissantes pour seconder son ami : soins inutiles! le feu se propage, court en petillant sur la cime séchée des joncs, et gagne les branches résineuses des cyprès. Le vent s'élève, des tourbillons de flammes, d'étincelles et de fumée montent dans les airs qui prennent une couleur sanglante. Un vaste incendie se déploie sur le marais.

Comment fuir ? comment échapper à l'élément terrible qui, après s'être éloigné de son centre, s'en rapprochoit et menaçoit les deux amis. Déjà étoient consumés les paquets de joncs sur lesquels le frère de Céluta auroit pu tenter encore de transporter René dans d'autres parties du marais. Essayer de passer au désert voisin : les cruels Illinois n'y campoient-ils pas? N'étoit-il pas probable qu'attirés par l'incendie, ils fermoient toutes les issues ? Ainsi, lorsqu'on croit être arrivé au comble de la misère, on aperçoit par-delà de plus hautes adversités ; il est difficile au fils de la femme de dire : « Ceci » est le dernier degré du malheur. »

Outougamiz étoit presque vaincu par la fortune : il voyoit perdu tout ce qu'il avoit fait jusqu'alors. Il n'avoit donc sauvé son ami du cadre de feu que pour brûler cet ami de sa pro-

pre main! Il s'écria d'une voix douloureuse :
« René, c'est moi qui t'immole! Que tu es in-
» fortuné de m'avoir eu pour ami! »

Le frère d'Amélie, d'un bras affoibli et d'une
main pâle, pressa tendrement le Sauvage sur
son sein. « Crois-tu, lui dit-il, qu'il ne me soit
» pas doux de mourir avec toi? Mais pourquoi
» descendrois-tu au tombeau? Tu es vigoureux
» et habile; tu te peux frayer un chemin à tra-
» vers les flammes. Revole à tes ombrages; les
» Natchez ont besoin de ton cœur et de ton bras;
» une épouse, des enfants embelliront tes jours,
» et tu oublieras une amitié funeste. Pour moi,
» je n'ai ni patrie, ni parents sur la terre :
» étranger dans ces forêts, ma mort ou ma vie
» n'intéresse personne. Mais toi, Outougamiz,
» n'as-tu pas une sœur? »

— « Et cette sœur, répliqua Outougamiz, n'a-
» t-elle pas levé sur toi des regards de ten-
» dresse? Ne reposes-tu pas dans le secret de
» son cœur? Pourquoi l'as-tu dédaignée? Que
» me conseilles-tu? De t'abandonner? Et depuis
» quand t'ai-je prouvé que j'étois plus que toi
» attaché à la vie? Depuis quand m'as-tu vu me
» troubler au nom de la mort? Ai-je tremblé,
» quand au milieu des Illinois j'ai brisé les liens
» qui te retenoient? Mon cœur palpitoit-il de
» crainte, quand je te portois sur mes épaules

» avec des angoisses que je n'aurois pas échangées
» contre toutes les joies du monde? Oui! il pal-
» pitoit ce cœur, mais ce n'étoit pas pour moi!
» Et tu oses dire que tu n'as point d'ami! Moi,
» t'abandonner! Moi, trahir l'amitié! Moi, for-
» mer d'autres liens après ta mort! Moi, heureux
» sans toi, avec une épouse et des enfants! Ap-
» prends-moi donc ce qu'il faut que je raconte
» à Céluta, en arrivant aux Natchez? lui dirois-
» je : « J'avois délivré celui pour lequel je t'ap-
» pelai en témoignage de l'amitié; le feu a pris
» à des joncs; j'ai eu peur, j'ai fui. J'ai vu de
» loin les flammes qui ont consumé mon ami. »
» Tu sais mourir, prétends-tu, René; moi, je
» sais plus, je sais vivre. Si j'étois dans ta place
» et toi dans la mienne, je ne t'aurois pas dit :
« Fuis et laisse-moi. » Je t'aurois dit : « Sauve-
» moi, ou mourons ensemble. »

Outougamiz avoit prononcé ces paroles d'un ton qui ne lui étoit pas ordinaire. Le langage de la plus noble passion étoit sorti dans toute sa magnificence des lèvres du simple Sauvage. « Reste avec moi, s'écria à son tour le frère d'A-
» mélie : je ne te presse plus de fuir. Tu n'es pas
» fait pour de tels conseils. »

A ces mots, quelque chose de serein et d'ineffable se répandit sur le visage d'Outougamiz, comme si le ciel s'étoit entr'ouvert, et que la clarté divine se fût réfléchie sur le front du frère de Céluta. Avec le plus beau sourire que l'Ange des amitiés vertueuses ait jamais mis sur les lèvres d'un mortel, l'Indien répondit : « Tu viens » de parler comme un homme ; je sens dans » mon sein toutes les délices de la mort. »

Les deux amis cessant d'opposer à l'incendie des efforts impuissants, et de tenter une retraite impossible, assis l'un près de l'autre, attendirent l'accomplissement de leur destinée.

La flamme se repliant sur elle-même avoit embrasé le cyprès qui leur servoit d'asile ; des brandons commençoient à tomber sur leurs têtes. Tout à coup, à travers les masses de feu et de fumée, on entend un léger bruit dans les eaux. Une espèce de fantôme apparoît : ses cheveux sont consumés sur ses tempes ; sa poitrine et ses bras sont à demi brûlés, tandis que le bas de son corps dégoutte d'une eau bourbeuse. « Qui es-tu ? » lui crie Outougamiz ; es-tu l'Esprit de mon » père qui vient nous chercher, pour nous con- » duire au pays des âmes ? »

—« Je suis Venclao, répond le spectre, l'ami de » Nassoute, auquel tu as donné la vie, et l'époux » de Nélida, cette vierge des dernières amours, » que ton ami a respectée. Je viens payer ma » double dette. La flamme a découvert votre » asile ; les tribus des Illinois environnent le

» marais ; déjà plusieurs guerriers nagent pour
» arriver jusqu'à vous; je les ai devancés. Nas-
» soute nous attend à l'endroit de la rive que
» l'on a confiée à sa garde. Hâtons-nous »

Venclao passe un bras vigoureux sous le bras du frère d'Amélie, et fait signe à Outougamiz de le soutenir du côté opposé. Ainsi entrelacés, tous trois se plongent dans les eaux; ils s'avancent à travers des champs de cannes embrasées, tantôt menacés par le feu, tantôt prêts à s'engloutir dans l'onde. Chaque instant augmente le danger : des cris, des voix se font entendre de toutes parts. Tels furent les périls d'Énée lorsque, dans la nuit fatale d'Ilion, il alloit à la lueur des flammes, par des rues solitaires et détournées, cacher sur le mont Ida, et les anciens dieux de l'antique Troie et les dieux futurs du Capitole.

Outougamiz, Venclao et René, arrivent au lieu où Nassoute les attendoit. Le frère d'Amélie est à l'instant placé sur un lit de branchages que Venclao, Nassoute et Outougamiz portent tour à tour. Ils s'éloignent à grands pas du fatal marais; toute la nuit ils errent par le silence des bois. Aux premiers rayons de l'aurore, les deux Illinois s'arrêtent, et disent aux deux guerriers ennemis : « Natchez, implorez
» vos Manitous; fuyez. Nous vous avons rendu

» vos bienfaits. Quittes envers vous, nous nous
» devons maintenant à notre patrie. Adieu. »

Venclao et Nassoute posent à terre le lit du blessé, mettent un bâton de houx dans la main gauche du frère d'Amélie, donnent à Outougamiz des plantes médicinales, de la farine de maïs, deux peaux d'ours, et se retirent.

Les deux fugitifs continuèrent leur chemin. René marchoit lentement le premier, courbé sur le bâton qu'il soulevoit à peine; Outougamiz le suivoit répandant des feuilles séchées, afin de cacher l'empreinte de son passage : l'hôte des forêts est moins habile à tromper la meute avide que ne l'étoit l'Indien à mêler les traces de René pour le dérober à la recherche de l'ennemi.

Parvenu sur une bruyère, Outougamiz dit tout à coup : « J'entends des pas précipités »; et bientôt après une troupe d'Illinois se montre à l'horizon vers le nord. Le couple infortuné eut le temps de gagner un bois étroit qui bordoit l'autre extrémité; il y pénètre, et, l'ayant traversé, il se trouve à l'endroit même où s'étoit donné le combat si fatal au Grand Chef des Natchez et au frère d'Amélie.

A peine les deux amis fouloient-ils le champ de la mort, qu'ils ouïrent l'ennemi dans le bois voisin. Outougamiz dit à René : « Couche-toi à
» terre : je te viendrai bientôt trouver. »

LIVRE XII.

René ne vouloit plus disputer sa vie; il étoit las de lutter si long-temps pour quelques misérables jours; mais il fut encore obligé d'obéir à l'amitié. Son infatigable libérateur le couvre des effroyables débris du combat, et s'enfonce dans l'épaisseur d'une forêt.

Lorsque des enfants ont découvert le lieu où un rossignol a bâti son nid, la mère poussant des cris plaintifs et laissant pendre ses ailes, voltige, comme blessée, devant les jeunes ravisseurs qui s'égarent à sa poursuite et s'éloignent du gage fragile de ses amours : ainsi le frère de Céluta, jetant des voix dans la solitude, attire les ennemis de ce côté, et les écarte du trésor plus cher à son cœur que l'œuf plein d'espérance ne l'est à l'oiseau amoureux.

Les Illinois ne purent joindre le léger Sauvage à qui l'amitié avoit, pour un moment, rendu toute sa vigueur. Ils approchoient du pays des Natchez, et n'osant aller plus loin ils abandonnèrent la poursuite.

Le frère de Céluta vint alors dégager René des ruines hideuses qui avoient protégé sa jeunesse et sa beauté. Les deux amis reprirent leur chemin au lever de l'aurore après s'être lavés dans une belle source. Il se trouva que les restes glacés sous lesquels René avoit conservé l'étincelle de la vie, étoient ceux de deux Natchez, d'Aconda et d'Irinée. Le frère d'Amélie les reconnut, et, frappé de cette fortune extraordinaire, il dit à Outougamiz :

« Vois-tu ces corps défigurés, déchirés par
» les aigles et étendus sans honneurs sur la
» terre ? Aconda et Irinée ! vous étiez deux amis
» comme nous ; vous fûtes jeunes et infortunés
» comme nous ! Je vous ai vus périr, lorsqu'a-
» battus j'essayois encore de vous défendre.
» Outougamiz, tu confiois, cette nuit même,
» l'ami vivant au secret de deux amis décédés.
» Ces morts se sont ranimés au feu de ton âme,
» pour me prêter leur abri. »

Outougamiz pleura sur Aconda et sur Irinée, mais il étoit trop foible pour leur creuser un tombeau.

Comme des laboureurs, après une longue journée de sueurs et de travaux, ramènent leurs bœufs fatigués à leur chaumière ; ils croient déjà découvrir leur toit rustique ; ils se voient déjà entourés de leurs épouses et de leurs enfants : ainsi les deux amis, en approchant du pays des Natchez, commençoient à sentir renaître l'espérance ; leurs désirs franchissoient l'espace qui les séparoit de leurs foyers. Ces illusions, comme toutes celles de la vie, furent de courte durée.

Les forces de René, épuisées une dernière fois, touchoient à leur terme ; et pour comble de

LIVRE XII.

calamité il ne restoit plus rien des dons de Venclao et de Nassoute.

Outougamiz lui-même succomboit : ses joues étoient creuses; ses jambes amaigries et tremblantes ne portoient plus son corps. Trois fois le soleil vint donner la lumière aux hommes, et trois fois il retrouva les voyageurs se traînant sur une bruyère qui n'offroit aucune ressource. Le frère d'Amélie et le frère de Céluta ne se parloient plus ; ils jetoient seulement par intervalles l'un sur l'autre des regards furtifs et douloureux. Quelquefois Outougamiz cherchoit encore à aider la marche de René : deux jumeaux, qui se soutiennent à peine, s'appuient de leurs foibles bras, et ébauchent des pas incertains aux yeux de leur mère attendrie.

Du lieu où les amis étoient parvenus, jusqu'au pays des Natchez, il ne restoit plus que quelques heures de chemin ; mais René fut contraint de s'arrêter. Excité par Outougamiz qui le conjuroit d'avancer, il voulut faire quelques pas, afin de ne point ravir volontairement à son sublime ami le fruit de tant de sacrifices : ses efforts furent vains. Outougamiz essaya de le porter sur ses épaules; mais il plia et tomba sous le fardeau.

Non loin du sentier battu murmuroit une fontaine ; René s'en approcha en rampant sur les genoux et sur les mains, suivi d'Outougamiz qui pleuroit : le pasteur affligé accompagne ainsi le chevreau qui a brisé ses pieds délicats en tombant d'une roche élevée, et qui se traîne vers la bergerie.

La fontaine marquoit la lisière même de la savane qui s'étend jusqu'au Bayouc des Pierres, et qui n'a d'autres bornes à l'orient que les bois du fort Rosalie. Outougamiz assit son compagnon au pied d'un saule. Le jeune Sauvage attachoit ses regards sur le pays de ses aïeux : être venu si près ! « René ! dit-il, je vois notre » cabane. »

— « Tourne-moi le visage de ce côté », répondit le frère d'Amélie. Outougamiz obéit.

Le frère de Céluta eut un moment la pensée de se rendre aux Natchez, pour y chercher du secours; mais, craignant que l'homme de son cœur n'expirât pendant son absence, il résolut de ne le point quitter. Il s'assit auprès de René, lui prit le front dans ses deux mains, et le pencha doucement sur sa poitrine : alors, baissant son visage sur une tête chérie, il se prépara à recueillir le dernier soupir de son ami. Comme deux fleurs que le soleil a brûlées sur la même tige, ainsi paroissoient ces deux jeunes hommes inclinés l'un sur l'autre vers la terre.

Un bruit léger et le souffle d'un air parfumé

firent relever la tête à Outougamiz : une femme étoit à ses côtés. Malgré la pâleur et le vêtement en désordre de cette femme, comment l'Indien l'auroit-il méconnue ? Outougamiz laisse échapper de surprise et de joie le front de René; il s'écrie : « Ma sœur, est-ce toi ? »

Céluta recule; elle s'étoit approchée des amis sans les découvrir; le son de la voix de son frère l'a étonnée; « Mon frère ! répond-elle
» mon frère ! les Génies me l'ont ravi ! L'hom-
» me blanc a expiré dans le cadre de feu !
» Tous les jours je viens attendre les voya-
» geurs à cette limite; mais ils ne reparoîtront
» plus ! »

Outougamiz se lève, s'avance vers Céluta qui auroit pris la fuite, si elle n'avoit remarqué avec une pitié profonde, la marche chancelante du guerrier. Vous eussiez vu sur le front de l'Indienne passer tour à tour le sentiment de la plus profonde terreur et de la plus vive espérance. Céluta hésitoit encore, quand elle aperçoit, attaché au sein de son frère, le Manitou de l'amitié. Elle vole à Outougamiz, qu'elle embrasse et soutient à la fois; mais Outougamiz :

« Je l'ai sauvé ! il est là ! mais il est mort si
» tu n'as rien pour le nourrir. »

L'amour a entendu la voix de l'amitié ! Céluta est déjà à genoux : timide et tremblante,

elle a relevé le front de l'étranger mourant ; René lui-même a reconnu la fille du désert, et ses lèvres ont essayé de sourire. Outougamiz, la tête penchée dans son sein, les mains jointes et tombantes, disoit : « Témoin du serment de
» l'amitié, ma sœur, tu viens voir si je l'ai bien
» tenu. J'aurois dû ramener mon ami plein de
» vie, et le voilà qui expire ! je suis un mauvais
» ami, un guerrier sans force. Mais toi, as-tu
» quelque chose pour ranimer mon ami ? »

— « Je n'ai rien, » s'écrie Céluta désespérée. « Ah ! s'il eut été mon époux, s'il eut fécondé
» mon sein, il pourroit boire avec son enfant
» à la source de la vie ! » Souhait divin de l'amante et de la mère !

La chaste Indienne rougit comme si elle eut craint d'avoir été comprise de René. Les yeux de cette femme étoient fixés au ciel, son visage étoit inspiré : on eût dit que, dans une illusion passionnée, Céluta croyoit nourrir et son fils et le père de son fils.

Amitié ! qui m'avez raconté ces merveilles, que ne me donnâtes-vous le talent pour les peindre ! j'avois le cœur pour les sentir.

FIN DU TOME DIX-NEUVIÈME.

www.ingramcontent.com/pod-product-compliance
Lightning Source LLC
Chambersburg PA
CBHW050300170426
43202CB00011B/1766